ニュー・チャイルドフッド

つながりあった世界で生きる知恵を育む教育

THE NEW CHILDHOOD

ジョーダン・シャピロ　関美和・村瀬隆宗 訳

NTT出版

ニュー・チャイルドフッド

つながりあった世界で生きる知恵を育む教育

父と母に捧ぐ
僕が今の時代に完璧に備えることができたのは、
ふたりが子ども時代を支えてくれたおかげです。

THE NEW CHILDHOOD
Raising Kids to Thrive in a Connected World
by Jordan Shapiro

日本の読者の皆さまへ

『ニュー・チャイルドフッド――つながりあった世界で生きる知恵を育む教育』（*The New Childhood: Raising Kids to Thrive in a Connected World*）が日本語になると知って、本当に嬉しく、光栄に思います。

僕はまだ日本へ行く機会には恵まれていないのですが、少年時代を送った1980～90年代のアメリカには、日本のポップカルチャーが太平洋を越えて次々とやって来て、子どもたちに多くの影響を与えました。「ハローキティ」や「たまごっち」のような流行ものは、遠い未来から届いた贈り物のように思えたものです。

子どもの頃に、ピザ屋のテーブル型ゲーム機で遊んだ『スペースインベーダー』や『パックマン』『ドンキーコング』は、僕にとって永遠の思い出です。当時は、大人たちがまだそこら中で喫煙していたので、僕たちはまず、ガラスの下に映る低解像度の画面がよく見えるように赤いプラスチックの灰皿を押しのけ、ポケットいっぱいのコインを、魔法の世界への入口のような、かすかに光るコイン投入口に入れたものです。

すると、トランジスタとダイオードの導きで、ピクセルでつくられた世界への神話のような旅が始まります。当時の子どもたちが皆そうだったように、僕もエイリアンとモンスターとジャンプマンの世界に夢中になりました。僕を魅了したのは、ゲームの中に宿る矛盾だったのかもしれません。コンピュータのルールは硬直的で、アルゴリズムに準じた揺るぎないものであるはずなのに、僕が誘われた世界は流動的で果てしなく、子どもの想像力が〝前衛的〟になる場所でした。デジタルテクノロジーが約束する未来やインターネットが解き放つ可能性は、すでに子どもにも感じられるようになっていました。ゲームというデジタルな砂場を通して、その原形を垣間見ることができたのです。ただし、それをしっかり理解することは、当時の僕には簡単ではありませんでした。

任天堂のＮＥＳ（初代ファミリーコンピュータの海外版）が初めてアメリカのショッピングモールに登場すると、子どもという子どもが欲しがりましたが、僕の母は買ってくれませんでした。兄に買い与えたアタリ２６００と何が違うのか、理解できなかったからかもしれません。僕の目には明らかだった違いが、母にはわかりませんでした。アタリ２６００のピンポンゲームやブロック崩しゲームでは、線はパドル、点はボールを表すといったように、ビジュアルはピクセル化したシンボルにすぎませんでした。ところが、日本からやって来たゲーム機は、カモ、ライダー、カンフーの達人をリアルな画像で描写していたのです。それは、子どもにとって目を奪われずにはいられない、新しいタイプの遊び場でした。冷たいプリント基板とプロセッサが織り成すファンタジーワールドが、熱い興奮を生み出したのです。

どんなに頼み込んでも母は許してくれなかったので、僕はもう少し話のわかる親を持つ友達の家で午後のひとときを過ごすことが多くなりました。友達の家で『スーパーマリオブラザーズ』を何時間もプレイし、全ワールドを制覇しようとしたものです。しかし残念ながら、いつもゲストだった僕は、十分に時間をかけて練習し、スキルを磨き、指先に覚え込ませるほどゲームに浸ることはできませんでした。ゲーム機を持つ友達にはとてもかなわず、対戦すると負けてばかり。しまいには嫌になり、ゲームをすっかりやめてしまいました。

再び始めるきっかけを与えてくれたのは、僕の子どもたちでした。

ニンテンドー３ＤＳを片時も離そうとしなかった息子が９歳か10歳の頃、思いがけない幸運が訪れました。

『スーパーマリオ』や『ドンキーコング』『ゼルダの伝説』を生み出した任天堂の宮本茂氏にお会いできたのです。

宮本さんは『マリオメーカー』という、キノコ王国の構成パーツをドラッグ&ドロップするだけで簡単にゲームを自作できる新しいソフトの宣伝のために、訪米していました。当時すでにデジタルな遊びと教育、児童発達の研究者になっていた僕は、その著書が親、教師、ゲームデザイナーの間で人気を集めたおかげで、息子と一緒にその発表会に招待されたのです。そして、ビデオゲーム史に残る名作のクリエイティブ版を、北米で初めて試すことができました。

思い出に残る貴重な経験でした。年に一度のゲームショー「E3」の喧騒を見下ろすプライベートスペースで、息子は頭をひねってワープ土管、パックンフラワー、ノコノコ、クエスチョンブロックを配置し、オリジナルの『スーパーマリオ』を自作しました。その未熟な創作物を、宮本さんがプレイしてくれたのです。

僕はその光景に感動しました。ゲーム界のレジェンドが、わが子がつくったでたらめなゲームをプレイしてくれている。親子で宮本さんの横に立ち、世代の垣根を越えてゲーム界のレジェンドプロデューサーに敬服の思いを抱くうちに、僕ははっきりと気づきました。デジタルな遊びに対する大人の考え方は、まるっきり間違っていると。

親は電子メディアを、子どもをだめにする悪魔の誘いであるかのようにみなしがちです。若者とデジタルデバイスの不健全な関係について耳にした大人は、自分の子どもも同じ道をたどるのではないかと不安になります。

ゲームのせいで子どもは運動不足になり、座りっぱなしの生活になって肥満も増えるという調査結果や、「ゲーム依存」という言葉を私たちはよく耳にします。スマートフォンとSNSがティーンエイジャーのうつ病や孤独感の原因であると信じ込ませ、不安をあおるニュースを目にします。ブルーライトに関する記事を読み、子どもの集中力の低下を懸念します。そして何より、ネットワークにつながったデバイスが家庭と外部世界との境界線を突き破り、家庭の安全とやすらぎを損なっているように感じています。

もちろん、こうした不安にまったく根拠がないわけではありません。デジタル革命の最初の数十年の間に、私たちはさまざまな間違いをしました。たとえば、ネット上では便利さと引き換えに行動を監視されるようになりました。ユーザーの好みに合わせて表示される仕組みや予測アルゴリズムにより、自分と異なる意見や考え方にさらされることが減りました。クリック数と表示回数を重視する仕組みにより、偏った過激な「釣り」ニュースが増えました。こうした問題に人々が気づき始めたのは最近のことです。

しかし、つながりあう世界を築くテクノロジー自体がこうした問題を招いているわけではありません。問題はその使い方にあります。ですから、社会全体にとって有意義で道徳的な形でデバイスを生活の中に取り入れる方法を子どもに教えることは、今の大人にとっての急務なのです。文句を言ったところでデジタルツールが消えてなくなることはありません。スクリーンタイム、つまりデバイスに触れる時間をゼロにすることはできません。歴史の中で社会を大きく変えてきた多くのテクノロジーと同様、スマホやゲームは私たちが生きる上で欠かせないものになっているのです。

子どもの保護者として、私たち大人はこの時代に特有の課題から目をそむけるわけにはいきません。イノベーションがもたらす莫大なメリットを享受しながら、それに伴う責務を無視して文句を言うだけではだめなのです。これまで世界のあらゆる場所で、より良い未来をもたらすはずの革新が、デメリットを強調する人たちの抵抗に遭ってきたことを私たちは知っています。だからこそ、過去の価値観や原則を大切にしながら、古い知恵が新しい時代にも通用するように、考え方を変えていく必要があります。

私たちは宮本さんを見習うべきです。冷酷にも見える技術進歩を、私たちの想像力によって生かし、熱い興奮に変えていかなければなりません。

この本が、そのお役に立てることを願っています。

著者

ニュー・チャイルドフッド――つながりあった世界で生きる知恵を育む教育　目次

Part 1

自己
SELF

Part 2

家庭

HOME

Part 3

学校

SCHOOL

Part 4

社会

SOCIETY

はじめに

プラトンはかつてゲーマーだった

僕がひとりでビデオゲームをすることはありません。いつも10歳と12歳の息子と一緒に、ソファで肩を寄せ合ってコントローラを操作します。ゲームは親子の絆を築き、家族の時間を楽しむためのひとつの方法です。

子どもたちが寝たあとにこっそり大人のゲーム――『バイオショック』や『フォールアウト』など――を楽しんでいるはずだと思われるかもしれませんが、僕はやりません。ゲームそのものにはあまり興味がないのです。関心があるのは、ゲームがどのように人々をひとつにするか、つまり家族や友達やコミュニティをゲームがどうつなぐか、ということだけ。僕は、ゲームの文化的な側面、つまりゲーマーであることの意味、デジタルな遊びが人々の世界観に及ぼす影響といったことが知りたいのです。

ゲームの筋書きは人を引きつけます。ある意味、ゲームはテレビや映画の筋書きを双方向的にしたようなものです。演劇でもあり、小説でもあり、焚き木を囲んで聴く物語にも似ています。ほとんどの子どもが熱中していることを考えると、ビデオゲームは21世紀の最も基本的な物語の一形態と言ってもいいでしょう。ゲームは就寝前の読み聞かせであり、新しいおとぎ話であり、新しい神話であり、おそらくは新しい聖書でもあるのです。書き言葉とコミュニケーションの記録は紀元前27世紀頃に始まったとされますが、その最新形態がゲームというわけです。世界最古の文学は古代メソポタミアで生まれたとされています。しかし、それよりずっと昔から、物語は世代を超えて、文字通り語り継がれてきました。

口承から書き言葉へという、物語の伝達方法の変化。それは、人類にとってどれほど衝撃的だったことでしょうか。この変化によって、古代人が社会や文明をつくり出す方法は激変しました。パソコンやスマートフォンへの移行を経験した私たちは、ＳＮＳや電子メールが一般的になり、見慣れた世界が一変したことを、大事件だと思っているはずです。しかし、書き言葉が始まった時代に生きていたとしたら、今とは比べものにならないほどの衝撃を経験したことでしょう。書き言葉の登場は、人類史上最大のテクノロジーの転換点と言えるかもしれません。この発明によって情報を記録し記憶することや、遠方の愛する人へ手紙を送ることが可能になりました。直接顔を合わせなくても専門知識を共有し、さらには時と世代を超えて知識を拡散できるようになりました。

子どもたちを連れてのギリシャ旅行で、アテネの古代遺跡アクロポリスの麓に広がるプラカを訪れたとき、僕が心を震わせたのも書き言葉のおかげです。かつてソクラテスとプラトンが散策した狭い市場通りを皆で歩きました。かの哲学者師弟は２０００年以上前に亡くなっていますが、今なお僕の大学の教室で若者たちに日々その教えを説いています。それができるのもすべて、彼らの考えが書き言葉として残っているからにほかなりません。象形文字を発明した古代人の創意には、脱帽するばかりです。電話やインターネットやゲームよりもずっと前に、その革命的テクノロジーによって、時と場所を超えた人間同士の協力と協働が可能になったわけですから。

もちろん、書き言葉もまた、スマートフォンやタブレットと同じように当初は批判にさらされました。批判の急先鋒だったのが、偉大な哲学者ソクラテスです。「書き記された言葉から真実は生まれない」と切り捨てたソクラテスは、書き言葉は絵画のようなものだと考えていました。画家は本物のように描くが、絵画は幻想でしかなく、単一的な視点しか提示しない。そして絵画には動きがないので、経験を表さない。そこに共感の余地はなく、双方向性もない。「書き言葉も頭の中の考えを話しているように見えるが、実は何を聞いても毎回同じ答えしか返ってこない」と述べるソクラテスは、まるで書き言葉に主体性があるかのように感じていたようです。

ありがたいことに、ソクラテスの弟子プラトンは、技術革新にそれほど違和感を覚えませんでした。もし今の時代に生きていたなら、彼はきっとゲーマーになっていたことでしょう。プラトンは師匠の教えを記録することの重要性に気づきました。彼が師の言葉や師との会話を書き留めたからこそ、2000年以上の時を経た今も、学生たちは幸運にもソクラテスの考えを学ぶことができるのです。プラトンはおそらく、書き言葉の誕生がこの世界で人間として生きることの意味を根底から変えると考えていました。働き方や遊び方、日々の習慣を変えると、理解していたのです。

では、プラトンがソクラテスの意向を無視して言葉を書き留めたのは、正しいことだったのでしょうか？歴史を振り返ると、ソクラテスの懸念は間違っていなかったという見方もできます。20世紀の哲学者アルフレッド・ノース・ホワイトヘッドは、「ヨーロッパ哲学をわかりやすく総括するなら、プラトンの書に連綿と脚注を重ねてきただけ」と述べています。言い換えると、2000年以上もの間、私たちはプラトンの文をあれこれと吟味し、ソクラテスの言葉の意味を推しはかろうとしてきました。これまでにさまざまな解釈が発表され、大勢の人がそれによって博士号を取りました。にもかかわらず、ソクラテスが何を考えていたかは、はっきりしないままです。それは、本人に直接意図を聞けないからです。書き言葉に双方向性はなく、そこからは「毎回同じ答えしか返ってこない」からです。ソクラテスに一本！

書き言葉には限界があるというソクラテスの言葉は正しかったのかもしれません。ただ、書き言葉の利点を彼は見落としています。それに、どんなに抵抗してもしょせんは無駄。物語の伝達が口承から筆記に移り変わるのは、いずれにしろ避けられない運命でした。印刷機、機械時計、電車、電信、ラジオ、カメラ、その他多くの革新的なテクノロジーと同じで、批判者が反対を口にする頃にはもう社会は変わっていて、人々は新しい道具を必要としています。技術が変われば人の考えも変わり、人々は新しい考え方に合った形で世界と関わるための道具をつくり出していくものなのです。

道具が人を使うのではなく、人が道具を使うのです。コントロールしているのは、私たち人間です。

それでも、人間は昔から、自分の創作物に対して本能的な恐れを抱く傾向があるようです。ロボットの蜂起、クローンによる戦争、タイムトラベルによる時空の歪みなど、人気のSF映画はどれも、天才の発明が最終的に人間の優位を脅かすという恐ろしい筋書きになっています。発明への恐怖は、発明そのものと同じくらい古くから存在します。「フランケンシュタイン」は、いわば19世紀の「ターミネーター」です。16世紀のプラハでは「ゴーレム」という泥人形が、命を得てコミュニティを破壊するというユダヤ民話が生まれました。さらにさかのぼると、古代ギリシャには父ダイダロスがつくった翼で飛んだイカロスが墜落死するという神話がありました。

こうした物語はいずれも、現代社会が抱くビデオゲームやデジタルな遊びへの恐怖心の根源にあるテクノフォビア、つまりテクノロジー恐怖症の表れと言えます。ジャーナリストのマーク・カーランスキーはこれを「テクノロジーの誤謬《ごびゅう》」と呼びました。技術革新の時代を生きる人々は、機械に人生を乗っ取られ、行動を命じられ、コミュニケーション手段を勝手に変えられているような気分になるものです。しかしカーランスキーは、「実際には真逆で、社会の内部で起きている変化に対応するために、われわれはテクノロジーをつくり出す。テクノロジーは手助けの道具にすぎない」と述べています。

だとすれば、21世紀の新たなテクノロジーは何を手助けしているのでしょう？　ひとつは、物語を伝える方法の変革です。

双方向型のデジタルメディアは新しい物語の伝達法を生み出しました。物語の中身そのものは、たとえばフランケンシュタイン的なテクノロジー恐怖症など、語り古されたテーマの繰り返しです。中身がそう違わないとすれば、物語を伝える手法が中身よりも重要な意味を持つことは明らかでしょう。マーシャル・マクルーハンは1960年代にまさにそう唱えています。『メディア論』（栗原裕ほか訳、みすず書房）で、マクルーハンは「メディアはメッセージである」という名言を残しました。コミュニケーション理論の研究者だったマクルーハンは、電子メディアとの共生が、個人と社会に及ぼす影響に興味を持っていました。書き言葉、印刷機、電信、ラジオといった新しいメディアには大きな社会変革がつきものでした。人々の世界観だけでなく、経済や社会や政治の仕組みもそのたびに変化してきました。

僕は当初、マクルーハンのような幅広い文化と歴史の観点から、デジタルな遊びと子ども時代の今後について興味を持ちました。自宅のソファで息子たちと『Newスーパーマリオブラザーズ』で遊んでいるときにふと、こんな気づきが降りてきたのです。息子たちの子ども時代は、僕の子ども時代とはまったく違うものになるのではないかと。この子たちは大切な人格形成期に携帯ゲーム機、タブレット、スマートフォンのスクリーンと共に生き、こうした機器の前で長時間を過ごしている。大人になる頃には、前の世代とは違う独自の体験に影響され、やがて僕には理解できない考え方で世の中を動かすようになる。彼らがどんな世界をつくり出すのか、僕にはほとんど思い描けません。

では、私たちが想像できない未来に子どもたちを備えさせるには、どうすればいいのでしょう？　どうすれば新しいテクノロジーの時代を生きる準備ができるのでしょう？　子ども世代が読み聞かせの代わりにビデオゲームで育つことは、個人や家族や学校、人類全体にとって、何を意味するのでしょう？

こうした大きな問いに簡単な答えはありませんが、今に始まった疑問でもありません。「アタリ２６００」（初のソフト入れ替え式据え置き型ゲーム機）で遊んでいた僕の子ども時代にも、ビデオゲームが子どもの思考にどう影響するのかについて、大人という大人が皆、意見を持っているようでした。ほとんどの大人は、ゲームにばかり触れていると、感受性豊かな子どもの精神に悪影響が及ぶのではないかと心配しました。１９８０年代の大人たちは、スクリーンとゲームは子どもの脳を腐らせ、倫理観をねじ曲げると考えていました。

結局、彼らは間違っていましたが、心配する気持ちはわかります。それは昔からあるテクノロジー恐怖症にほかなりません。道具《ツール》が変わると人の在り方も生き方も変わる。新しいデバイスは人々を見慣れぬ未来へ、つまり恐ろしい未来へと連れて行く。新しいものを現状への脅威と見る人たちは、どの時代にもいます。天才はいつも世間に脅威とみなされるものです。

グーテンベルクの活版印刷機がよい例です。古代ギリシャ語やヘブライ語から平易なドイツ語に翻訳されたマルティン・ルターの聖書が広く普及したのは、印刷機のおかげです。21世紀の今、振り返ってみると、これこそ現代的メディアの起源でした。知識と情報を標準化し、民主化したグーテンベルクの発明は、歴史の決定的な転換点となり、権力は分散されて自由と平等が進み、近代民主主義が生まれました。しかし一方で、印刷がもたらした悪影響を私たちは完全に見落としています。印刷物の世界が、人々をより個人的で孤立した思考へと向かわせたことは忘れられています。文化批評家のマーク・C・テイラーは、「口承文化は必然的に印刷文化よりも共同体を強化する。印刷物と黙読の到来によって、人々は自分の殻に閉じこもれるようになった」と説明しています。

しかし、16世紀の人々はこの変化に抵抗しました。「読書が孤独と孤立を強めると言って印刷物を批判していた昔の人たち。子どもがコンピュータや携帯デバイスで、ひとりでゲームをしたり実際に会ったこともないような怪しげな友達とメッセージをやりとりしていると心配する今の親。どちらも同じではないか」とテイラーは言います。21世紀の親とグーテンベルクの批判者には、面白いほどたくさん共通点があるのです。

今時の大人は、スナップチャット（Snapchat）、ツイッター（Twitter）、ユーチューブ（YouTube）などのような、子どもの想像力を掻き立てるデジタルプラットフォームを恐れ、心配ばかりしています。スマホのニュースアプリを開くと毎朝のように、デジタルテクノロジーの影響についての研究や論説、専門家の意見が流れ込んできます。

この分野の専門家として、僕は何回もラジオ番組に出演し、親や教師や保育者の心配に耳を傾け、質問に答えてきました。皆が何世紀も前のテクノロジー恐怖症の人々と同じ心配を抱き、デジタルな遊びが子ども時代を破壊し、子どもの脳に悪影響を与え、視力を低下させ、肥満を生み、うつ病の引き金になり、子どもを屋内に閉じ込めているのではないかと懸念を唱えています。今の子どもたちはじっくり考える力を失い、内向的になっているのでは？　迅速で便利なデジタルコミュニケーションのせいで、上手に会話ができないのでは？　日常的な衝突に対して前向きに解決しようとせず、ログオフするみたいに逃げ出すようになったのでは？　絵文字や短いツイートのせいで文章力がなくなっているのでは？　双方向の刺激がいつも簡単に得られることで、批判的思考力が育たないのでは？

こうした質問にはすべて「そんなことはありません」と答えます。これらの懸念は聞き飽きるほど耳にしましたし、もちろん気持ちは理解できます。百科事典、ゲームセンター、映画館、電話、すべての機能をもつ携帯機器を子どもが持ち歩いていると思うと、大人は途方にくれてしまいます。学びも遊びも恋愛も、何もかもが変わったのを見て、大人はテクノロジーを責めます。しかし、本当は何かを責める必要などありません。子ども時代はその時々で自然にその姿を変え、新しい環境に順応しているだけなのです。

問題は、大人がその事実を飲み込めず、そのために子どもをどう導いていいかわからずにいることです。今の大人は分岐点にいると感じています。しかも道はいくつもの方向に分かれ、まっすぐではありません。地図もなく、前例もなく、交通パターンにもなじみがありません。重い荷物を背負った忙しい親や教師は結局、間違った方向へ行ってしまうのです。

僕も親としていつも不安を感じています。テクノロジーの変化は、文化、経済、政治の大きな変化を反映したものです。でも心の底では、わが子は大丈夫だともわかっています。僕が手を貸さなくても、息子たちは無意識に、これまでとは違う世界に備え始めています。子どもたちが学校から帰って真っ先に手を伸ばすのはラップトップパソコン。僕が泥まみれの自転車やナイキのエア・ジョーダンに感じたような誇りを、子どもたちはこうした機器に感じています。

コンピュータは、魔法のように限りなくつながりあった世界に開かれた窓です。息子たちはキッチンのテーブルでラップトップの前に座り、『マインクラフト』や『フォートナイト』といった複数プレイヤー参加型のオンラインゲームにログインします。そこから午後の冒険が始まるのです。間もなくして、これから数時間の予定を話し合う声が聞こえてきます。「ロールプレイにする?」「『ハンガー・ゲーム』でよくない?」「ディランとオリオンを呼ぼう」。1分もしないうちに、スカイプが立ち上がって聞き慣れたチャイム音が鳴り、6、7人の子どもたちの声が小さなスピーカーから響きます。ふたりは外で近所の子と遊んでいるのではなく、近くの空き地で野球をしているわけでもありません。スクリーンの中のバーチャルな遊び場で、仲のいい友達と一緒に遊んでいるのです。

スケートボードとキックボードからキーボードとタッチパネルへという変化に、大人は不安を感じます。それでも僕はわが子のために、反射的に感じる変化への恐れや混乱を脇へ押しやろうとします。私たち大人は、自分の考えがまったく間違っていると認識する必要があります。どの世代にもそれぞれの遊び方があり、そうあるべきだとわかっていながら、大人は自分自身の子ども時代の記憶に基づくノスタルジックな空想にとらわれがちです。わが子の中に、自分の子ども時代を見いだそうとします。

その証拠に、『スター・ウォーズ』も『スーパーマリオブラザーズ』もディズニーのプリンセスシリーズも、人気を保ち続けています。私たちがかつてのお気に入りを、わが子にも気に入ってほしいと思っていることを、エンタメ企業は知っているのです。だからレゴや任天堂のような伝統的なブランドが今も成功しています。新しい世代が古臭さを感じないように製品をアップデートしながらも、なつかしさを損なわないようにし、クレジットカードを握る大人の心をくすぐるというのが彼らの作戦です。ルーカスフィルムもディズニーも、おもちゃ、衣類、ビデオゲームなどのライセンス商品から莫大な利益を得ています。そういう商品は、自分が欲しかったもの、したかった経験をわが子に与えたいという親の欲求に訴えかけてくるのです。

しかしそうした贈り物は、ふたを開けてみると災いであったりもします。スイスの偉大な心理学者カール・グスタフ・ユングは、こう述べています。「子どもにとっての最大の負担は、親のむなしい人生である」。子育てに関する永久不変の真理を、ユングは知っていました。いつの時代も、大人はわが子がうまくいかなかった部分だけを修正しながら、自分の過去を真似することを期待し、知らず知らずにプレッシャーをかけています。ユングの言葉に耳を傾け、考えてみてください。自分の親の行いのうち、どれほど多くが子どもの幸福よりも大人のエゴのためだったことか。すると、新しいデジタルテクノロジーが私たちの心を乱す理由がわかるはずです。私たち大人は、ラップトップ、タブレット、ゲームは、親が考える「真のおもちゃ」から多感な子どもを遠ざける三流品だと思ってしまっているのです。

今の子どもたちが、昔ながらのアニメより人気ユーチューバーの『マインクラフト』動画を好むのはなぜでしょう？　トレーディングカード付きのガムや卓上サッカーゲームより、『マッデン』や『ＦＩＦＡ』などのゲームを選ぶのはなぜでしょう？

受け入れ難い真実を言いますので、心の準備を。デジタルな新しいおもちゃは、今までのおもちゃ以上に子どもを引きつける力を持っています。これまでとは違う、世界との双方向的な関わり方、物事の考え方、生き方、学び方、愛し方になじむからです。子どもは新しいオンラインのツールを通して、つながりあう世界《コネクテッドワールド》に生きる準備ができるのです。

大半の大人にとって、この真実は受け入れ難いはずです。できることなら「新しい子ども時代《ニュー・チャイルドフッド》」にあらがって、自分の貴重な思い出を守りたい。今の子ども時代を受け入れてしまうことは、過去の子ども時代に背を向けるような、裏切り行為にも思えてしまう。自分の頭の中にある子ども像（思春期に傷ついた自分の記憶）を守りたいという無意識の欲求と、現実世界に生きているわが子を安全に未来へ羽ばたかせたいという切実な願いの間で、多くの親が葛藤しているのではないでしょうか。わが子との絆を求めているのに、子どもの関心と自分の関心を隔てる世代の溝が、これまで以上に広がっていると感じているのではないでしょうか。

この心の矛盾と混乱は、新しいメディアやテクノロジーに対する過度な不安や恐れとなって表れています。ごく当たり前の反応ですが、この不安に支配されると、決して言うまいと思っていたことを、つい口に出してしまいます。「一日中スマホやゲームばかり！　いつになったら大人になるの？」。そしていつの間にか、人の楽しみを台無しにする、地獄の門番のような石頭の大人になってしまった自分に気づきます。青年期の自分のやることなすことを止めようとしたかつての大人たちのように、若きヒーローと戦う悪役になってしまった自分に。

そして、自分の弁舌を記録されて書き言葉の普及に貢献したソクラテスのように、意図とは逆の結果を招くことになります。ヒーローを演じようとするわが子の足を引っ張ってしまうのです。どうか、それだけはやめましょう。

確かに親は大変です。ルールがわからなければなおさらで、21世紀の子育てに関するルールブックなど存在しません。これまでの変革的なテクノロジーと同様、デジタルな遊びは子育てを本質的に変えているからです。

親や教師は、自分の習慣、世間の期待、社会の慣習を、時代に合わせてどう変えていけばいいか、もう一度冷静に考えてみる必要があります。

この本は、きっとその手助けになるはずです。

Part 1

自己

SELF

1

新しい物語の時間

有史時代の大半にわたり、人類はほぼ同じ手段で考え方を共有してきました。語り伝える、という手段です。人のやることには、ほぼ必ずといっていいほど物語の要素が含まれています。過去の出来事についての説明は、結局のところ、現在を歴史の中に位置づけるための物語です。科学論文とはいずれも、自然界を経験的に記述した物語です。確定申告書類の作成を代行する税理士は、あなたの収入、所得、費用についての物語に署名します。数式、プログラムコード、買い物リスト、料理レシピさえ、一種の物語として解釈できます。

この物語を伝えるのに使うテクノロジーは、幾度となく変わってきました。口承からくさび形文字を刻んだ粘土板へ、羊皮紙からパピルス紙へ、修道院の写字生から印刷機へ、羽根ペンから万年筆へ、鉛筆からタイプライターへ、そしてワードプロセッサーへ。しかし、物語の内容はほとんど変わっていません。物語の筋書きはたいていい1本の線でできています。小説も実験レポートも、あるいは複雑な等式にも、必ず起承転結がありま す。

ただし、それは数十年前までの話。複数同時処理型プロセッサと光ファイバーケーブルの普及により、知識と記録と共有方法は一変しました。ウェブ上にある情報には、アリストテレスが２０００年以上前に『弁論術』と『詩学』で示した筋立ては、もはや存在しません。起承転結などないのです。ひとたび検索ワードを打ち込めば、情報はウェブというクモの巣の中で、ハイパーリンクによって無限につながっていきます。その情報は網の目状につながって、ネットワーク化された領域内に永遠に漂います。おそらく、これは人類史上に残る新たな大変革と言えるでしょう。書き言葉や印刷機への移行に匹敵する大きな変化と言えるかもしれません。情報や知識と双方向でつながりあう新しい形は今後、私たちの思考方法、さらには自己表現の方法を変えていくことでしょう。

この網の目状につながった物語への変化を、どう理解すべきでしょうか。子どもたちにとって、それは何を意味するのか？　子どもを未来へ備えさせる方法は、どう変わるのか？　大人になってから成功するには、どんなスキルが必要か？　社会に気持ちよく貢献するには、どんな振る舞いが求められるのか？　こうした質問に答えるには、まず双方向型デジタルメディアの特徴をよく理解する必要があります。

ですが、心配はいりません。モノリシック集積回路（マイクロチップ）が数十億の極小トランジスタに信号をどう送っているかという難解な説明をするつもりはありません。とはいえ、親や教師なら、自分が責任を負う子どもたちにデジタルな遊びがどう影響するかを、知っておくべきです。そのためにはメリットとデメリットを知るだけでは不十分です。「スクリーンタイム」つまりスマホなどのスクリーンデバイスを見る時間をめぐって繰り広げられる、デジタルかアナログかの二者択一論から抜け出しましょう。人がデジタルデバイスに関わるとき、知能と感情に何が起きるのかを論理的に考えることが必要なのです。

レトリックと「読む」能力

まずはビデオゲームの話から。大人はゲームについてどう考えるべきでしょう？　子どもにどんな影響があるのでしょう？　ひとつの答えを、ジョージア工科大学の研究員イアン・ボゴストが出しています。ボゴストは「手続きレトリック」という言葉を用いて、ビデオゲームのプレイヤーは、ゲームの動きを体験するプロセスを通して一定の思考に導かれると訴えました。ゲームはプレイヤーに特定の考え方を促す、というのです。話し手から聞き手へ、あるいは著者から読者へと伝えられる昔ながらの一方的な物語とは異なり、ゲームは特定の手順を踏むようにプレイヤーに語りかけることで一定の考え方を植えつけることができると、彼は述べています。この物語の語り手は、ゲームのルールです。

「ルールは常に行動を制限するとわれわれは考えがちだが、制約を課すことによって表現も生まれる」。ボゴストはこう述べています。ゲームでは、ルールは最初から織り込まれています。信頼関係に基づく自己申告制ではなく、審判も必要ありません。ゲーム自体が一定の遊び方しか許容しないのです。しかしルールは機械的にゲームに組み込まれているため、時にどれがルールなのか識別できず、プレイ空間の一部であるかのように見えます。たとえば『モータルコンバット』で遊ぶとき、決まった動きしかできないことや、プレイ空間が二次元のみであることを、私たちは意識しません。『ドンキーコング』のボスが最上層を離れられないことについて、考えることもありません。それでもルールは目に見えないようでいて、常に存在しています。そして普通、私たちはそれに十分な注意を払っています。上手にプレイするには、こうした目に見えない制約を学んで吸収することが求められ、ゲームの設計に沿ってアクションする必要があるからです。

「手続きレトリック」というボゴストのコンセプトは、ある可能性を示唆しています。ゲームの書き手であるゲーム開発会社は、ルールを課してゲーム体験を作り出すことによって、プレイヤーを一定の思考や意味づけに導くことができるのではないかというのです。「レトリック」という言葉が難解に響くかもしれませんが、要は「説得」ということです。「言葉のレトリックは話すことで誰かを説得するために使われ、視覚のレトリックは画像によって誰かを説得するために使われる。同様に、手続きレトリックはプロセスを通して誰かを説得するために使われる」とボゴストは書いています。ゲームは体験を生み出すだけでなく、プレイヤーを説得する、というのです。

その作用は、J・K・ローリングなどの小説家が実にさりげなく読者の感情を操るのに似ています。小説家は、たとえばハリー・ポッターやホグワーツについて、どれだけのことを知らせ、どれだけのことを隠すかを決めることで、読者の感情を操ることができます。映画監督のスティーブン・スピルバーグも同様の手法で緊迫感を出しています。まず、ジェフ・ゴールドブラムの顔だけをとらえ、そこからカメラをゆっくり動かしてジュラ紀の恐竜を映し出す、といった手法です。小説や映画と同じく、ゲームはプレイヤーの視点を常に制限し、一定の見方でしかデジタル空間を見られなくします。しかし、小説や映画とは異なり、ゲームはプレイヤーのアクションも制限し、一定の解き方でしか問題を解けなくしています。プレイヤーが考えた末に決まった種類の決定を下すように、常に「説得」しているのです。思考のパターンは強化され、おそらくはゲームの世界の外でも決定の仕方に影響を及ぼします。

こう言うと、怒れる政治家、活動家、評論家がよく口にするゲーム批判のように聞こえるかもしれません。ゲーム内で暴力的な体験にのめり込むことが常態化すると、現実世界での暴力行為が助長されると、彼らは言います。その主張によれば、『コール オブ デューティ』のようなファーストパーソン・シューティングゲーム

［ＦＰＳ＝本人視点の射撃ゲーム］で遊ぶ子どもは、殺人を描いた映像に日常的に接することで、非倫理的なおぞましい殺人シミュレーションを行うことに慣れてしまいます。そしてゲームの世界で暴力に無感覚になった結果、現実世界での暴力にも無感覚になり、倫理的に振る舞おう、銃乱射のような無差別的暴力を自制しようという動機を失います。これは筋の通った批判に聞こえますが、現実はそれほど単純ではありません。ボゴストはその点をよく理解していました。手続きレトリックの影響力と説得力は、これよりずっとさりげないものです。彼が注目したのは、プレイヤーがゲームのルールや構造をどのように経験し、その思考にどんな影響を受けるかという点です。ピンチの状況に置かれたプレイヤーが銃を撃つことで何かを学ぶことは明らかですが、それは射撃に関することのみではありません。

神経科学分野の研究で、ＦＰＳは「人の注意を正確に配分し、視覚処理での空間分解能［近接した2点を見分ける能力］を高め、メンタルローテーション能力を引き上げる」ことがわかっています。要するに、動く標的を見極め、追跡し、撃ち落とすのに使う認知機能を高めるということです。いずれも暴力とは無関係の、日常生活でも使えるスキルです。タスクに集中するための「注意配分」、視覚を通して得た情報から意味を構成する「空間分解能」、複数の視点から対象物を認識する「メンタルローテーション」。ゲーマーは反復を通して、こうした認知スキルにかかわる神経路を鍛え上げているのです。

ただし、「手続きレトリック」というコンセプトは、そうした個別スキルの鍛えられ方ではなく、スキルがいかに合体して意味を持つかという点を強調しています。たとえばＦＰＳでは普通、プレイヤーは気配を消しながら動き、特定のターゲットに狙いを定め、手持ちの道具を使って相手を倒します。「しかし、各ゲームの意味は、これらのプロセスを何の説得のために使うかによって変わってくる。『ドゥーム』は世界を地獄のしもべから救うことをテーマにし、『ウェーコ・リザレクション』［1993年にテキサス州ウェーコで起きたカルト集団の同時死亡事件を題材にしたＰＣゲーム」はカルト集団の内部関係をテーマにしたものだった」とボゴストは説明します。このように、ゲームの意味は文脈によって異なります。だからまだ誰も、ゲームでの暴力と現実世界の暴力の間に、信頼できる相関性を発見できていないのです。

このポイントをわかりやすく説明しているのが、ビデオゲーム研究を行う言語学者のジェームズ・ポール・ジーです。彼はこう書いています。「暴力的なゲームで遊ぶことが暴力事件の統計上の増加につながるとすれば、たとえばクエイコンという暴力的なゲームのプレイヤーを毎年何千人も集めるイベントのあとには、暴力犯罪は増えるはずだ」。しかし、実際には増えていません。現実世界の因果関係はゲームの世界ほど単純ではないのです。過度に暴力的なゲームから子どもを遠ざけることには正当な倫理的理由が存在しますが、「没入感のあるＭ指定（対象年齢17歳以上）のゲームは非社交的な人間を生み出す」というのは正当な理由とは言えません。人間の行動はアルゴリズムだけで説明できるものではないのです。

ジーはビデオゲームの世界に極めて大きな影響力を持つ研究者です。２００７年の著書*What Video Games Have to Teach Us About Learning and Literacy*（ビデオゲームが学習とリテラシーについて教えるべきこと）は話題を呼び、この本を知らないアメリカのゲーム開発者はほとんどいないでしょう。ジーは自身の研究分野である理論言語学の見地からビデオゲームを考察しています。理論言語学というのは言語の仕組み、つまり言語がどう生まれ、どう学習され、人の体験をどう伝えるかを研究する分野です。

ジーの研究によると、どんなゲームも言語の論理に非常によく似た、体系的な論理に従って動いています。『スペースインベーダー』のプレイの仕方を覚えることは、ある種のリテラシーを身につけるのと同じで、プレイヤーはゲームを「読む」能力、システムを解読する能力を、マスターすることになります。ジーは以前、僕にこう説明してくれました。「ビデオゲームは自分の外にある頭のようなものだ。物事を理解し、行動を計画するとき、私たちは頭の中でゲームのようなロールプレイングのシミュレーションを行う。ある意味、私たちの頭はゲームエンジンのようなものなのだ。個別の経験から抜き出した要素を組み合わせることで、空想したり複雑な問題を考え抜いたりすることができる」。この説明だけでは理解しにくいかもしれないので、わかりやすい例として、乳幼児が言語を学ぶプロセスについて考えてみましょう。

英語、スペイン語、中国語、アラビア語——言葉はどれも複雑です。それなのに幼児は自然に、簡単に話せるようになります。どのように学習しているのでしょう? まずは試行錯誤を繰り返します。親の声を聞き、同じ音を自分で出してみて実験するのです。この音を出すと何が起こる? まわりの大人はどう反応する? 親の反応を見て、そのフィードバックを頭の中のファイル保管庫で整理し、パターンに気づき、関連づけを行います。間もなく、ある音とある音の関係性を理解し始めます。これを、乳幼児が単純な統計処理と基本的なデータ分析を行うプロセスと表現する科学者もいます。特定の音が一緒になる頻度や音の順番などを分析しているわけです。

次に、実験を重ねます。音と音の関係性について、新しい仮説を試すのです。自分のレパートリーにある音や音素を伸ばしてみる。音をくっつけて単語、句、文をつくってみる。いつの間にか、幼児はおしゃべりしています。それも驚くほどたくさん。子育て経験者なら誰もが知るように、2、3歳の子どもはおしゃべりや「どうして?」と尋ねることに熱中します。僕の12歳の息子が『マインクラフト』に熱中するのと同じです。そんな幼児を誰が責められるでしょう。ほんの数カ月前まで何もできなかった赤ん坊が、極めて複雑な言語システムを操る能力を身につけたというのに。

これを「リテラシー」を身につけた、と言うこともできます。ジーいわく、リテラシーには読み書きの能力以外にもいろいろな種類があるのです。「デジタルリテラシー」「ファイナンシャルリテラシー」などはよく耳にしますが、いずれも学術的には「マルチモーダル（多様式）リテラシー」と呼ばれるもので、ビデオゲームリテラシーもそのひとつというわけです。ジーの見解では、ゲームはそれ自体で完結した複雑な小システムであり、言語を習得するのと同じ方法で習得する必要があります。ゲームで勝つには「リテラシー」を身につけ、ゲームという言語を読み書きできるようになるしかありません。相互に関連するルールや構成要素が、全体としてどう働いているかを把握する必要があります。そのために、ゲーマーは乳幼児が話し言葉を習得するのと非常に似た方法をとります。赤ちゃんが「ママ」「ごはん」「ウンチ」「あそぶ」といった音が互いにどう関連し、文法や構文に沿って言語を形成するかを認識するように、ゲーマーは障害物、ゲームの舞台、武器、パワーアップアイテムを認識しているのです。ですから、任天堂の横スクロール型ゲームの名作『スーパーマリオブラザーズ』をクリアしたなら、それは新しいリテラシーを身につけたのと同じこと。キノコ王国の読み方を覚えたということです。おめでとう！

儀式と宗教と遊び

イアン・ボゴストは、ゲームを「手続きレトリック」を伴う物語としてとらえました。ジェームズ・ポール・ジーは特定のタイプのリテラシーを必要とする複雑なシステムと見ています。ゲームはある種の「儀式」だと考えることもできます。

20世紀前半、文化史学者として大きな影響力を持ったヨハン・ホイジンガは、「遊びと儀式の間に正式な違いはない」と記しています。ホイジンガは宗教的儀式、政治的儀式、社会的儀式を、遊びの一形態と考えていました。その意味を理解するため、人生の節目に行われる通過儀礼について考えてみましょう。これは、ロールプレイのようなものです。たとえば結婚式では、決まったセリフを言い、決まった場所を歩き、決まった所作をします。一定の環境で、見えないゲームのルールに従って演技するのです。実際、儀式の参加者は、陪審裁判、アメリカの公式行事で行われる忠誠の誓い、キリスト教の洗礼などのすべてで、必ず特定の筋書きに沿った動作をすることになります。つまり物語を演じるのです。

ゲームで遊ぶときも同じです。

最近の子どもは本当によくゲームで遊んでいます。子どもの安全なテクノロジー使用のために啓発活動を行うNPO団体コモン・センス・メディア（CSM）の調査によると、2017年に児童やティーンエイジャーがスクリーンメディア（ゲーム、スマホ、テレビなどの画面を持つ情報媒体）を利用した時間は、平均一日2時間強でした。僕の子どもたちは、ゲームという儀式に他のどんな儀式よりも長く参加していることになります。『マインクラフト』のシナリオを何度も演じているわけです。デジタルな遊びの儀式は、身体的暴力などの現実世界での振る舞いに直接結びつくわけではありませんが、ほかの種類の儀式と同様、子どもの人生観に確実に影響を及ぼします。

伝統的な宗教儀式について考えてみましょう。

組織的な宗教を好む人がいる一方、それを反復的で退屈だと感じる人もいます。ユダヤ教徒の家庭で育った子ども時代の僕は後者で、シナゴーグ「ユダヤ教の会堂」に行くのが嫌でたまりませんでした。心地悪い服（チクチクするウールのスーツとボタンダウンのシャツ）を母に無理やり着せられ、ネクタイをクリップでとめられて、のどがつっかえそうでした。いつもシナゴーグで「シーッ！」と注意されていたので、母は僕のおしゃべりを止めたかったのかもしれません。大人たちが起立すれば僕も起立し、着席すれば僕も着席しました。ヘブライ語の祈祷《きとう》は最初、僕にはさっぱり理解できませんでした。ところが次第に手順を覚えるようになると、いつひざまずき、いつおじぎをすればいいかがわかるようになりました。歌や祈祷のことば、所作などを覚え、礼拝のさまざまな要素がどう関わり合っているのかを理解しました。

ジェームズ・ポール・ジーなら、僕はシナゴーグの儀式、あるいはユダヤ教信仰の「リテラシー」を習得したのだと言うでしょう。僕がユダヤ教に無関心だったことなど関係ありません。私たちが望もうが望むまいが、信じようが信じまいが、儀式は進みます。あらゆる儀式は独自の「手続きレトリック」を備えているのです。イアン・ボゴストなら、シナゴーグのルールは制約的であると同時に、同じくらい表現的であり、説得的であると言うことでしょう。そのルールのおかげで、僕は知的なプロセスを習得しました。ユダヤ教の言葉を操れるようになり、ユダヤ教の考えによって周囲の世界を理解し、その上で自分の考え方をはっきり述べることができるようになりました。子どもの頃は、なぜ母が僕たちを無理やりシナゴーグに行かせるのか不思議に思っていました。でも大人になってみて、母は文化を守り、僕を伝統につなぎとめ、考え方を吹き込もうとしていたのだとわかりました。

今の僕には、あの退屈なシナゴーグでの儀式はゲームで遊ぶようなものだったということがわかります。それに初めて気づいたのは、デンマークでレゴ財団のアイデア・カンファレンスに参加したときです。毎年開かれるこのイベントでは、世界トップクラスの頭脳を持つ人々が、子どもや学習、教育に関する問題に取り組み、一緒に遊んで情報とアイデアをシェアします（もちろんレゴ本社やその周辺で行われる、カラフルなブロックを使った制作作業にも多くの時間を費やします）。この会議で、ハーバード大学児童発達研究センター所長のジャック・ションコフが幼年期の脳の発達について講演しました。それによると、世界各国、そして歴史上の多くの時代を通して、子どもが遊ぶゲームは、若干の違いはあるにしても、非常に似通っています。縄跳び、鬼ごっこ、けんけん遊び、ハンカチ落としなど、地域ごとのバリエーションはあるものの、共通の特徴があるため、似たようなゲームだとすぐにわかります。ある種のゲームはどれも同じようなルールを持っています。そして特定の年齢グループの子どもが遊ぶゲームにはすべて似通った制限や境界があり、プレイヤー間で同じようなやりとりが行われます。

ションコフは、こうしたゲームが万国共通である理由について、子どもの重要な社会的スキルを育てるのにそれが最も効果的だからだと説明します。そのスキルとは、「集中して注意を持続する」「目標を設定する」「計画を立案する」「行動を管理する」「変化に適応する」「問題を解決する」「規則を順守する」「衝動を制御する」「満足を遅延する（将来の大きな喜びのために目先の快楽を我慢する）」といった能力です。*From Neurons to Neighborhoods : The Science of Early Childhood Development*（ニューロンから近所づきあいまで）という著書でションコフはこれについてさらに具体的に説明しており、「レッドライト、グリーンライト」［「だるまさんが転んだ」のようなゲーム］や「サイモンセッズ」［指示出しゲーム］などの遊びについて、「これらのゲームを上手にこなすには、長い時間ピンと張りつめて注意を持続させ、ゲームの規則に従い、はやる気持ちを抑えて行動を止める能力が求められる」と述べています。

さらに、プレイヤーはズルしたいという衝動を抑えることや、うまくいかなくても癇癪《かんしゃく》を起こさないようにすることを学ばなければなりません。長く楽しみたければ、ゲームの秩序を積極的に守り、カオス状態にならないように注意する必要があります。そのためには、ゲームの仕組みを直観的に理解しなければなりません。ゲームのどの部分が融通が利いてどの部分が利かないのか、ゲームの各部分は互いにどう関係しているのか、どの境界線が厳重でどこに抜け穴があるのか。プレイヤーにはゲームのルールについての「リテラシー」が求められるのです。

この種のリテラシーを、子どもは試行錯誤のプロセスを通し、常に楽しさを保って仲間同士の喧嘩を避けることを最終目標としながら身につけていきます。「対立や口論、身体的攻撃が生じると、遊びは中断され、問題点が示され、遊びを再開させるにはどうすればいいか、子どもたちは考えなければならない」。ションコフはこう説明します。すべてが計画通りに進んでいるとき、子どもたちは遊びを楽しむだけでなく、互いに関わり合う方法も学びます。社会の慣習に慣れつつ、許容される行動を直接的な経験を通して学んでいくのです。

万国共通のゲームは小さな儀式のようなもので、シナゴーグでの儀式と同じような働きをします。心地悪いフォーマルウェアを着る必要はありませんが、決まった行動が期待されています。ほかのあらゆる儀式や物語と同様、こうしたゲームは一定の思考パターン、行動様式、表現の種類、他者との関わり方、経験などを、周囲の人と共有する手段を定着させ、強化するために存在します。デジタルな遊びも同じです。ロールプレイと物語が混じりあうビデオゲームをプレーする子どもたちは、家にいながらにして多くを学びます。私たちが望もうが望むまいが、子どもたちに考え方、価値観、コンセプト、マナーを教えます。ゲームのアクション、サウンド、ストーリー、音楽、キャラクター、手順が、つながりあう世界での生き方を形づくるのです。

まとめ

デジタルかアナログかの二者択一を避けること
新様式の遊びを21世紀の遊び場の中にどう統合すべきかを、子どもに教えよう

多くの大人は子どもがビデオゲームに熱中しすぎることを心配し、善か悪かという考え方に陥ります。デジタルかアナログかという誤った二者択一論を信じ、デジタルな遊びを、電子的でないすべての活動の対極としてとらえます。その結果、子どもの生活はスクリーンタイムと非スクリーンタイムに二分されます。

これは残念なことです。というのも、このつながりの多くは、現実世界の遊びと同様のメリットを子どもの発達のために提供できるからです。たとえば、すべてのゲームは小さな儀式として考えることができます。参加者は一定の環境で暗黙のルールに従いながらシナリオを演じます。そのルールはプレイヤーの視野と行動を制限しつつ、問題解決と意思決定を促します。

このように、ほかの形式の遊びと同じく、デジタルな遊びは儀式化された行動を通して思考パターンを固め、一定の神経路を強化します。もちろん、デジタルな遊びは身体を動かす活動や、形あるおもちゃを完全に代替できるわけではありませんが、それでも21世紀の子どものおもちゃ箱に加えるのにふさわしい補完的なアイテムなのです。

ビデオゲームは優れた教師。子どもは遊びながら多くを学ぶことができる

すべてのビデオゲームは、言語に非常によく似た体系的な論理に従って動いています。プレイヤーはゲームを「読む」能力をマスターします。つまり、相互に関連するルールや構成要素が全体としてどう働いているかを学び、障害物、ゲームの舞台、武器、パワーアップアイテムを認識します。こんなに多くのことを短時間で学べるのは、優れたビデオゲームには優れた教師との共通点が多数あるからです。いずれも厳格で（Rigorous）、反応がよく（Responsive）、内省的で（Reflective）、現実的（Real）です（これを「4つのR」と呼んでいます）。

・**厳格さ**　優れたゲームには適度な難しさがあります。難しすぎず、かといって簡単すぎない、「発達の最近接領域」にプレイヤーを留め置いてくれます。これは20世紀前半に活躍したロシアの心理学者レフ・ヴィゴツキーが生み出した、理想的な学習環境を表す用語です。この理論上の空間で、生徒は外部または社会の指導があれば克服できる障害に遭遇します。この空間と同様、優れたビデオゲームは常に、プレイヤーにとって必要なパワーアップアイテムを、絶妙なタイミングで提供します。

・**反応性**　優れたゲームは常に明確で簡潔なフィードバックを返します。『パックマン』のメインキャラクターが死んだ理由がわからなければ、ストレスがたまるはずです。また、自分の戦略が失敗した理由がわからなければ、モンスターを追跡するスキルを改善できません。優れた教師は、同じ原理が学習にも当てはまることを知っています。修正に必要なフィードバックを学習者に提供して初めて、評価は役に立ちます。

・**内省**（**自分の考え方や言動を客観的に振り返ること**）　プレイヤーとコントロールされるキャラクターの間には明確な違いがあります。だからこそ、プレイヤーはゲーム内での自分のパフォーマンスについて、自分自身が失敗したかのような失望に引きずられることなく内省できるのです。教育者も「メタ認知」、つまり自分の思考について客観的に考える能力のことをよく語ります。メタ認知的内省によって、学習者は心理学者のキャロル・ドゥエックが言う「成長型マインドセット」、つまり知能は「固定的」なものではないと気づくことができます。

・**現実性**　もちろんゲームは現実ではありませんが、プレイヤーを夢中にさせる力を持っているため、現実であるかのように見えます。プレイヤーはビデオゲームのルールを、実際にいろいろ操作してみて実験しながら学びます。この方法が優れているのは、学校でのプロジェクト型学習が非常に効果的なのと同じです。最善の学習は、必ず体験を伴います。実際にプレイすることなく、ユーザーマニュアルを読むだけでビデオゲームを理解するのは、極めて難しいはずです。

「遊びなさい」と子どもに言おう
ソーシャルスキルや情動スキルを身につけるには遊びが一番

伝言ゲーム、縄跳び、ビー玉。世界中どこへ行っても、子どもは似たような、子どもらしいゲームを楽しんでいます。こうした遊びが万国共通なのは、楽しい儀式によってソーシャルスキルが育てられるからです。遊びを通して、子どもたちは互いに関わり合う方法を学びます。

たとえば、友達と楽しく遊び続けるには、一定のルールに従わなければなりません。遊びのシステムの複雑な言語を解読し、それに反応していく必要があります。さもなければ、何もかもがカオス状態に陥り、楽しめなくなってしまいます。

子どもたちが対立を嫌うのは、ゲームが台無しになってしまうからです。遊べば遊ぶほど、自分が満足したいという欲求と、楽しい空間を生み出すための我慢との間の緊張を、うまく緩和できるようになります。やがては遊び場での練習を通し、大人として人と関わるための複雑な社会のルールを守って生きる準備ができるのです。

デジタルな遊びは、時に孤独で非社交的なものに見えるかもしれません。しかしビデオゲームも、外部や社会の刺激に対してよく考えて応答する練習になります。子どもたちに必要な練習をさせてあげましょう！

2

新しい遊びの時間

私たち大人はこんな誤解をすることがあります。子どもたちの間で起きていることなど、取るに足らない表面的なことだと。たとえば、僕の息子たちはリビングで寝そべり、フィギュアとミニカーで遊びます。ソファでコントローラを握り、ハイラル城に近寄るモンスターと戦うこともあります（任天堂の『ゼルダの伝説』シリーズ）。彼らはクスクス笑いながら子どもらしい想像上の世界に浸っています。

そんなとき、僕は「自由時間」を楽しみます。メールを送り、記事を書き、支払いを処理し、大切な人にメッセージを送ります。「子どもたちが遊びに気をとられていてよかった。当分面倒を見なくても平気だ」と思いながら。子どもたちが遊びに夢中になっている間、たいていの親は同じようにほっとするのではないでしょうか。たまには休息が必要です。落ち着いたひと時を、心から味わおうではありませんか。

ただし、気をつけましょう。ラップトップ上の自分の仕事のほうが、子どもたちが興じている想像の世界の遊びよりも重要だと考えてはいけません。そうではなく、デジタルな遊びもそうでない遊びも、子ども時代の大事な仕事だと考えるべきです。未来の文化と社会を積極的に形づくる、ある種のイノベーション醸成装置だと考えてみてください。大人の仕事は短期的利害に関わるものですが、子どもの想像上の世界は長期的なインパクトを持ちます。子どもたちが遊ぶ世界は、明日の現実世界をつくり出すのです。これは陳腐《ちんぷ》なセリフに聞こえるかもしれませんが、子どもの遊びと認知機能の発達についての研究によって科学的に証明されています。

一緒に遊んで学ぶ

この主張を裏付ける研究は数多くあります。ゲームや遊びを通して子どもがいかにしてソーシャルスキルを育むかを示した、ハーバード大学児童発達センター所長のジャック・ションコフの研究もその一例です。子どもは経験を他者とシェアすることを学びます。一緒に作業し、対立を解決し、空気を読み、能力や自信を高めることを覚えます。世界中で遊ばれているゲームの中でのちっぽけな儀式から得た教訓によって、いわゆる「ソフトスキル」を積み上げることができます。ソフトスキルはあらゆる学習や社会的やり取り、そして子どもが大人として成功するために必要なあらゆる生活スキルの基礎となります。具体的には、集中力と注意力の持続、目標設定、計画立案、行動管理、状況適応、問題解決、規則順守、衝動制御、満足遅延の能力です。

「自己制御」「実行機能」という言葉を聞いたことはないでしょうか。

「自己制御」とは、自分の行動や感情的反応を、社会的に受け入れられるように管理する能力です。たとえば、急な救急車のサイレン音や、通りを歩いているときに見知らぬ人にぶつかるなど、予期せぬことが起こるたびに泣き出すのは、社会的に適切な振る舞いとは言えないでしょう。感情や行動の調整の仕方がわからなければ、仕事や恋愛を続けることも、スーパーに買い物に行くことさえも難しいはずです。子どもたちは幼い頃から、家族や友達との遊びの経験を通して、社会的に受け入れられるような感情、考え、欲求の表現方法を学びます。

大人の世界に参加するために、自己制御は欠かせないスキルです。

「実行機能」もソフトスキルの集合体で、柔軟で粘り強い思考をもたらします。実行機能によってマルチタスク（複数タスクの並行処理）が可能になり、記憶力や注意力などの認知能力を管理し、活用することができるようになります。これによって、欲しいものや必要なものを手に入れるための最善の戦略を見つけることが容易になります。

たとえばおなかが空いたとき、ただ空腹感を募らせてデスクに座っているだけ、ということにはならないはずです。かといって、すべてを中断して食べ物を探し回るということもないはずです。きっと今の仕事に集中し続けながら、いつどこで、おやつを手に入れられるかを同時に考えることでしょう。ほぼ無意識に時間管理戦略を素早く練り、今取りかかっている仕事をどこで中断し、空腹を満たせばいいかを判断するのです。最初に立てた戦略がうまくいかないこともあります。自動販売機が壊れていたり、電話が鳴ってさらに手が離せなくなったりするかもしれません。そんな場合も、しっかりした実行機能を備えていれば、すぐにプランを修正できます。

自己制御と実行機能のスキルは、6歳になる前から発達し始めます。遊びたいボールに手が届かないときや、遊びたいおもちゃを誰かが使っているとき、子どもはどう反応するでしょうか。泣き叫ぶのか、すぐあきらめて遊ぶのをやめるのか。それとも、我慢して待ち、楽しみを先延ばしにするのか、先生に助けを求めるのか、あるいは「一緒に遊ぼう」と言うのか。人生を通して必要となる自己制御と実行機能のスキルは、こうした日常の中で鍛えられます。保育園や幼稚園で見られる何気ない子どもの行為は、実はとてつもなく重要な意味を持っています。一つひとつの遊びが、自分を大切にして社会で他人と共に生きていくための予行演習のようなものです。子どもたちはここから、明日のコミュニティ、明日のビジネス界を築き始めているのです。

子どもを保育園に迎えに行くとき、僕は園庭のベンチに腰かけ、遊び場のわが子を観察します。子どもたちは想像の世界に浸りきっていて、園庭の一角はレストランにも、お城にも、宇宙の片隅にもなります。

ある子が丸太の上に大きな石を置き、こう宣言します。

「これは銀河をぶっこわせるスーパーコンピュータだ。絶対にこれを守るんだぞ！」

別の子が続きます。

「大変だ、ハッキングされた！　急げ、ゾンビに乗っ取られる前にあのロケットへ逃げ込もう」

「だめだ。こっちのロケットがいい。光速で飛べるから」

「気をつけろ！　きっと宇宙海賊がいる」

「スーパーコンピュータも忘れるな、一緒に持っていこう！」

くだらない話に聞こえるかもしれません。空想のスーパーコンピュータ、ロケット、ゾンビの襲来、宇宙海賊など、どうでもいいことです。ただ、子どもたちが物語を演じる方法、これは大事です。改めて言いますが、「メディアはメッセージ」なのです。重要なのは遊びという儀式であり、システムの読み方を習得するプロセスです。子どもたちは一緒になって、新しいアイデア、新しいコンセプト、新しい関わり合い方を実験しています。一つひとつの小道具、石、棒に意味を持たせ、一緒になってルールをつくり、物語をつむぎあげているのです。

スイスの著名な心理学者ジャン・ピアジェは、遊びのシナリオの中に適応のプロセスがあることに注目し、「調節」と名づけました。１９５０年代の著書で、ピアジェは子どもがどのように仲間を真似て、自分の行動をゲームの環境に合わせているかを説明しています。子どもたちは互いに微調整を行います。柔軟に対応することを学び、既存の考えを捨てて新しい情報に置き換えます。最近、子どもが適応スキルを高める練習をしているときに脳のどの部位が活性化するかが解明されました。適応は実行機能の構成要素であることもわかっています。

僕の子どもたちが園庭でしていたような空想を、「ふり遊び」または「ごっこ遊び」と呼ぶ専門家もいます。遊び自体に目的はなく、勝者も敗者もいません。存在するのはルールを形づくり、慣習をつくり出し、自分たちの世界を秩序立てる実験だけです。

発達心理学者のヴィゴツキーが園庭で遊ぶ僕の子どもたちを見たなら、子どもたちが丸太の上の物体を、同時にスーパーコンピュータと石の両方に見立てていることに気づいたでしょう。子どもは現実と空想の両方の文脈で物体を見ているのです。タイプするふりをしていても、その物体が泥の中に落ちても気にしません。一方の文脈では壊れやすいハイテク機器ですが、他方ではただの石なのです。友達に対しても、学校の仲間、宇宙探検隊員の両方として関わり、それぞれの状況に違うルールを同時に適用しています。ヴィゴツキーは、この種のごっこ遊びは子どもの自己制御スキルを確実に高めると考えました。異なる文脈間を行き来するには衝動を抑制し（石を石と呼ばないようにする）、なおかつ社会のルールに従う（友達をキャラクター名で呼ぶ）必要があるからです。

それなら、デジタルなふり遊びやごっこ遊びでも、同じスキルが育まれるはずです。園庭でもオンラインでも、子どもたちはごっこ遊びをするたびに、自己制御と実行機能を必要とする基本的なソーシャルスキルを磨くことになります。

大人の世界で成功できるかどうかは、ルールに従い、他人の見方は自分の見方とは違うことを認識し、他者と建設的に関わりあう能力にかかっています。その意味で、遊びは市民としての社会参加の第一歩と言えます。子どもにとって、他者と共存するコミュニティで生きていくための最初のレッスンを受ける機会になるわけです。

幼稚園と砂場

遊びの持つ社会的・市民的性質について研究した初期の人物に、児童心理学で大きな功績を残したG・スタンレー・ホールがいます。1897年、ホールはボストン郊外の「砂場」で子どもの遊ぶ様子を調査しました。そして、その観察記録を *The Story of a Sand-Pile*（砂山の物語）という小さな本にまとめ、子どもたちが「井戸やトンネル、丘や道、鉱山と炭鉱と採石場」を築く様子を描写しています。砂遊びの研究というと奇妙に聞こえるかもしれませんが、19世紀末には砂場などありませんでした。今、私たちが思い浮かべるような子どもの遊びは、当時としては画期的なものだったのです。確かに、縄跳び、鬼ごっこ、石けりのような万国共通の遊びは当時もありました。しかし、学校に遊び場はなく、公園のすべり台やブランコもありませんでした。砂遊びセラピーを推奨する心理療法士もまだ存在せず、カラフルなプラスチックのスコップやバケツはまだ製造されていませんでした。

現代人から見ると、19世紀の子どもの生活は驚きの連続です。多くの子どもは畑や工場や鉱山で働き、労働は過酷で、幼い子どもは家で単調な仕事を手伝いました。

アメリカで連邦児童労働法が初めて成立したのは、1916年のことです。その法律でさえ、1日8時間を超える児童労働によって生産された商品の州間取引を制限するだけで、子どもの労働時間が8時間を超えなければ、その労働の果実は何の問題もなく取引されていました。今日の基準からすると驚くべき話ですが、ピューリタンの労働観が色濃く残っていた当時のアメリカでは極めて普通のことでした。人の価値は労働量、産出量、生産性によって判断され、子どもであっても怠けることは許されませんでした。親は服従の姿勢、深い信仰心、揺るぎない労働倫理を子どもに植えつけようとしました。歴史学者のスティーブン・ミンツはアメリカの子ども期の歴史について研究し、あることを発見しました。17世紀の親たちは、「子どもが道でボール遊びや凧あげばかりしている」と不平をもらしていたのです。当時、遊びは「罪深き時間の浪費」と考えられていました。

しかし、G・スタンレー・ホールが砂遊びを研究しようとした頃、すでに変化は起き始めていました。労働への姿勢、家族、児童の発達についての考え方は、変わりつつありました。ホールが『砂山の物語』を書いた理由は、僕がこの本を書いている理由と同じです。砂遊びは19世紀末のデジタルな遊びでした。現代の親を悩ませる子どものスクリーンタイム問題のように新しくて意見が分かれやすく、経済、社会、文化の根本的な変化を表すものでした。ですから、デジタルな子ども時代にどう対応すべきかを知るには、19世紀末に初めて砂場が導入されたときのことを振り返り、それが子どもの成長に必要なものとして受け入れられるようになるまでの経緯を振り返るといいでしょう。

現代の子ども時代の概念は、19世紀にフリードリヒ・フレーベルが始めた「幼稚園運動」をきっかけに生まれました。フレーベルはドイツの教育学者で、幼い子どもたちが成長するには、正式な教育を早いうちに始め、そこに遊びと育みの雰囲気を意図的に加えることが重要だと主張しました。幼稚園運動をきっかけに、ソーシャルスキルと身体的スキルを磨く活発な運動が採用され、カラフルな玉そろばんが使われるようになりました。木製の積み木や糸製の毬《まり》を詰め合わせたフレーベルの「恩物《おんぶつ》」も考案されています。これは、決められた順に子どもに与えることが推奨されている知育玩具のセットです。現在使われている学習玩具の多くは、フレーベルが発明したものです。皆さんも保育園や幼稚園で彼の発明品で遊んだはずです。

1840年、フレーベルはプロイセンで運営していた施設「児童養育・活動研究所」を「キンダーガルテン（幼稚園）」と呼ぶようになりました。これはドイツ語で「子どもの庭」を表し、ふたつの意味を持っていました。まずフレーベルは、園芸家が植物を世話するように、教育者が子どもたちを育てる庭を思い描きました。子どもが自然に成長し、才能を開花させるように育成を行う庭です。フレーベルは「子どもは小さな花のようなもの。それぞれ異なり、世話が必要だが、仲間同士の集まりの中で見るとそれぞれが美しく、神々しい」という言葉を残しています。また、のちに哲学者で教育学者のジョン・デューイに影響を与えることになるフレーベルのカリキュラムは、屋外での遊びに重きを置いていました。子どもには「自然物、隠されたもの、植物、花への説明し難いあこがれ」があると、考えていたのです。

フレーベルの幼稚園構想の中で、庭は極めて重要なものでした。彼はドイツの政治家に対して、砂場のある公園をつくるように求めています。「ザント・ベルク（砂の山）」と呼ばれた砂場は、先進諸国に急速に広まり、多くの学者が、ヨーロッパの都市計画でこうした動きが生まれたことで、公共の遊び場がつくられるようになったと指摘しています。この砂場はアメリカには1885年前後に伝わりました。マリー・エリザベス・ザクシェフスカという医師がベルリンを訪れた際、子どもたちが砂場でいろいろなものをつくって仲良く遊ぶのを見たことがきっかけでした。ザクシェフスカはマサチューセッツに戻ると、ボストンで「サンド・ガーデン」を開きます。当時のニューイングランド州の人々には、遊ぶことを非難するピューリタンの古い価値観を捨て去る準備ができていたようです。サンド・ガーデンはアメリカでもドイツ同様の人気を博し、ものの数年の間に、ボストンに21の砂場がつくられました。

G・スタンレー・ホールが見たのはそのうちのひとつで、ホール自身の子育て像に完璧にフィットしていました。『砂山の物語』を書いたのも、子ども時代と学習に対する新しい見方を広め、表現の自由と自発性の大切さを訴えるためでした。間接的に幼稚園運動に貢献する形となり、子どもに対する考え方を変えるのに一役買いました。ホールは著書で、砂遊びはただのおふざけではないと説明し、想像力は「子どもの魂」の表現として必要なものだという考え方を示しました。砂遊びは新世代のアメリカ市民を育てる上でもインパクトを持ちました。「人生の目的は奉仕である。この考え方を、子どもたち一人ひとりの心に深く植えつけなければならない」とホールは記しています。砂場は、子どもの倫理的・道徳的判断力を育てる上で極めて重要な役割を担えると、ホールは考えていました。それゆえ、砂遊びは大変な作業や過酷な労働よりも重要だと訴えたのです。言うまでもなく、楽しむのが子どもの仕事だという新しい考え方に、当の子どもたちは大賛成でした。

ゲーマーを子に持つ親なら、砂場に夢中になる子どもたちの様子を記したホールの言葉の意味をすぐにイメージできることでしょう。「『砂の山』はフレーベルの著書を読んだり子どもの遊びを観察したことがある人なら誰でも予見できるように、たちまち子どもたちの関心を引きつけた。その一方で男児が興味を持ちそうなあらゆるものへの関心は、徐々に薄れていった」。19世紀の砂場少年たちの親は、子どもたちの砂遊び依存症や対立、暴力的な空想についてほとんど心配していませんでした。というのも、当時、子どもの経験がその後の成長にどう影響するかということなど、誰も関心がなかったからです。1890年代は教育界の主流派さえ、砂遊びについての研究を児童心理学と無関係の「疑似科学」とみなし、関与しようとしませんでした。

フロイト、ユング、クライン、ウィニコット、ヴィゴツキー、ピアジェらの思想家が子ども時代に対する見方を完全に変えたのは、それから何年も経ってからのことでした。

自己感を見つける

「自己感」という言葉を聞いたことはあるでしょうか。アイデンティティは、ある意味、その人を取り巻く文化の産物である、という考え方に基づいた概念です。社会環境は文脈を与え、それによって人が物事を見るレンズを制限し、「人間とは何か」という考え方に影響します。歴史学者で家族療法士のフィリップ・クシュマンは「どの時代にも、自己についての支配的な考え方がある。人間であることの意味について、特定の基本思想がある」と語っています。もちろん、誰しも自分だけの考え、感情、情動を持っており、これらは各自の経験と遺伝的性質によって形づくられます。経験からどのような意味を見いだすかを決めるのは、明示されたルールと、その人が生きる時代と場所の産物である暗黙の期待です。

自己感が時代とともにどう変わるかを簡単に理解できる方法があります。自分と親や祖父母との違いを考えてみればいいのです。たとえば、自分にとっては大事なのに、親にとってはそうでもないという情動反応があるはずです。世代差が表れやすい例が、コメディドラマに描かれるユーモアです。また、祖母はなぜ今の親がわが子の保育園の卒園を祝い、ゲームに参加したすべての子どもにトロフィーを与えるのか、理解できません。祖父はなぜ今の親がいじめられたわが子に対し、いじめっ子に自分の気持ちを伝えるように言うのか、理解できません。古き良き時代は、そんな問題は殴り合いで解決したのに！　世の中の価値観や慣習が移り変わるのは、人間として生きる意味についての理解が移ろうからです。

クシュマンは、自己の本質は「常にその時代に特有の文化的枠組みの産物である」と説明します。つまり、私たちを取り巻く文脈や活動や社会構造が、個人としての自分を形づくるということです。アイデンティティは、コミュニティと文化をもとにつくられます。自己感は、自分が生きる世界の「手続きレトリック」、つまり日常の儀式によって形成されます。言い換えるなら、身の回りの慣習についてのリテラシーを身につけていくのと同時に、子どもに自己感が芽生え始めるのです。ある文化の教育や医療や子育てに関する慣習は、ゲームのルールを生み出し、その情報をもとに自己感は形成されていきます。

私たちは今、個人のアイデンティティという20世紀の概念を、当たり前のものとして受け止めています。砂場遊びを気にもとめず、自己形成を促す社会の力だとは思っていません。たいていの親は、自由な遊びは子どもの自信と創造性を高めると考えています。幼稚園運動の原点からは離れすぎてしまい、フレーベルとその仲間たちが直感に基づいて意図したように、遊び場を社会的・情動的・文化的教材として認識することは、ほとんどありません。子ども時代は自由と探検と創造の機会であるという考え方が19世紀末に革命的であったことなど、忘れてしまっています。ホールが砂山について書き、フレーベルが幼稚園運動を始めた当時、「人はそれぞれの内的な世界を持ち、希望、不安、夢、恐怖症、神経症を経験している」と考える人はほとんどいませんでした。

個人がクシュマンの言う「心の容れ物」、さらに「近頃では救済が必要な神聖なる魂の運び手ではなく、〝治癒〟が必要な〝自己〟」としてイメージされるようになったのは、20世紀に入ってからのことでした。当時は新たな産業の発展によって、経済、政治、社会の変化が起きていました。自己感が急に変わったのは、宗教色が弱まって工業化が進んだ世界では、家族や部族、共同体ではなく、個人を社会経済の基本単位として見る必要性に迫られたからです。子どもたちは、親から分離した存在として自己をイメージし、自分と他人の境界を認識しなければなりませんでした。個人は周囲の環境に反応する存在で、そこから生み出されたわけではないと知る必要がありました。働いた時間、貯めたお金、消費した製品で分割できる単位として人を見ることを求められました。
子どもたちはこうしたことを、遊びを通して学んだのです。そして多くの場合、出発点となったのは砂場でした。

まとめ

▽ **デジタルな遊びもそれ以外の遊びも大事。遊びは子どもの仕事である**

遊びの中で空想することで、子どもは将来の現実世界に備えることができます。ですから、勝者も敗者も出ない「ごっこ遊び」に没頭するのは、子どもにとって良いことなのです。ごっこ遊びの中で、子どもはルールや慣習を生み出す実験をしています。やがて、子どもたちが想像の世界で積んだ経験から、明日の現実世界が生まれるのです。その遊び場自体は特に重要ではありません。

子どもは運動場のうんてい棒でも、オンラインの砂場でも、ちゃんとゲームをします。いずれの場合も、大人が許しさえすれば、子どもはたいていポジティブで社交的で創造的な空想に浸るものです。ですから大人は、できるだけいろいろな場所で子どもを遊ばせるべきです。子どもが現実世界と仮想世界の両方で、ごっこ遊びから恩恵を受けられるように、さまざまな機会を与えましょう。

▽ **遊びを通して、子どもは自己制御と実行機能のスキルを磨き、将来の成功のために必要な基礎をマスターする**

子どもにとって遊びが良いものとされるのは、一つひとつのゲームが自己制御と実行機能のスキルを鍛える機会になるからです。子どもはお互いを真似しつつ、自らの振る舞いをゲーム環境に合わせ、細かい「調節」を行います。柔軟な姿勢を身につけ、古い考えを捨てて、代わりに新しい考え方を取り入れます。大人になってから公私の世界で必要とされる能力の多くは、子ども時代の遊びを通して自然に身につくものです。ルールに従い、他人と自分の見方が異なることを認識し、他者と建設的に関わり合って平和を保つ必要があるのは、大人も同じです。学校の遊び場であってもオンライン上であっても、子どもはゲームを通して、コミュニティで生きていくための最初のレッスンを受けることになります。

ですから、親は子どもにできる限り多くのソーシャルな遊びを、現実世界と仮想世界の両方でさせましょう。デジタルな遊びもソーシャルな遊びになり得ることを忘れないでください。複数プレイヤー参加型のゲームでは、協力モードと対戦モードで楽しめます。バーチャルな砂場でプレイヤーが交流するオンラインゲームもあります。並んで座るふたりの子どもが順番にタブレットやコンピュータを操作するのも、ある種のソーシャルなやりとりであり、子どもたちはその経験を通して立派に成長することができるのです。

遊びは市民としての社会参加の第一歩。文化と同様、新しい経済とテクノロジーの現実に適応しながら、時代とともに変わっていく

19世紀末、幼稚園と砂遊びは革新的な教育方法として物議をかもしました。今の大人は、自分が慣れ親しんだ遊びは子どもにとって良いものだと当たり前のように考えていますが、昔はそうではありませんでした。自分が子どもの頃に愛した伝統の多くは、特定の時代と場所の産物にすぎないということを、私た

ちは忘れてしまっています。かつて砂場は、変わりゆく世界で必要な新しいソーシャルスキルを子どもたちが習得するのに役立ちました。子どもたちは「砂場的自己感」を養い、それによって産業社会で充実した人生を送ることができました。

一方、現代のデジタルな遊びは、つながりあう世界で生きる子どもたちに同じ効果をもたらす可能性を秘めています。今日の大人たちは賢明にも、子どもにとって将来必要なスキルをビデオゲームだけでは身につけられないことを知っています。それならば、フランケンシュタイン的なテクノロジー恐怖症に陥らないように注意することもできるはずです。試行錯誤しながら創造的に学ぶ貴重な機会を、子どもたちから取り上げるべきではありません。

3

新しい砂場

今の大人は、子どもたちが昔の世代ほど外で遊ばないことを心配しています。それはただ、子どもの健康を心配しているからではなく、実は自分が慣れ親しんだ昔ながらの文化が揺らぐことを無意識に不安がっているためではないでしょうか。儀式的な役割を果たした子どもの遊びが、20世紀を通してある目的のために使われていたことを、大人は本能的に理解しています。それは子どもを、経済と社会と政治の枠組みにぴったりとはまる、まるで歯車のような大人に育てることでした。

近年、昔ながらの子どもの遊びは、デジタルゲームによって存在を脅かされています。フレーベルの幼稚園運動から広まった公園や砂場に今はバーチャルな遊び場も加わって、大人は当惑しています。仮想世界で繰り広げられる遊びをどう考えるべきか、わからないからです。政府はどう規制すべきか決めかねており、消費者団体や宗教・文化機関の対応も定まっていません。そしてほとんどの親は、わが子のデジタルデバイスで何が起きているのかさえ把握していません。

大人になったら何になりたい？

世論調査機関のピュー研究所は2015年、大人がビデオゲームをどうとらえているかを調査しました。その結果、アメリカの大人の4分の1が「ほとんどのビデオゲームは時間の無駄だ」と回答した一方、「ほとんどのビデオゲームは時間の無駄ではない」と答えた人もほぼ同じ割合でした。3分の1は「一部のビデオゲームは時間の無駄だが、そうでないものもあると思う」と答え、残りは「よくわからない」と回答しています。大人たちは相当混乱しているようです。ビデオゲームは「問題解決や戦略的思考のスキルを育てるのに役立つ」か、という問いに対する回答はばらつきがさらに大きく、17％が「ほとんどのゲームについて当てはまると思う」とした一方、16％は「ほとんどのゲームについて当てはまらないと思う」と答えました。最も多かったのは「一部のゲームに当てはまるが、当てはまらないゲームもある」（47％）で、残りは「よくわからない」（20％）でした。

これほど混乱しているなら、大勢の人がデジタルな遊びを過度に不安視するのも当然です。偏屈な批判者はなんでもゲームの世界のせいにし、ゲームを不健全で受動的な消費の場、または背徳的な誘惑とみなします。実際には、このデジタルな砂場は楽しく、想像力豊かで、有効な経験を与えてくれます。一世紀以上にわたる教育研究で上質な学習の特徴とされるものをすべて備え、健全な自己感の形成に不可欠な「自分探し」の機会を与えてくれるのです。

もちろん、何をもって「健全な自己感」とするかは難しいところです。アイデンティティというものが常に、ある程度までは歴史と文化の産物だとすれば、健全さの基準は文化によって左右されることになるわけです。その基準が表すのは「ノーマル」についての社会全体の見解であり、したがって、そこには特定のテクノロジーと結びついた社会的、政治的主張、つまり、偏った理想が入り込みやすくなります。

そう言うと陰謀論のようなものだと誤解されやすいのですが、そういう意味ではありません。ここでの「健全さ」とは長生きしそうかどうかということでなく、自分が生きる時代と場所の経済的、社会的、技術的現実の中でしっかり機能できる状態にあるかどうかということです。

工業化の時代に続く情報化の時代では、頭の回転の速さと集中力が健全さの指標とされています。優れた仕事をするには、コンピュータ上でのデータ分析に長時間集中して取り組むことが求められるからです。しかし、農業が人々の繁栄に直結した農耕の時代では、何よりも強くて頑丈な身体が健全さの条件だったはずです。軍人が政治を担った古代ギリシャのスパルタでは、現代では、ともすれば反社会的人間やサイコパスとみなされるような特性が健全さの証とされました。すなわち、青銅の武器を巧みに扱い、相手が死ぬまで情け容赦なく闘い続ける能力です。

精神障害や情動障害が、なぜ現代に頻繁に見られるようになったのか、疑問に思ったことはないでしょうか。それは現代のテクノロジーとは何の関係もなく、単純に健全さの定義が変わったからです。

たとえば注意欠陥・多動性障害（ADHD）の人は、50年前と比べてそれほど増えていません。スクリーンタイムが原因になっているわけでもありません。ほとんどの研究がその逆、つまり過度なデバイス使用がADHDを招くのではなく、ADHDが過度なデバイス使用を招くという結果を示しています。ADHD患者が増えたように思えるのは、そう診断され、そう認定される事例が増えたからです。それというのも、この数十年間に大きな制度変更がありました。たとえばアメリカでは「障害者教育法（IDEA）」により、障害を持つ可能性のある生徒を特定し、評価することが求められるようになりました。また、金銭的要因も患者数の増加に関係していると指摘する経済学者もいます。アメリカでは子どもがADHDと診断されると、家族は生活補助金（SSI）を受けられるのです。

しかし僕は、ADHDの人が増えたように感じられるのは、何よりも健全さの定義自体が変わり続けているからだと思います。子どもも大人も長時間集中できることが望ましいとされています。しかし、時代が変わりつつあること、そして未来の経済と社会では今とは違うスキルが必要になることは明らかです。未来の仕事に求められるのは、今とは違うタイプの労働者です。それゆえ社会全体の繁栄は、今の子ども世代が健全で充実した新しい働き方を楽しめるよう、私たち大人がその準備を手助けできるかどうかにかかっています。

砂場と幼稚園は、20世紀の工業化時代に「健全さ」を育みました。それと同様に、今の子どもが好んで時間を過ごす場所であるデジタルな砂場は、当時とは違うタイプの「健全さ」、つまり21世紀のつながりあう経済に適した健全性を育んでくれると、僕は考えています。そうだとすれば、大人はデジタル空間を子どもが逃げ込む場所として脅威のようにみなすのではなく、子どもたちが共に生きていくための練習をする大切な場所ととらえる必要があります。そう認識して初めて、大人は最も効果的かつ責任ある子育てができ、従来の遊び場と比べた場合のバーチャルな遊び場のメリットとデメリットに気づけるのです。

時代の道具

大ヒットゲーム『マインクラフト』について考えてみましょう。これは「サンドボックス（砂場）」または「オープンワールド」というジャンルのビデオゲームで、このタイプのゲームでは、プレイヤーは仮想世界を自由に動き回ることができます。サンドボックスゲームは『フォートナイト』『レゴ』シリーズ、『ゼルダ』シリーズなど、ほかにも多数ありますが、『マインクラフト』ほどの人気作はめったにありません。2018年1月時点で累計1億4400万本以上の販売実績があります。

『マインクラフト』は無限に広がる創造的な砂場で、バーチャルなツルハシなどを使って遊ぶゲームです。プレイヤーは掘る、建てる、探索する、などの行動をとることができ、プレイヤーが動くと、ブロックの世界がつくり出されていきます。可能性は文字通り無限大で、プレイヤーが探索を続ける限り、新しい領地が生成され続けます。「マインプレックス」などの人気サーバー［インターネットを経由して『マインクラフト』を複数人で同時に遊べる場所］には、2万人以上が同時接続することもあります。

わが家では、学校から帰ってきた子どもたちが毎日のようにスカイプで友達と連絡をとり、「レルム」で一緒に遊びます。レルムとは、サーバー上に設定されるマインクラフト内の世界です。入場者を制限できる仮想空間であるため、友達同士で集まって一緒に楽しむことができます。子どもたちがオンラインのレルムで交流しているのを見て思い出すのは、僕が子どもの頃にやっていたロールプレイング遊びやごっこ遊びです。

フィラデルフィアのセンターシティ地区で育った僕は、路地裏や空き地を決戦場や中世のお城、スパイの巣窟に見立てて遊んだものです。延々と続く「こおり鬼」［鬼にタッチされると誰かが触るまで動けなくなる鬼ごっこ］では、近所の家の石段が安全地帯でした。大きなごみ収集箱の後ろに隠れて、いろいろな方法を試したものです。しかし何より重要なのは、わがままな友達の間をうまく渡り歩きながら、創造的に協力しあう方法を皆で学んだことです。自分たちでルールを考え、習慣を生み出し、世界を築きました。楽しい雰囲気を保てるよう最大限に努めながら、自己制御と実行機能のスキルを実践によって磨きました。

昔のように子どもが都会の歩道を自由にうろつくことが許されなくなった今の時代に、子どもたちが交流の場所を時代の道具を使って広げているのを見ると、頼もしく感じます。『マインクラフト』のブロックの世界に浸り、スカイプで友達とつながりあう僕の息子たちは、壮大な冒険に出かけているのです。校舎、法廷、ダンジョン（地下迷宮）、海賊船をつくり、ネットワーク化された仮想空間で想像上のシナリオを熱心に演じ上げます。『スタンド・バイ・ミー』『トム・ソーヤーの冒険』のような映画や本の名作に通じる通過儀礼に日々参加しているようなもので、『マインクラフト』は従来のごっこ遊びのデジタル版と言えるのです。

とはいえ、わが子が頻繁に現実世界から離れているように見えると、いら立ちを感じるのも事実です。何を言ってもラップトップの画面から顔を上げないこともあります。殻に閉じこもってゲームをやめず、現実世界の周りの人と目を合わそうともしません。誰かが部屋に入ってきてもあいさつせず、数分前に交わした会話も忘れてしまっています。なんだか二体のゾンビに夕食を提供しているような気分になります。ゲーム中は現実世界への関与を自ら断ち切っているかのように見え、これでは社会の作法や礼儀が身につかないのではないかと、親として不安になります。

しかしその一方で、注意を引きつけるものが何であっても、子どもたちの振る舞いは変わらないことを、僕はわかっています。工作紙、ミニカー、ボードゲーム、レゴブロックなどで遊んでいたとしても、僕は無視されることがあるでしょう。年齢ごとに夢中になる遊びがあるというのは、デジタルの世界に限ったことではありません。そして、ひとつのことに気をとられているから、非社交的だと考えるべきではありません。子どもたちは集中しているだけで孤立しているわけではなく、スクリーンと向き合っているときもたいていはコミュニティとつながりあっています。子どもたちは皆を無視しているわけではなく、現実空間を共有する大人を無視しているだけです。

親として、僕は辛抱し、子どもたちに共感を示す必要があります。今の子どもたちは、ソーシャルスキルと情動スキルの使い方をふたつの世界で同時に学ばなければならないのです。現実世界とデジタルな世界はルールもしきたりも習慣も違う、まったく別の世界なので、決して簡単ではないはずです。

今の大人たちは子どもの頃、大人が部屋に入ってきたら立ち上がる、握手するときは相手の目を見る、といった行儀をたっぷりしつけられたのではないでしょうか。そうすることで、親は大人の世界の社会的慣習に従いながら生きていくための準備をさせていたのです。そのしつけには、当時のテクノロジーを利用するためのマナーも含まれていたはずです。

兄と僕が家の電話に出ることを覚えた頃、最初は「ハロー」と言うだけでした。ところがひとたび「逆いたずら電話」の楽しさを知ると、やめられなくなりました。電話をかけてきた祖母をよく困らせたものです。「こちらシャピロ葬儀ベーカリー。ご遺体とパンをお焼きします。どうなさいましたか?」。すぐに両親に叱られ、こう言いなさいと教えられました。「ハロー、シャピロです。どちら様でしょうか?」。電話という当時のネットワーク技術を通して、社会的なやりとりを正しく行う方法を、僕たちはこうして学んだのです。

一方、子どもたちが大人になって行う社会的なやりとりのほとんどは、新しいネットワーク技術を介したものとなるでしょう。Eメール、テキストメッセージ、ビデオチャット、インスタントメッセージであふれた世界で働くことになるはずです。では、デジタルなツールに満ちた世界で生きていくための行儀やスキル、デジタルな世界の慣習についてのリテラシーを身につけるには、どうすればいいのでしょう?

それには今までとまったく同じことをすればいいのです。つまり、遊びを通して身につけられます。

グローバルな遊びの約束

デジタルな砂場としての『マインクラフト』で、僕の息子たちはつながりあう世界での正しい作法を磨いています。G・スタンレー・ホールの砂山はローカルなものでしたが、『マインクラフト』はグローバルです。その違いの重要性に気づいたのは、北アイルランドの教室を訪れたときのことでした。21世紀の教育にはデジタルな遊びを通した学びが必要だという認識を持っている北アイルランドでは、どの学校も『マインクラフト』を教材として使っています。ロンドンデリーの学校では、生徒が国の名所をこのゲームで再現していました。

ある教室で、生徒たちが歴史、地理、文化について話し合っていました。僕はきれいなブルーの制服を着た10歳の女の子の隣に座り、『マインクラフト』で何をつくっているのか尋ねました。彼女は課題の目的、自分の目標、そしてそれをどう達成しようとしているのかを、はきはきと説明してくれました。僕は驚き、尋ねました。

「家でも『マインクラフト』で遊ぶの？」

彼女は笑顔で答えます。

「うん、ずっとやってる。ママに怒られるぐらい」

「どのサーバーで？」

「ハンガーゲームズとかマインプレックスとかいろいろ」

フィラデルフィアで息子たちに同じことを聞いても、同じ答えが返ってくるでしょう。今、大西洋の反対側で話をしている女の子は、うちの子と一緒に遊んでいてもおかしくないのです。もちろん、インターネットが世界中の人々を簡単につなげ合うことなど、今さら驚くべきことではありませんが、『マインクラフト』を無限に広がる巨大で国際的な砂場として考えると、興味深く思えてきます。

ボストン近郊の砂場でG・スタンレー・ホールが見たのは、少年たちが市民としてその地域に貢献し、実践を通してスキルを身につける姿でした。男の子たちは現在学校で教えられているような認知スキル、ソーシャルスキル、情動スキルのようなものを試し、社会で役立つアイデンティティ、つまり20世紀の産業社会で成功するために必要な自己感を磨いていました。さらに言うと、学校で学んだことと実用的なスキルの両方を用いて、地域の民主主義社会に貢献する方法を練習していました。彼らは大人になり、砂場で遊んだときのように地域のコミュニティで生きたことでしょう。一方、21世紀の子どもは、マイクロチップと光ファイバーケーブルが仲介するグローバル経済への参加を求められる世界で成長しています。多様な人々の集団の中で市民としての責任を担い、貢献し、協力し合って作業し、振る舞いと感情を抑制することが求められます。そうした能力を習得するには、『マインクラフト』のような世界的につながりあったデジタルな砂場でしか得られない種類の学びが欠かせません。

現時点で唯一の問題は、未知の未来を大人が必要以上に恐れている結果、子どもが適切な指導を得られずに遊んでいることです。子どもは何のガイドもアドバイスも得られずに、新しい世界をどう航海すればいいのか、自分たちで考えながら遊んでいるのです。人類の知恵は口承、筆記、今ではビデオゲームの物語によって前の時代から次の時代へと受け継がれてきましたが、何世代にもわたるその生活と繁栄のための記録が、無視されてしまっています。また、子どもたちは「スクリーンタイムは罪」という親の考えを無意識に受け入れていますが、それは親世代が自分に理解できない未来を軽視した間違った考えであることに、いずれ気づくでしょう。

私たち大人がデジタルな遊びに抵抗するのは、ソクラテスが書き言葉に抵抗していたのと同じで、無駄なことです。子どもたちは大人の助けを必要としており、それは簡単に差し延べられるものです。親も子も家族も、デジタルな世界で一緒に遊び始めるべきなのです。

まとめ

誰もが自分という存在を意識することが必要だし、子どもはソーシャルな遊びを通してその意識を育てられる

人間であることの意味を子どもが考えようとするとき、関係するのは生物学だけではありません。考え方は文化によって異なり、社会環境から生じる文脈により、自己のとらえ方が決まってきます。

私たちが成功を収めるには、その時代の経済やテクノロジーのトレンドに合った自己感を持つ必要があります。たとえば、起業家としての自分を想像できないと、起業家にはなれません。封建経済で育った人は、ベンチャー企業を立ち上げることなど考えもしないでしょう。同様に、工業化時代に生まれた人は、古代ローマの神殿で女神ウェスタの巫女《みこ》として火を絶やさないように守り続ける自分の姿など想像できないでしょう。つまり「健全」な自己感は、絶対的なものでも客観的なものでもなく、歴史と文化の文脈の産物だということです。健全さはいつも、その社会にとって何が「ノーマル」かを反映するものですし、それゆえに何らかの偏見が含まれます。その偏見が特定のツールに対するものであることも多いのです。健全さとは優れたテクノロジーのようなもので、その定義は時とともに変わります。

子どもは今の時代に合った自己感を育まなければなりません。彼らは、自分が生きる社会のしきたりを模倣し、強化するようなゲームや慣習を通して自己感を育みます。残念ながら、いつの時代もなつかしさに駆られた大人がそれを邪魔しがちで、自分の子ども時代の経験をわが子に押しつけようとします。もちろん、誰しもキャンプ、リトルリーグ、初デートなど、自分の人生を形づくった大切な瞬間を持っているものですが、同じ体験から誰もが同じ思い出を持つわけではありません。ですから、大人は新しいさまざまな遊びに対して、もっと寛容になるべきです。子どもが独自の経験を積み、これから生きていく社会と文化の中で必要な自己感を持てるように導きましょう。

時代のおもちゃを尊重しよう

砂場は20世紀の工業化時代に、子どもたちの健全な発達を促す上で役立ちました。一方、デジタルな砂場は違うタイプの健全な発達、つまり、つながりあう世界に適した健全さを促します。

ゲームサーバーにログインする子どもたちが熱中しているのは、その親がしていたようなごっこ遊びです。砂場で始まった遊びは、やがて公園、校庭、食卓、ダンスホールなど、より複雑な環境で行われるようになります。

子どものごっこ遊びも、それを取り巻く社会と文化の大きな変遷とともに変わっていきます。だからこそ大人への成長の物語は常に時代の産物であり、子どもが人生に意味を見いだそうとして頼る新しい物語を反映して変わっていきます。それは文学作品に明確に表れています。たとえば『若草物語』のジョー・マーチは、はっきりものを言うおてんば娘で、19世紀ニューイングランドの古い女性観にあらがって生きます。約20年後、トム・ソーヤーはハックルベリー・フィンを連れてマクドゥーガルの洞窟で盗まれた金貨を探します。1951年には『ライ麦畑でつかまえて』のホールデン・コールフィールドが、ペンシー・

プレップスクールでのさまざまな「インチキ」に嫌気がさしてニューヨーク行きの列車に乗り込みます。そして、20世紀末の『スタンド・バイ・ミー』では、ゴーディ・ラチャンスとその仲間が郊外の森をさまよい、死体を発見します。

どの物語も心理的構造や筋書きは似ていますが、個々の文脈はまったく違います。それは、大人への成長の物語で扱うのは、子どもが大人社会の一員になる過程、つまり子どもが身のまわりの状況を自己感に統合する過程だからです。

今の子どもが成長の物語をビデオゲームに見出すのもそのためです。つながりあう大人の世界への移行を、子どもたちはデジタルな遊びを通して行うのです。子どもがゲームをしたがることを逃避ととらえるのをやめ、バーチャル空間は健全な「自分探し」の場だと考えましょう。

ひとつのことに気をとられるのと、人づきあいが悪いことは別

今の子どもたちはたいてい集中しているだけで、孤立はしていません。ほぼ常にコミュニティ、つまり一緒にごっこ遊びに浸るグループとつながりあい、ネットワーク化されたバーチャルな遊び場で空想的なシナリオを熱心に演じ上げています。一種の通過儀礼に、日々参加しているようなものです。

デジタルな遊びは本当に重要です。子どもたちはオンラインの世界にいるとき、Eメール、テキストメッセージ、ビデオチャット、SNSでの議論に満ちた大人の世界で生きるための準備を、無意識ながら積極的に行っているのです。子どもはオンラインの世界でのコミュニケーションを試せる安全な場を必要としており、正しいマナーや慣習を学ぶ方法はオンラインの世界以外にありません。

あらゆるオンラインゲームはデジタルなツールとの新たな関わりを試す貴重なチャンスであり、そこには未来があるので、使わない手はありません。私たちは皆、つながりあう世界に生きています。そして子どもたちには、マイクロチップと光ファイバーケーブルを通して取引やコミュニケーションを行うグローバル経済に参加する準備が、いずれ必要になります。

社会に貢献し、多様な人々と協力しあえる子どもを育てるには、世界的につながりあうデジタルな砂場でしか得られない種類の学びが欠かせません。市民としての責任を子どもに持たせるためにも、こうした学びの場が必要です。親は子どもをオンラインの世界で遊ばせるべきなのです。

Part 2

家庭

HOME

4 新しい家族

僕は、毎晩夕食をつくり、子どもを食卓に呼びます。「ご飯だよ!」

ふたりとも動こうとせず、Ｘｂｏｘやｉ Ｐａｄやラップトップから目を離そうともしません。叫ぶ、10まで数える、脅すなど、あらゆることを試しましたが、どれも効き目はありませんでした。

僕にはその理由がわかります。子どもにとってビデオゲームは仕事のようなもので、彼らはレベルアップすることに集中し、必要なスキルをマスターすることで頭がいっぱいなのです。戦略を試行、検討、反復している最中は、仕事に没頭する大人と同じように目標達成まであとほんの少しというところでやめようとはしません。

しかし、一生懸命料理していた僕にとっては子どもが何を考えているかなど、どうでもいいことです。僕の中の気まぐれなシェフは、感情でしか動きません。せっかくの料理を冷めないうちに味わってほしい。しかもテレビのコメディドラマや子育て本のせいで、完璧な家庭は完璧な夕食をとる、という固定観念を植えつけられています。

「おい、何度も言わせるな！」

もう一度呼びかけます。

「パパ、お願い！　このライフが続くまでやらせて」

「何だって？」

それがまっとうな返事だと息子が思っていることに、ショックを受けます。

「死んだらすぐやめるよ」

「だけど死ぬのがゲームの目的じゃないだろ？　ずっとやり続ける、と言ってるようなもんじゃないか」

返事はありません。僕の声が届いているのかもわかりません。息子はスペースキーを何度か強く叩き、肩をすくめて言います。

「パパのせいで気が散った。おかげで死んだよ」

ラップトップをバタンと閉じ、長男がふてくされながら食卓へ向かってきます。間もなく次男も着席。わが家の夕食はいつもこんなふうに始まります。世界中の多くの家庭と同様、夕食はほぼ必ず一緒に食べます。これは母から受け継いだ伝統であり、おそらく母もその母から受け継いだものです。

ある意味、家族での夕食はビデオゲームのようなものです。すでに説明したように、ゲームは手続きレトリックの例であり、それを通して文化的姿勢や価値観についての「リテラシー」を身につけ、自己感を形成できます。夕食にいつも遊びがあるわけではありませんが、規定の行動やアクションをルールや制限と組み合わせ、決められたスペースの中で行えば、夕食もゲームのような儀式になります。

わが家の夕食の儀式には、いろいろなルールがあります。特に厳しいわけではなく、感謝の祈りは捧げませんし、服装に気をつかうわけでもありません。それでも、明確なルールがあり、背筋を伸ばしなさい、深く腰かけなさい、ひじをつかない、口を閉じて噛みなさいと、年中注意しています。また、いつもの習慣に従って、僕は毎日「学校はどうだった？」と尋ねます。ふたりとも肩をすくめて「普通」と答えます。

食べ物を皿の上で転がし、機械的に口に運ぶ子どもたちから話を引き出すまでに、しばらくかかります。でも10分ほどすると、今学んでいることを、遊んでいるゲームや観ている映画につなげ始めます。ある晩、長男はナチス・ドイツとファシズムについて社会科の授業で教わったことを、映画の『ハンガー・ゲーム』やビデオゲームの『ウルフェンシュタイン』シリーズにたとえていました。すかさず僕はジョージ・オーウェルの『１９８４』や『ソクラテスの裁判』、そしてディストピア文学の歴史についてミニレクチャーを行います。「ユートピアというのは「どこにもない場所」という意味で、もともとはトマス・モアが……」

僕の話など、いずれ忘れてしまうことでしょう。息子たちは関心なさそうになんとなく聞いているだけですが、それでいいのです。大事なのは、僕が知的なつながりのつくり方を示し、皆で礼儀正しい会話を実践するというこの一連のプロセスを、３人で経験したことです。しばらくすればテーブルを挟んで人さし指を向け合い、撃ち合いのまねごとが始まります。バン！　ピューーン！　パン！

すぐにやめさせます。

わが家の食卓では、してはいけない遊びもあるのです。

#DeviceFreeDinner

２０１６年の夏季オリンピック開催期間中、アメリカではＮＢＣが#DeviceFreeDinner（デバイスのない夕食を）キャンペーンの公共広告を放映しました。つり輪の演技中に電話に出る体操選手、相手のフリーキックを止めようとせずショートメッセージを読むサッカー選手、50メートル背泳ぎのスタート前にタブレットの動画に夢中になっている競泳選手。

そこに「デバイスがふさわしくない場所もあります」という女性の声が入ります。明るくハキハキした声で、おそらく中流家庭の完璧な母という設定なのでしょう。

そういう場所の代表が、家庭での夕食というわけです。

このコマーシャルを制作したのはコモン・センス・メディア（CSM）。デジタルメディア問題への取り組みを支援する、2003年設立の非営利組織です。CSMはその社会的使命として、「偏りのない情報、信頼できる助言、革新的なツールの提供を通して、親、教師、政策当局がメディアとテクノロジーの力を使ってすべての子どもが前向きになれるように手助けすること」を掲げています。公民権と子どもの権利を守る弁護士で、活動家でもあるスタンフォード大学教授のジム・スタイヤーが設立し、代表を務めるこの組織は、デジタルテクノロジーが子どもと家族に及ぼす影響についての多数の研究を資金援助し、公表しています。この本もCSMによる多数の研究を参考にしています。

2016年、CSMは2歳から17歳までの子どもを持つアメリカの家庭を調査し、「意識調査——小中高生の親はネット漬け」という報告書を作成しました。これによると、ほぼ半分（47％）の親が「先週の夕食中、自分またはほかの家族が食事中にモバイル機器を使った」と回答。3分の1以上が食事中にテレビをつけていたと答え、35％は「夕食時にモバイル機器のことで口論が起きた」としています。

こうした報告書は、衝撃的な事実を伝えて#DeviceFreeDinnerを後押ししようという意図のもと作成されています。この統計データが伝えるのは、伝統的な家庭の食卓が危機にさらされていることへの警鐘であり、批判対象は、家族の食卓という神聖な場に侵入してきたデジタルデバイスです。タッチ画面は神への冒涜であり、双方向型ゲームは幸福な家族像を壊すものであるという主張のもと、ＣＳＭはデバイスを片づけ、「健全な」選択をすることを求めているのです。

皮肉なことに、ＣＳＭが守ろうとしている完璧な家族の食卓、つまり職場や学校での大変な一日の終わりに家族全員で夕食を楽しむ風景は、マスメディアの普及とともに、社会に浸透していきました。家族そろって夕食をとるという慣習が19世紀初めに確立されると、工場やオフィスビルの増加とともに流行し、蒸気機関の誕生によって、地方の伝統的な農家の慣習を脇へ追いやりました。そして、交通と遠隔通信のネットワークが急速に拡大する世界で、家族の調和を維持するための儀式として、日常生活の重要な要素となったのです。フレーベルの幼稚園と同様に、家族で囲む夕食は、親子や家族の新しいイメージ、砂場で生まれた自己感を支えるしきたりを生み出し、強化していきました。

現在、家族一緒の夕食は家庭の根本であり、健全な子ども時代の象徴であるかのようにみなされています。しかし「完璧な家庭は完璧な夕食をとる」という考え方はもともと、健康上の必要性ではなく、産業社会の要請から生まれたものでした。

かつてそう遠くない昔、人々が夕食をまったくとらなかった時代もありました。「貧しい人々は食べられるものを食べられるときに食べた」と歴史学者のジョン・ギリスは書いています。食料に不自由しない中流階級においても、現代のような「食事」の概念はありませんでした。規則的に食事をとる習慣は19世紀初頭に広まり、一日を明確に区切りました。それがビクトリア時代［ビクトリア女王がイギリスを統治した１８３７～１９０１年］の幕開けであり、人々は朝食、昼食、夕食というスケジュールにしばられるようになったのです。三度の食事は決まった時間に食べるものとされ、そのリズムが乱れるのはよくないこととされました。

21世紀を迎えた今、ほとんどの親は、子どもに十分食べさせることを気にかけ、間食もさせます。僕も登校日は子どもにドライフルーツ、チーズクラッカー、ピーナツバター味のプレッツェルなどのおやつを持たせます。長めのドライブをする際はグラノーラバーやグレープ、紙パックのジュースを持っていきます。子どもが自らゲームを中断する数少ない状況のひとつは、おやつが欲しいときです。ビクトリア時代の親の目には、崩壊した家庭と映ることでしょう。当時、おやつを食べることは自制心のなさと自分に甘いことの表れとみなされ、人格上の欠点とされていました。大切なことは秩序と節度であり、どんなときもはめを外してはいけない。あらゆる衝動にあらがい、抑えることができるのが優れた人間であり、行儀のいい子どもはいつも時間どおりに食事をとり、決して食欲のままに食べず、誘惑に負けたりしない、というのがビクトリア時代の考え方です。

当時は医者、科学者、専門家が子育てに関与し始めたばかりで、精神分析医や小児科医は、子どもの「健全さ」を道徳性と従順さに見いだしていました。歴史学者のアビゲイル・キャロルによると、彼らは「おやつを食べることによって〝家庭の規則への服従〟から逸脱することは精神的な弱さの表れであり、矯正しないでいると、将来深刻な問題を社会にもたらす」と考えていました。今はおやつに対する姿勢はより柔軟になりましたが、夕食時のモラルを神聖視するビクトリア時代の考え方は、あらゆる場所で、とりわけデジタルデバイスをめぐって根強く残っています。

今の親は、子どもが夢中になるデジタルデバイスに対して、非常に神経質になっています。ビクトリア時代の人々がおやつを食べる子どもを心配したように、21世紀の大人は子どもがゲームから得られる喜びに浸っていることを不安視します。ユーチューブやネットフリックス（Netflix）のようなオンデマンドの快楽は、退屈に対処するために必要な抑制心の発達を阻害しないだろうかと心配し、ゲームの刺激を絶えず求めるようになることを恐れています。

親の不安は尽きません。インターネットに甘やかされた子どもは、節度と自制と分別が求められる大人の社会に準備不足のまま放り出されるのではないかと心配します。そしてこれを生理学的な健全さの問題と考え、「依存」という言葉を使います。子どもを夕食の席に着かせるのに苦労している親の話をよく聞きますが、そういう親は、スマートフォンやタブレットのせいで、今の子ども世代がリアルな人のつながりを経験できていないと不平をもらします。そして残念なことに、その不安を裏づけるような研究はすぐに手に入ります。

マサチューセッツ工科大学教授のシェリー・タークルは『つながっているのに孤独』（渡会圭子訳、ダイヤモンド社）というベストセラーを書きました。タークルは食事中にスマホを手元に置いておくとどうなるかを調査した結果、「話す内容も、話し相手との間に感じるつながりの強さも変わる」ことがわかったと述べています。そもそもスマホは、人が周囲の世界と関わる方法を変える力を持っているわけですから、当然の結果と言えるでしょう。それがあらゆるテクノロジーの目的であり、道具とはそういうものです。

タークルは、スマートフォンのような新しいツールを悪の誘惑とみています。存在そのものが社会的秩序を乱すと彼女は訴えますが、多くの大人たちと同様に、変化自体に良し悪しはないこと、変化は避けられないものであるということを、忘れてしまっているようです。伝統的なコミュニケーションの形が崩れかけていることを懸念し、タークルは「鳴らない電話でさえ、つながりあいを断ち切る」と書いていますが、私たちが今、健全なものと考えている夕食時の積極的な人間同士の関わり合いは、たかだか数百年前に始まった長めの流行にすぎないことを、どうやらまったくわかっていないようです。

家族が対面で食事をとるようになったのは19世紀半ばのことで、それまでは横に並んで、せわしなく静かに食べていました。「食べ物は燃料だった。言葉を発することがあったとしても、おしゃべりは二の次だった」とアビゲイル・キャロルも書いていますが、夕食時の会話が「普通に期待されることになり、洗練され、重要な技術」になったのは19世紀になってからのことでした。コミュニケーションの習慣は変わり続けるものです。

シェイクスピアが使ったエリザベス時代の英語は理解しにくく、20世紀初めの映画の会話さえ私たちには聞き慣れないものです。会話の仕方というのは、その時代の文化的価値観、姿勢、テクノロジー、社会規範と結びついています。人と人とのコミュニケーションは、その時代に特有の作法や習慣と常に結びついているのです。

タークルの著書や、#DeviceFreeDinnerキャンペーンの核心にあるのは、変化への恐れです。いずれも現状維持を望み、「家族の食卓をふたたび偉大に」とばかりに、古き良き時代に戻ることさえ願っているのかもしれません。家族一緒の夕食、食卓での会話が、子どもの発達に好影響であるという主張に、確かな証拠が存在するのは事実です。生涯続く健全な食習慣、学校成績の向上、素行問題の減少、薬物乱用のリスク低下などとの相関も証明されています。この主張の正しさについて争うつもりはありませんが、ビクトリア時代の道徳家が知っていたことを改めて提示しただけともとれます。夕食は絶好の社会教育の場であり、親は礼節ある振る舞いを示すことができます。会話とコミュニケーションを通して、常識的な言葉づかいやその時代の慣習を儀式的な形で子どもに教えることができます。「一日三食」というような、健全な社会的調整と考えられている、終生続く習慣を育むことができます。

子どもの「調整能力」は常に注目されるテーマですが、この概念が脚光を浴びたのはG・スタンレー・ホール（そう、砂場の人です）が、1904年に青年期についての二巻本を出版してからのことでした。「調整」とは、子どもがその時代の社会的慣習に従っているかどうかという議論で、心理学者や医者が好んで使う言葉であり、確立されたパターン、体制、期待への適合を意味します。確かに夕食は子どもにとってルールに従うことを実践で覚える機会です。問題は、どのルールに従うかです。私たちがよく知っている夕食時のルール、つまりシェリー・タークルや#DeviceFreeDinnerが強く主張する対面コミュニケーション重視のルールは、歴史上のある一時点でつくられたものです。つまり、ある特定の経済的、技術的、社会的環境の中で生きていけるよう、子どもの調整を手助けするためのルールでした。

しかし、環境は大きく変わりました。ならば、私たちの慣習も変えるべきではないでしょうか。ただし、どう変えるべきかについて正しく考えるには、「家族一緒の完璧な食卓」というイメージがどのように生まれたかを理解する必要があります。

職住分離

産業革命後、中流階級の男性、なかでも工場生産、オフィス事務などの新しい職種が急成長する地域に住む人々は、一日の大部分を寝る場所から離れた所で過ごすようになりました。ビジネスの場は電話回線を通した遠隔地とのデータのやりとりが容易にできる都市へ移りました。世帯全員が生活のために働く農場は減少し、代わりに住宅地中心のコミュニティ、のちの「郊外」が出現し始めました。男性と女性の役割は、当時のテクノロジーと慣習に合わせて見直され、「住居」と「職場」という、それまでにない区分が生まれました。

職場、つまり人が列車で通って収入を得る場所という概念が生まれたのは、歴史上初めてのことでした。「コミュート（通勤）」とはもともと1840年代に都市・郊外間の移動に適用された鉄道運賃の割引を意味する言葉で、機関車が登場するまで存在しない概念でした。『オックスフォード英語辞典』によると、「ワーク」という単語が「雇用の場所（つまり職場）」という意味で初めて公的な文書の中で使われたのは、なんと1966年になってからのことです。それ以前も、誕生したばかりの工場のことを「職場」と呼んでいたはずですが、「職場通い」が始まったのは鉄道と電信技術によって突然、通勤者が経済の担い手になってからのことでした。こうして、仕事と家庭での生活が、完全に区別されるようになりました。

家族一緒の夕食という習慣が普及したのも、19世紀半ばのことです。それは職住分離に代表される工業化時代の分断の結果であり、人びとが夕食をとるのは家庭でした。家内制酪農業が営まれ、近所に鍛冶屋があり、地元の洋服店で衣類を仕立てた時代とは違い、家庭はもはや世帯全員が全生活を送る場所ではありませんでした。家庭は母親が取り仕切る女性のなわばりであり、男性が生活費を稼ぐために汗を流したあとに戻る安らぎの場所であり、子どもが学校の勉強を終えて戻る巣でした。機械、効率性、利益、産業社会の不道徳から家族を守る聖域として、家庭は新たな意味を持つようになったのです。

歴史学者のステファニー・クーンツは、「政治と経済の世界で、感情や同情が排除されるようになった」と指摘しています。こうしたものは家庭で大切にされ、儀式化されるものだからです。職住分離の背景には、「〝一人前の男性〟には、〝真の女性〟が必要である」という考え方がありました。〝真の女性〟あるいは完璧な母とは、「家」と呼ばれる場所だけでなく、養育や思いやりなど、都会の工場やオフィスビルから意図的に締め出されたすべてのものを象徴する存在でした。

ビクトリア時代に期待された子どもの行動が、専門家によって「健全」とみなされたように、工業化時代の男女の役割分担は、「自然」で、「生物学的」に妥当なものだと考えられるようになりました。家を快適で安全で養育に適した場所にするために必要な情緒、感情、共感といった要素はすべて、家庭を取り仕切る女性と関連づけられるようになりました。そして家族がそろう夕食は、性別と産業社会に対するこの新しい考え方を定着させるための夜の儀式として確立されたのです。あらゆる儀式と同様、夕食は人々に自らの信仰を想起させるものであり、毎晩行われるものです。家族は職住分離の「手続きレトリック」により、新時代に生きるためのリテラシーを獲得したのです。

それ以来、夕食が担う機能は変わっていません。2017年、経済協力開発機構（OECD）が発表したあるレポートでは、子どもの幸福の指標に、家族一緒にとる夕食が含まれています。家族で夕食をとると学業成績が向上し、テストの点が伸びて、「12点以上理科の点数が上がった」とされています。また、２０１３年に世論調査会社のギャラップ社が実施した調査では、18歳未満の子どもを持つ家族が一緒に夕食をとる日数は、過半数（53％）が週6日以上、平均すると週5・1日という結果が出ています。

しかし、研究者が観察してみると、まったく違う結果になることが多いと歴史家のジョン・ギリスは指摘しています。実際に毎日家族一緒に夕食をとっているのはわずか3分の1で、こうしたギャップが生じる理由について、「人は家族が一緒であることを実際以上に強調して報告しようとする」ためだと説明します。その理由はおそらく、プレッシャーや恥、罪の意識を感じるからでしょう。おそらく僕が観たようなコメディドラマや雑誌の記事を見て育ち、「完璧な家族は完璧な夕食を一緒にとる」という考えをすり込まれているのです。それに従っていないと不安になり、子どもの社会的調整はうまくいっていると言い聞かせて自らを安心させるために、晩餐の儀式を正しく行おうとします。２０１０年のピュー研究所の調査によれば、アメリカの大人の76％が家族を「人生で何よりも大事なもの」と考えています。

この調査結果に驚く人はいないはずです。核家族化が進んだ結果、家族の重要度が高まり、配偶者や子ども、兄弟姉妹を大切にすることは道徳上の義務だと考えられています。しかし、昔からずっとそうだったわけではありません。住居と職場が分離する前は、家族をそこまで重んじることは恥とされました。家族に対する現在の思い入れは、私たちの祖先には奇妙に映るはずです。これにはふたつの理由があります。歴史を振り返ると、子どもの死は普通に起こり得ることで、珍しいことではありませんでした。ですから、いつ死ぬかわからない子どもへの執着は愚かしいこととされたのです。

また、伝統的な宗教の教義では、血族に重きを置くことを良しとしていませんでした。『創世記』で、神はアブラハムに対して、息子のイサクを犠牲にして信仰心を示すように要求しています。アブラハムは子どもの命を犠牲にすることで、神への姿勢を試されたのです。ユダヤ教とキリスト教が普及した初期の西洋世界では神のみが正当な父であり、天国のみが本当の意味での家でした。世間のイメージとは逆に、私たちが思い描く地上の家族は、昔から引き継がれた宗教的価値観とはほぼ無関係です。現代の家族像をもたらしたのは、むしろ宗教色の低下や、技術革新、男女の役割分担、郊外化、そして職住分離でした。

親子の活動として現在なじみあるものも、その歴史は数百年程度で、砂場や幼稚園と同じく、工業化時代の推進役となった個人主義的な自己感を強化するために生まれたものです。私たちが当たり前とする家族の伝統は、子どもを特定の社会に適した大人に仕立て上げるために生まれたものです。そうした慣習は神聖なものでも、人間として必須でもなく、時代とともに移ろう流行にすぎません。

時代は変わりました。それなのに、多くの家族が今も毎晩一緒に夕食をとっています。ビクトリア時代の父親のように、僕は子どもたちにデバイスを置いて食卓に来るように命じ、礼節ある食卓での振る舞いを求めます。しかし一方で、急速に変化する世界で、家族一緒の夕食が以前と同じ役割を果たすとは思えない自分がいます。古い伝統を変え、現代の文化とテクノロジーの変容にもっと適した新しい伝統を取り入れていく必要がありそうです。

労働、経済、ジェンダーについての支配的な枠組みが大きく変容しているのに、(過去のテクノロジーに即した世界観を補強するための)日常的な家族の儀式のほとんどは、変わらず続いています。社会の一面が変わっても、それ以外のものは永久に変わらないと考えるのは非現実的です。家庭生活は、職場生活の変化に追いつかなければなりません。21世紀の大人は、新しい方法で子どもと結びつき、常につながりあう社会で生きるための作法を学ばせ、ネットワーク化された世界で生きるために有意義な(夕食以外の)儀式を生み出す必要があります。

家庭生活のあり方を再考し、時代の変化に合った変革を実施しなければなりません。

わが家の食卓はデバイス持ち込み禁止ですが、食卓はもはや家庭生活の中心ではありません。夕食よりずっと長い時間をスクリーンの前で、時にはゲームのコントローラを握りながら、家族一緒に過ごしています。

家族一緒のスクリーンタイム

僕が子どもの面倒を見る日の午後は、親子3人がリビングで互いのそばに座ります。息子たちがラップトップの画面に集中し、ゲームやユーチューブを楽しんだり、物語を書いたりしている間、僕は自分のデスクのPCでメールを返信するなどの雑務を片づけます。

この様子を教育ママが見たら、青ざめること間違いなしです。3人がそれぞれのスクリーンにのめり込む様子をコミュニケーションの欠如ととらえ、なぜ一緒に遊ばず、別々に自分のスクリーンに夢中になっているのかと、とがめることでしょう。

僕たちの様子は世間一般の「家族の時間」には見えないかもしれませんが、教育の専門家の言う「平行遊び」によく似ています。この用語は社会学者のミルドレッド・パーテン・ニューホールが1929年の論文で用いたもので、子どもの発達の初期段階で見られる、幼児同士が近くに集まりながらもそれぞれ独立して行う遊びを意味します。たとえば幼稚園の教室では、2歳から5歳までの幼児がテーブルや床で一緒に座っています。みんながそれぞれ同じ遊びをしていますが、ほかの子にはほとんど注意を向けません。フィンガーペイントをする、レゴブロックで何かをつくるといった遊びに集中し、お友達にはまったく関心がないかのように見えます。

ほぼ半世紀の間、心理学者は平行遊びを見て、幼児には本来の意味での社会経験を積む能力がないとみなしていました。幼児はお互いを人でなくものとしてとらえており、子どもは顔を合わせても関わり合うことはできないという理論を立てました。当時の心理学者には偏見があったのかもしれません。ビクトリア時代の人々が夕食のテーブルで完璧にこなしたように、向かい合って礼儀正しく交流することを期待していたのでしょう。子ども時代に定着した遊びのパターンは、いずれ大人の世界で必要になるスキルや振る舞いにつながるという理解のもと、彼らは一般的な文化的進歩の文脈の中で子どもの発達について考えました。彼らが論じた「健全な調整」とは、礼儀正しい食卓の作法に歩調を合わせた「原始的な」横並び形式から「文明的な」対面形式への調整でした。

幼稚園の先生ならすでに誰もが知っていたことを科学者たちがようやく認めたのは、20世紀に入ってからのことでした。それは、ばらばらに遊んでいるように見える子どもたちを引き離そうとすれば、彼らの機嫌を損ねてしまうという事実です。平行遊びは見かけとは違って隔絶されておらず、生後2カ月の乳児でさえ、ほかの子の存在をしっかり意識しています。平行遊びに浸っているときも、子どもたちはほかの子を真似るなどの微妙なコミュニケーションを通して関わり合っているのです。

それと同様に、午後のひと時を過ごす息子たちと僕はそれぞれ別のデジタルな作業に集中し、つながりあいを断ち切っているように見えて、一緒にやっているという感覚を持っています。日曜の朝、新聞を読む老夫婦のように、面白いことを見つけると互いに知らせます。インスタントメッセージを送り合い、時にはミーム［SNS上で話題になって拡散する画像や動画など］をシェアしてみんなで爆笑します。夕食の食卓やビクトリア時代の基準にかなう作法や慣習は守れていませんが、僕らはコミュニケーションをとり合い、関わり合っています。僕は子どもたちに今後の世界で必要な作法を教え、言葉を紹介し、そうすることで将来について自分で考えるように促しているのです。

長男はしばらくして自分の部屋へ行きます。ひとりになりたいのでしょう。すると必ず、次男も同じ部屋へ行きます。ふたりの様子をのぞいてみると、次男は長男のベッドの隅で丸くなってスクリーンをいじっています。真の兄弟愛を感じさせる、平和な光景です。ふたりは直接交流することはなくても互いのそばにいたがり、平行遊びをしています。互いに相手に調子を合わせて得る楽しさというのは崩れやすいものだと、わかっているからです。

ジャック・ションコフの言葉を借りるなら、「誰かがよろめいて自分の遊び場に入ったり、ちょっとしたミスが出たりするような些細な邪魔が入るだけで、バランスが崩れてしまう」のです。ションコフは幼児の話をしていますが、多くの親が知っているように、兄弟間の遊びは年齢に関係なく崩れやすいものです。仲良くしていると思ったら、あっという間にカオス状態に陥り、口喧嘩や時には殴り合いの喧嘩も起こります。平和を保つのは難しく、そのためには相手への意識と集中が求められます。

確かに、共同遊びのほうが対面コミュニケーションに近いように見えるでしょう。だからこそ私たちは共同遊びを大事なものとみなしがちですが、子どもにとって、それは大変なことです。さまざまな感情を同時に扱うという複雑な処理が求められるからです。自分のゲームに集中すると同時に、対人関係をマネジメントする能力が試されるのです。兄弟同士で遊ぶために、息子たちは空気を読み、共感することを覚えなければなりません。平和を保つために自分の欲求を犠牲にせざるを得ないときもあり、常にゲームのルールを守る必要もあります。

これは簡単なことではなく、ビデオゲーム、ボードゲーム、アクションフィギュア、すべてが争いのもとになります。でも、争ってもいいのです。共同遊びが崩れたら崩れたで、子どもはそこから学ぶのですから。こうして、自己制御と実行機能という、大人になったときに必須のスキルが育まれます。また、ひとり遊び、平行遊び、協調遊びの間で切り替える能力はあまり重要視されていませんが、実は職場でそのまま役立つ重要な能力です。

ひとりで作業するときにどうすれば生産性を上げられ、誰かと横並びで働くときにはどうすれば仕事をやり遂げられ、協力が求められるプロジェクトではチームとどう関わればよいか。どんな仕事でも、大人はこうした課題への対処法を知っておく必要があります。成熟した大人は、その時々の状況を把握し、その上で正しい関わり合い方を見極めることができます。遊びの対象がデバイスだろうと普通のおもちゃだろうと、遊んでいる子どもはこうしたスキルを練習する機会を得ているわけです。テレワークの普及が進み、オフィスや仕切り机がコワーキングスペースに置き換えられ、共同作業がネット上で行われるようになるにつれ、他者との交流の仕方を切り替える能力は重要性を増しています。

息子たちと僕は、毎日この切り替えの練習をしているのです。試行錯誤を通して、結局はそれぞれひとりの時間も必要だと学びました。ひとり遊びは家で何気なく家族が一緒にいるための大切な手段です。そして平行遊びは互いに近くで一緒にいられるように調整する手段であり、ある行動から次の行動へ移るストレスに対処するための戦略とも言えます。それでも1時間もすれば、僕は家族が直接関わり合って一緒に遊ぶ時間を設けようとします。Ｘｂｏｘや任天堂のゲーム機を立ち上げると、子どもたちは誘わずとも自分のデバイスを閉じてすぐにやってきて、やじを飛ばし、大声ではしゃぎます。「パパ、そこへ行かなきゃ！　そいつをやっつけて！　ほらジャンプ！　今だ！」

僕が子どもたちと一緒にゲームをするようになったのは、実は妻と別れたあとでした。当時6歳と4歳だった子どもたちにとって、ニンテンドーWiiは乳幼児を安心させるぬいぐるみのように、カオスと混乱が伴うふたりの新しい生活に安定感を与えてくれました。ゲームには親の離婚と違って一貫したルールがあり、子どもにとって予測可能で頼れるシステムなのです。当時の僕はもう20年もビデオゲームから離れていました。ゲームについてほとんど何も知らず、知っていることといえば、自分には向いていないということぐらいでした。ゲームなど時間の無駄で、暇な人が夜に読書や書きものをする代わりにやること、孤独で怠惰な人のためのものだと思っていました。でも、息子たちと一緒に時間を過ごしたい、彼らが人生の難局を乗り越えられるように手助けしたいという気持ちもありました。息子たちはビデオゲームが大好きです。もし僕がゲームをやめて一緒に森でハイキングをしようと言ったら、ふたりは罰を受けたような気持ちになったことでしょう。

そこで僕は何も言わず、ソファに息子たちと並んで座りました。いつの間にか、一日に何時間も『Newスーパーマリオブラザーズ』で一緒に遊ぶようになっていました。母親の家へ迎えに行くたびに、車の後部座席に乗り込むとすぐ騒ぎ出したものです。「ねえ、家に着いたら『マリオ』やってもいい？」。誰が一番いいキノコを取るかで揉め、レベルアップすると皆でハイタッチし、一緒に笑いました。親子の絆を深める最高の体験でした。

もちろん、子どもたちが楽しんでいるからといって、それが彼らのためになるとは限りません。喜ばせるだけなら、グミを大量に与えても、夜更かししてゾンビ映画を観ることを許してもいいわけです。良心がとがめました。僕は子どものわがままをなんでも聞き入れる典型的な父親になってしまったのではないか。そんな不安を和らげるため、ビデオゲームや認知発達、遊び理論についての本を読みました。息子たちは明らかにゲームの世界に逃げているのだとわかりましたが、それは必ずしも悪いことではありませんでした。僕が一緒に子どもたちと遊んでいるなら、なおさらです。

子どもたちの遊びに参加することによって、いろいろなメッセージを伝えられることがわかりました。君たちがしている想像の遊びを、僕は真剣に受け止めている。君たちが難局に対処するために使っている戦略を、僕はわかっている。君たちにとって最も大事なものを、僕も大切にする。楽しく安全な空間が生まれ、僕はその中で子どもたちのソーシャルスキルや情動スキルを育む手助けをすることができました。

子どもたちと一緒に遊ぶとき、僕は父、人生の師、チームメート、セラピストなどいろいろな役割を演じ、こんなことを尋ねました。『マリオ』のゴールでポールの一番上までジャンプして残り人数がひとり増えたときって、どんな気分？」「負けるとどんな気持ち？」「負ければ負けるほど上手になるって、面白いと思わない？」。あの敵には勝てない、このゲームの映像は最高だと感想を言い、未来のゲーム映像はどうなるか一緒に予想しました。コントローラを置いたあとの夕食のテーブルでは、ゲームの世界にたとえて、子どもたちが経験する難しい状況について尋ねたものです。「遊び場での喧嘩って、ゲームの世界ならどうやって解決できるかな？　算数の難しい問題は？　クラスメートとのもめごとは？　仲間はずれにされているように感じたときはどうする？」

子どもたちは親の離婚によって生まれた心の闇を抱えながら、学校では明るく振る舞わなければなりませんでした。しかし、ゲームの世界との比較によって、その経験が楽になりました。現実世界の問題に対して新しい見方をするために必要な距離をとれるようになり、何よりも、日常生活を前向きに思い描くことができるようになりました。現実世界を操作するコントローラを手に入れたようなものです。僕は知らず知らずのうちに、子どもたちに簡易的な「プレイセラピー（遊び療法）」を行っていたのです。

デジタルプレイセラピー

精神分析家として有名なメラニー・クラインは、プレイセラピーの有効性を当初から訴えていました。ジークムント・フロイトによる大人の夢の分析に基づいて子どもに関する理論を生み出したクラインは、子どもは遊びの中でドラマを演じ、それが無意識に日常生活を形づくっていると述べています。

子どもが車や人形やアクションフィギュアにおしゃべりさせるとき、そのシナリオは子どもの大きな不安や強い欲求と密接に関わっており、注意深く聞いていると、さまざまなことが学べます。クラインとその弟子がのちに「指示なし動的精神力セラピー」を実践したのも、そのためでした。医師が何をするべきか命じないという意味で「指示なし」であり、当人はただ遊びに没頭します。気持ち、思考、感情が自分の頭の中でどう動くか、本人が理解する手助けをするという意味で「動的精神力」です。今日の発達心療クリニックの部屋にはさまざまなフィギュアが置いてありますが、それはこのセラピーに使われるものです。

スイスの心理学者カール・ユングは、「アクティブ・イマジネーション（能動的想像法）」という、これに似た治療法を考案しました。ユングは被験者（子どもおよび大人）一人ひとりに対して、自分の無意識の中に存在するイメージ、人格、物語に積極的に向き合うように求めました。普段は単なる空想として無視していることと真摯に向き合って初めて「個性化」は実現する、というのがユングの主張です。「個性化」というのはユングの造語で、社会的圧力への同調とは異なる、ある種の健全な調整を意味します。

ユングはその研究結果に基づき、人は自分の中の矛盾し合うさまざまな声を外に出すための方法を学ぶ必要があると訴えました。個性化ができていない人は「精神」という砂場で、無意識下のさまざまな人格がうまく一緒に遊べていないというイメージをユングは持っていました。

　ユングの被験者は目を閉じて夢の世界に戻るように言われます。次に、夢の中の行動を変えるための助言を受けます。それをもとに行動を変えた結果、空想がどうなったかを伝えます。自分の中の遊び仲間との関わり方を変えてみたらどうなる？　そのモンスターから逃げ出さなかったらどうなる？　下へ落ちてしまうのは、飛ぼうとしていないからでは？　このアクティブ・イマジネーションは自分の夢を舞台にしたビデオゲームのようなものです。何度もプレイすれば、自分の精神言語の「リテラシー」を習得し、さらには自分の内なるドラマを自由に描けるようになるかもしれません。

　もちろん、ゲームは内なるドラマではなく、僕の子どもたちの潜在意識から生まれるわけでもありません。「指示なし」の遊びとはある意味対極にあり、大多数のゲームは大勢のアーティスト、ライター、プログラマーから成る大きなチームが莫大な費用をかけて制作した、双方向型メディアです。脚本が準備され、たいていは謎解きや、決められた物語の次の章に移るためのミッションをクリアすることが求められます。ゲームは固定的な儀式であり、「手続きレトリック」を備えています。

　しかし、だからといって、ゲームに治療的効果がないとは言えません。物語は自分が作者でなくても大きな力を持つことができます。私たちは大昔からそのことを知っていました。プラトンの弟子であるアリストテレスは、この物語の力を「カタルシス」という言葉で説明しています。アリストテレスは古代ギリシャで人気の高い娯楽であった演劇についてのエッセイでその言葉を使っていますが、すべてのメディアに当てはまる考え方です。たとえば、悲しい映画を観て泣くとき、コメディドラマを観て大笑いするとき、あるいはゲームで最後のボスを倒して大喜びするとき、私たちはアリストテレスの言うカタルシスを経験していることになります。

　カタルシスはもともと「吐出」や「浄化」を意味する言葉ですが、どんな感情であれ、それを放出することによって得られる快感、という意味で使われています。涙がとめどなく流れても、ちょっとしたことで一人ひそかに笑っても、カタルシスの効果は得られます。背中をポンと叩いて「いいんだよ、好きなだけ泣いても」と慰めてくれる親友は、アリストテレスのように私たちを導いているのです。感情の吐出はセラピーであるというアリストテレスの考え方は世界中に広まり、受け入れられています。

1975年、心理学者のブルーノ・ベッテルハイムはのちに反響を呼んだ『昔話の魔力』(波多野完治・乾侑美子訳、評論社)を著しました。この本はカタルシスの大きさ、つまり感情吐出セラピーの効果の大きさが、物語によって異なる理由を説明しています。ベッテルハイムはとりわけおとぎ話に興味を持ち、なぜ、グリム童話のような民話は時代を超えて小さな子どもたちの心を動かすのかという点に注目しました。どういうわけか、昔話や民話は、時代とともに社会の慣習や、人々の習慣、経験が変わっても、人を楽しませ、教え続けています。

たとえば『ジャックと豆の木』のお話は、現代生活と何の接点もありません。「牛を売ってわずか数粒の豆を手に入れる」という状況にピンとくる21世紀の子どもは、ほとんどいないでしょう。それでもこの物語が語り継がれているのは、ベッテルハイムによれば、子どもが心の中に抱える深刻な葛藤を、親が子の背中をポンと叩くような形で、親子で克服する機会を与えてくれるからです。

親をがっかりさせると怒れる巨人が時に目覚めることを、子どもたちは知っています。「隠れても無駄だ、どこにいる?」。ほんの小さな種からも親の激怒を招くことがあると思うと子どもは不安です。安心するためには巨人をやっつけられると知る必要があります。とはいえ自分が恐れている巨人は、同時に自分を守り、安心させてくれる存在でもあるわけです。では、どうすればいいのでしょう。

もちろん、おとぎ話は問題に対する答えをはっきり示してくれるわけではなく、現実世界に切り倒すべき豆の木はありません。それでも親子の読み聞かせの体験は、カタルシスを招くことができます。「子どもに語り聞かせることで、親は何よりも大事な安心感を子どもに与えることができる。それは、巨人をやっつけるという考えを持つことを、親が認めてくれているという安心感である」とベッテルハイムは指摘しています。親が物語を読み聞かせるとき、背中をポンと叩くのと同じように、子どもが不安という感情を吐き出す手助けをしているのです。

注意が必要なのは、ベッテルハイムは「人の気持ちを変えるおとぎ話の力は、話の内容そのものに宿る」と言っているわけではないという点です。子どもがこの物語を自分ひとりで読んでも、同じ効果は得られません。親子一緒に読み聞かせの儀式をする必要があるのです。大切なのはこうした経験のプロセスであり、デジタルな遊びを家族一緒の時間に取り入れる場合も、子どもと大人が一緒にプレイすることが重要です。

ほとんどの大人は、子どもに読み聞かせることのメリットを認識しています。ボードゲームで一緒に遊び、「きかんしゃトーマス」の木製レールを一緒に組み立て、庭で一緒にボール遊びをします。ところが残念なことに、ことデバイスとなると、親や保育者は子どもに勝手に遊ばせ、ベビーシッターとして使いがちです。それ自体は何も悪いことではありません。問題は、デバイスをベビーシッター代わりにしか、使っていないことです。デバイスを使ったひとり遊びや平行遊びには何の問題もありませんし、あなたが夕食をつくっている間はスマホで遊ばせておいても構いません。ただし、忘れないでください。子どもたちが社会への調整をうまく行うには、デバイスを通して家族が直接関わり合う遊びが必要なのです。

「ジョイントメディアエンゲージメント」（親子で一緒にメディアに関わること）とは、子どもと大人が一緒にメディアを見聞する状態を表す専門用語です。もともとはテレビについての研究で、「共視聴」という議論がありました。研究の結果、家族で一緒にテレビを観ると、内容にかかわらず、子どもがそこから何かを学ぶ可能性が高まることがわかりました。初期の研究は『セサミストリート』を使って行われました。それはカタルシスを誘うものでも、心の内の葛藤を整理するものでもなく、子どもの読み書きや数のスキルを育てることを目的とする内容でした。それでもやはり、学びの可能性は高まることがわかったのです。

『セサミストリート』の制作元であるセサミワークショップの前身が誕生したのは、1960年代の終わりのことでした。当時のプレスリリースによると、『セサミストリート』の目的は「小さい子どもたち、特に家庭環境に恵まれない子どもたちの知的成長と文化的成長を刺激する」ことでした。この番組は、リンドン・ジョンソン大統領が「貧困との戦い」の一環として、教育機会の平等を目指して初等中等教育法を成立させたあとに制作されました。当時はまだ幼稚園に通う子はエリートとされ、『セサミストリート』は社会経済的なステータスに関係なく、すべての子どもたちに基礎学習を行う手段を届けることを目指していました。

研究結果から明らかになったのは、高い志を持つそのプロジェクトが大きな成果をあげるには、保護者が子どもと一緒に番組を観る必要があるということでした。その意味で、ジム・ヘンソンによる人形劇は完璧だったのです。カーミット、グローバー、ビッグバードの鮮やかな色と面白い顔は小さな子どもに受け、伝統的なメディアのパロディーは大人も楽しませました。そして世界的な有名人の出演も手助けして、大人と子どもの両方が楽しめる内容になりました。子どもが発音を覚える一方で、親はジョニー・キャッシュやジェームス・テイラーの歌を楽しみました。幼児と親がテレビの前で一緒に座って観られるように、細部まで計算し尽くされていました。その結果、一緒に番組を観た家族は同じ言葉を共有し、子どもの学習と成長を手助けしやすくなったのです。

カーミットのジョークに反応する親は、自分が価値を認めるものを子どもに知らせていたことになります。親テレビを観たあとで母親がマペットを真似て単語を読み上げれば、読み書きのレッスンの復習になります。親子での共視聴はテレビを家族生活の中に統合させる方法として、完璧な手段だったのです。しかし、『セサミストリート』の初回放送から40年以上が経ち、テレビはもはや生活の中心ではなくなりました。2007年、セサミワークショップのジョーン・ガンツ・クーニー・センターは「新しい共視聴――ジョイントメディアエンゲージメントによる学習デザイン」というレポートを発表しました。読み書きの専門家であるマイケル・H・レビン博士による指導のもと、同センターはテレビだけでなく他のスクリーンデバイスも含め、共視聴の概念を刷新しました。このレポートはPC、スマホ、タブレットで提供される、あらゆるタイプの新しい双方向型コンテンツに触れています。しかしそれ以上に重要な点として、大人には、21世紀の子育てのための新しいモデルが必要であるという見解を示したのです。

家庭生活は変わりましたが、大多数の大人は家庭の中心を脅かす新しいテクノロジーと関わることにまだ不安を感じています。

まとめ

家庭生活は職場生活に追いつく必要がある

今まで大切にしてきた日常的な家族の伝統が広まったのは、産業社会で働く大人に、子どもを「調整」させる効果があったからです。今の大人は、それを理解する必要があります。仕事と家庭の分離は、当時のテクノロジーに根差した世界で良い生活を送る助けになりました。しかし、もうビクトリア時代ではありません。現代は、当時とまったく違う道具との関わり合いが求められています。私たちの職場生活は新しいテクノロジーに対応するべく変化を重ねてきましたが、家庭生活は遠い過去にとらわれたままです。大人たちは、常につながりあう社会で生きるための作法を、子どもに学ばせ、ネットワークでつながった世界で生きるための有意義な（夕食以外の）儀式を生み出す必要があります。家族の活動に新しいテクノロジーを取り入れてください。子どもと一緒に遊びましょう！

●なつかしのゲームシリーズ、たとえば『パックマン』や『スーパーマリオブラザーズ』から始めてみましょう。親はなつかしさに浸ることができ、子どもは親が注目してくれることを喜ぶはずです。もっと新しいもので遊ぶ準備ができたら、『ショベルナイト』のようなレトロな雰囲気のゲームも試してみてください。わが家のお気に入りは『オーバークック』。複数メンバーで遊べる協力型のシミュレーションゲームで、僕たちをずっと笑わせてくれます。

●ロボットキットは新世代の機械いじりのおもちゃです。シンプルなキットが多数販売されていて、スマホやタブレットと連動させてプログラミングのスキルを学ぶことができます。スフィロ、ダッシュ、ドットなどが有名で、レゴもブロックとデジタルプログラミングを組み合わせたさまざまなキットを提供しています。これは親子で遊ぶのに最適です。お子さんが大きくなったら、プログラム可能なドローンで遊ぶのもいいでしょう。新時代の凧あげのようなものです。

●最近のおもちゃ売り場へ行けば、コンピュータ知育玩具の多さに驚くことでしょう。これは昔流行した、ラジオの組み立てキットや化学の実験セットのようなものです。リトルビッツは電子モジュールのような双方向性のあるブロックで回路を組み立てられるセットで、Kanoコンピュータキットはラズベリーパイ［必要最低限の基幹部品を搭載したボードコンピュータ］をベースに自分でPCを組み立てるセットです。

いずれも親子で一緒に楽しみながら、手軽にコンピュータの仕組みを学ぶことができます。

子どもと一緒に遊ぶビデオゲームは心理療法のように働く

おとぎ話と同様、デジタルな遊びにはカタルシス効果があります。ただし、その効果があるのは親子で一緒に遊ぶ場合のみです。これを「ジョイントメディアエンゲージメント」と呼びます。従来のプレイセラピーと同様に、一緒に遊ぶことで子どもの自信と自尊心を育み、社会性と心の幸福を与えられるはずです。

どんなゲームをしているのか、子どもたちに尋ね、一緒に遊んでみましょう。そうすることで、彼らの砂場的儀式を真剣に受け止めていることを示せます。彼らのアイデンティティを形成する経験を親が大切に思っていることを、子どもにわかってもらえます。子どもは自分の中で生まれつつある自己感を肯定的にとらえるようになります。

現実世界をゲームの世界にたとえて説明することも有効です。親子で共有できる言葉があれば、難しい話題についても話しやすくなります。ゲームはデジタル世界と現実世界の活動を橋渡しする、さまざまなたとえを与えてくれます。オンラインとオフラインの間を気軽に行き来するように、両方の世界について子どもたちと語り合うことで、つながりあう世界で一緒に有意義な生活を送りやすくなるのです。

まずは自分のデバイスと向き合うことから始めよう

今の子どもは、ひとり遊び、平行遊び、協調遊びの間で気持ちを切り替える能力を身につける必要があります。この能力はあまり重要視されていませんが、実は職場でも役立つ重要な能力です。テレワークの普及が進むにつれ、オフィスや仕切り机がコワーキングスペースに置き換わるにつれ、そして共同作業が会議室のテーブルでなくオンライン上で行われるようになるにつれ、他者とのやりとりを場面ごとに切り替える能力がますます不可欠になっています。

残念なことに、19世紀の慣習のなごりのせいで、協調遊びがほかのどの遊びより大事だと私たちは思い込んでいます。しかしそれが重要なのは、家族との夕食で交わされるような対面のコミュニケーションに似ていたからにすぎません。社会的な遊びか孤立した遊びかという二者択一の考え方は好ましくありません。子どもが常に友達や兄弟と遊ぶことを期待しないでください。ひとり遊びや平行遊びにもメリットはあるのです。何よりも大事なのは、そのとき、その場所にふさわしいスタイルで、臨機応変に遊びに参加する能力なのです。

5

新しい暖炉

「スクリーンタイム」という言葉の意味はもともと、ハリウッドスターが一本の映画の中で画面に登場する合計時間のことでした。若手俳優の目標は、できるだけ長い時間カメラで撮られ、衆目を集めることでした。スクリーンタイムは長ければ長いほど好ましかったのです。

この言葉がネガティブな意味を持つようになったのは、1991年にジャーナリストのトム・エンゲルハートが「マザー・ジョーンズ」誌で使ってからでした。当時、アメリカの子どもは皆、テレビアニメシリーズ『ティーンエイジ・ミュータント・ニンジャ・タートルズ』のアクションフィギュアに夢中でした。1988年から1992年までの間に、このプラスチックのおもちゃは製作元のプレイメイツ社に11億ドルの売上をもたらしています。また、土曜朝のアニメ『キャプテンNとニュースーパーマリオワールド』を観た子どもたちは、任天堂のゲームボーイを欲しがりました。この携帯型ゲーム機によって、ソ連で生まれた『テトリス』はアメリカの家庭の必需品となりました。

1990年代はこうしたポップカルチャーの流行品があふれていました。エンゲルハートは、娯楽、広告、読み聞かせ、遊びの時間、物販をすべてごちゃ混ぜにする手法に、不安を感じていました。そこに大きな悪意が潜んでいるように見えたのです。テレビが家庭生活のすべてを占めるようになり、子どもは物を売りつける相手として見られ、消費主義が子ども時代に深く入り込んでいると彼はとらえました。エンゲルハートの調査によると、１９９１年時点で、アメリカの世帯の４割がテレビを２台、４分の１の世帯は３台以上を保有していました。ただし、彼が問題視したのはテレビそのものではなく、「玩具メーカー、広告代理店、テーマパークを運営する巨大娯楽企業、テレビや映画の制作会社、ファストフードチェーン、その他の企業」の資金提供によってつくられたコンテンツでした。子どもの遊びはライセンス契約や相互プロモーションに振り回され、ビクトリア時代に確立された職場と住居の分離、商業と家庭の分離はあいまいになっていきました。

昔の子どもは、思いやりのある安全な家庭という境界線の中で、ほとんどの時間を過ごすことができました。家を出ても、学校という知的な環境の中で刺激を受けることができ、小売りや商取引きの世界から守られていました。経済や産業から、意図的に距離がとられていたのです。仕事の話をしていいのは玄関の外までで、お金の話は夕食の席では御法度でした。ところが１９９０年代になると、広告会社、販売会社、玩具メーカーが家庭に入り込んでくるようになりました。お話の時間、買い物の時間、さらには食事の時間までがごちゃ混ぜになり、アニメとゲームのキャラクター、ポップスターが衣服やシリアルの箱にプリントされました。

この状況を受けて、エンゲルハートは「スクリーンタイム」という言葉を使い、そこに３つの意味を持たせました。１つ目が最もわかりやすいもので、子どもがスクリーンの前で過ごす時間です。２つ目は少しわかりにくいのですが、企業のマーケティングの視線が子どもたちの生活に注がれる時間のことです。子どもがテレビ画面に夢中になると、子どもはテレビ広告のターゲットになりました。企業は子どもの関心を集めようとし、買い物客としての視聴者が番組の真の主人公となったのです。子どものスクリーンタイムが長くなるほど消費主義は栄え、売上が伸びて利益も増えました。

３つ目は、時間の本質についての抽象的で哲学的な考察が関係してきます。エンゲルハートは細部まで編集された映画や「人間の限界を超える速度で展開する」ビデオゲームが子どもの時間感覚に及ぼす影響を懸念し、「画面のスピードが増すほど、視聴者は活発さを失う」と論じました。スクリーンタイムは通常の時間とは別物で、私たちの時間感覚を変えてしまいます。画面が目まぐるしく流れていても、自分はじっとしたままです。エンゲルハートは「これは商業的な禅だ。われわれの社会は子どもたちを深い静寂へといざなっている」と皮肉を込めて締めくくっています。

彼はわずか２０００語で、その後数十年にわたって親たちを悩ませるであろうスクリーンタイムのあらゆる懸念点を指摘したのです。

適時適所

子どものスクリーンタイムの管理は、親が直面する最も困難な問題のひとつです。

２００７年にコモン・センス・メディアが行った調査では、76%の親が、「スクリーンメディアに触れる時間を減らしたほうが子どものためになる」という考えに同意しています。ところがその一方で、68%の親が「スクリーンメディアに適切な時間を費やしている」と回答し、7%は「スクリーンタイムを減らすのではなく、増やすべき」と答えています。明らかに親たちは混乱し、現状を心配しながらも一方では満足しているようです。これは、何を意味しているのでしょう?

おそらくその理由は、メディアは一変したとされながら、今の子どものスクリーンタイムが親世代の

1990年代のスクリーンタイムとほとんど変わっていないからでしょう。スクリーンの種類は確かに変わりました。親世代は子どもの頃にテレビでアニメを見ていましたが、今の子どもはスクリーンタイムの大半を、スマホやタブレットなどのモバイルデバイスに費やしています。それでもスクリーンタイムの合計はほぼ横ばいで、調査によってばらつきがあるものの、一日平均1時間半から3時間程度です。

親が心配する悪影響も、ほとんど変わっていません。とりわけ今の親は、スクリーンタイムのせいで家庭の価値が損なわれ、子ども時代の本質的な純真さが汚されることを心配しています。具体的には、性的・暴力的なコンテンツ、過度な広告と物質主義、薬物乱用の描写、その他もろもろの不健全な言動が心配だと彼らは言います。子どもをネットいじめやフィッシング詐欺からどう守ればいいかわからないと悩み、ビデオゲームやソーシャルメディアが利己的な態度、集中力の低下、肥満や運動不足、共感力の低下を招き、自然のありがたみがわからなくなると、何の根拠もなく信じ込んでいます。親のこうした考え方は、エンゲルハートが禅や時間感覚を持ち出して示した懸念に通じるものがあります。

スクリーンデバイスを嫌う大人たちの姿勢は、価値観、主義、文化的慣習に根差した道徳的な反発であり、倫理的な信念に基づいたものです。客観的なデータに基づき、心身の健全さに影響を及ぼすから嫌っているかのように見せていますが、実はそうではなく、根本にあるのは変化に対する抵抗です。親はわが子の社会的調整について不安を感じているのです。

それは当然なことで、今の大人は実際には起こりえないことを望んでいるのです。つまり、もはや社会の主流ではない時代遅れの習慣に基づいてわが子の調整が行われることを願っているのです。これがスクリーンタイムについての不安の根本的な原因です。不安の原因はテクノロジーではなく、住居と職場の境界線がますますあいまいになっていくにつれて感じる気持ち悪さなのです。エンゲルハートと同様、親はしっかり管理された家庭という私的な世界が、恐怖に満ちた予測不能な外部のカオスと交わることを好みません。つながりあうデジタルデバイスは親のストレスを募らせます。デジタルデバイスによって、制御できない公的な世界との極めて私的な出会いという、逆説的なことが起きるからです。親の目には子どもの関心が家庭から離れ、内と外、私と公、孤立とつながりとの境界線があいまいになっているように見えます。専門家や実務家、ジャーナリストが提示するスクリーンタイムに関するアドバイスのほとんどが、明確な線引きを提唱しているのはそのためです。しかしこれは、ぼんやりとしたものに焦点を当てようとする、的外れなアドバイスです。

たとえば、米国小児科学会（AAP）は、僕が「オン／オフスイッチ方式」と呼ぶ方法を推奨しています。6歳未満の子どものスクリーンタイムを制限し、具体的には1歳半までは0時間、2歳から5歳までは一日2時間を限度とし、それ以降は各自に合ったプランをつくるよう親に求めています。CNNのインタビューで、AAPの『児童と青年とデジタルメディアに関する報告書』の筆頭著者であるヨランダ・カシアアコスは、平均的な子どもの一日には「学校、宿題の時間、1時間以上の運動、人との交流、睡眠」が含まれるべきで、「余った時間はスクリーンタイムにあててもよい」と説明しています。

しかし、ここでの「スクリーンタイム」とは何を指すのでしょうか。息子の宿題ではたいていオンライン作業が必要になりますし、運動ではフィットネスデータを管理するウェアラブル端末を使います。人との交流も多くがスクリーンを介して行われます。カシアアコスの指針で唯一はっきりしているのは、すべてを遊び、勉強などの明確に定められた区分に戻し、一点の曇りもない家族モデルに落とし込むことが何よりも大事だという主張です。AAPも「健全な調整」という言葉で同じことを訴えています。

ナショナル・パブリック・ラジオ（NPR）の教育ライターで *The Art of Screen Time*（スクリーンタイム管理術）を書いた僕の友人アーニャ・カメネッツも、似た例を挙げています。彼女は、21世紀の子育ての鉄則を食卓に結びつけ、フードライターのマイケル・ポーランの表現を借りて、スクリーンタイムをダイエット方法であるかのように「スクリーンを楽しもう。見すぎはダメ。基本は誰かと一緒に」と、アドバイスしています。「ジョイントメディアエンゲージメント」を勧めている点はいいとして、デジタルデバイスを誘惑としてとらえ、子どもの自制心について親が責任を持って管理すべきと考えているところに違和感を覚えます。

AAPのガイドラインと同じく、これは控えめに言ってもビクトリア時代の「節度と節制」という考え方です。今はビクトリア時代ではなく、バランスや境界線は、もはや子育ての中心原理になり得ません。通勤や家族一緒にとる夕食が普通であった世界では、生活の明確な区分に意味があったかもしれませんが、つながりあう世界ではそれが必ずしも意味を持ちません。ウェブは非線形であり、クラウドは漠然としたもので、機械学習は入れ替え可能なデータに依存します。そのため、21世紀の子育て論は、0か1かの二者択一から抜け出す必要があるのです。職住分離の考え方はもはや役に立たず、子どもたちがこれから大人になるための準備の手助けにはならないでしょう。

大人は職業生活の変化については何の抵抗もないようで、新しい経済モデルに適合した産業がネットワークテクノロジーを取り入れながら日々進化を遂げています。ところが家庭生活となると、全力で古き良き時代を守ろうとします。新しい習慣を生む新しいガジェットを恐れ、家族の伝統的儀式を妨害するあらゆるものに抵抗します。しかし、大人が思い描く理想の家庭生活とは、実はそれほど伝統的なものではありません。それはテクノロジーの変化とともに移り変わってきたものなのです。

暖炉のまわりに集まろう

電信は1890年代にラジオ波に取って代わられ、1922年には英国放送協会（BBC）が毎日数時間だけ番組の制作・放送を始めました。当初、ラジオ技術はケーブルを引けない場所、特に海上の軍船との通信に使われましたが、放送の持つ可能性に誰もがすぐに気づきました。1926年、ウェスティングハウスとラジオ・コーポレーション・オブ・アメリカ（RCA）が24局のネットワークを立ち上げて全国放送会社（NBC）と名づけると、間もなくして木製の大型ラジオが暖炉に代わって家庭の中心となりました。初めて人気を集めた家庭用ラジオが機器というより家具のような外観をしていたのは、偶然ではありません。家庭生活と家族の時間を意識してデザインされたからです。

1930年代には、アメリカの一般家庭へのラジオ普及率は9割に達しました。だからこそ、フランクリン・デラノ・ルーズベルト大統領の有名な「炉辺談話」は非常に効果的だったのです。1933年から1944年までの間に、ルーズベルト大統領は30回の夕べのラジオ談話を行いました。すべてホワイトハウスの外交官応接室からの放送でしたが、この部屋に暖炉はありません。「炉辺談話」という言葉を最初に使ったのはCBSのレポーター、ハリー・ブッチャーですが、それが広まったのは、暖炉が数千年にわたり家庭生活の中心だったからです。「炉辺（hearth）」はラテン語で「焦点」を意味します。ルーズベルト大統領は、昔の家族が居間の暖炉のまわりに集まったように、当時の家族がラジオのまわりに集まることを望んでいました。

第1回の談話が放送されたのは1933年3月12日で、大統領は親しみに満ちたトーンで「今日は数分間、アメリカ国民の皆さんに、銀行について話をしたいと思います」と語りかけました。すでに書いたように、ビクトリア時代以降の女性が仕切る家庭では、お金や商売に関する会話は御法度でした。ところが、ルーズベルト大統領は住居と職場の境界を越え、世間に秩序をもたらそうとしたのです。当時は大恐慌の真っただ中で、人々は金融業界を信用せず、マットレスの下に現金を蓄えていました。大統領としては、家庭を安定させるには、もう一度銀行預金に対する信頼を回復させる必要があるということを、国民に印象づけたかったのです。

当時、家庭生活は嵐の中にありました。大恐慌によって、何百万人もの男性が失業し、自殺率は過去最高に達し、親は無職かパート、住む場所を失った人々は親戚同士で共同生活するようになりました。結婚生活は長く続かず、棄児が増加していました。それでも、この苦境から新しい家族の伝統が生まれました。窮乏のため、家族一緒の夕食という伝統の尊厳を維持できる程度に食品を確保するのがやっとという状態の中、人々は別の形で充足感を得る方法を考え出しました。ボードゲームで一緒に遊び、ラジオを一緒に聴いたのです。それが、現在の私たちが思い浮かべる家庭生活の始まりでした。生活の中の社会的、感情的、精神的な部分が大聖堂や街の広場、ダンスホールを離れ、神聖で私的なファミリールームへと移ってきたのです。

ルーズベルト大統領はラジオをアメリカの新しい「暖炉」にするのに一役買いました。それから数十年後に、ブラウン管の映像が音とともに本物の炎のごとく明滅するようになると、テレビを観る「スクリーンタイム」が、家庭生活の新しい中心になっていきます。

フィラデルフィアにある僕の自宅では、２脚の小型ソファが赤いラグの両側に置かれています。壁には４K対応の薄型スマートテレビが設置され、その真向かいには暖炉があります。秋と冬は、テレビも暖炉も夜遅くまで光を発しています。

多くの人々と同じように、僕もコメディやドラマを子どもと一緒に楽しみ、昔のテレビドラマはもっとシンプルで家庭的だったという感慨に浸ることもあります。ただ、『モダン・ファミリー』『ディス・イズ・アス』『ザ・シンプソンズ』を毎週観るのは、ドラマの内容が気になるからというより、夕食後に家族そろって炎の暖かさに包まれ、肩寄せ合いながらテレビを観て一緒に笑うことで、家族の絆を感じられるからです。

父親になる前の僕を知っている人がこの部屋を訪れたなら、大いに驚くことでしょう。以前の僕は今よりずっと皮肉屋で、テレビに洗脳されることを嫌って観るのをやめていました。いかにもアンチ管理社会的な陰謀論を説いて回りそうなタイプで、テレビは麻薬であり、〝ビッグ・ブラザー〟が市民をだますための道具で、テレビ番組はモノを買わせるために存在するのだと信じていました。

今は見方が変わり、テレビを観ることはひとつの選択であり、陰謀ではないと理解しています。現代人は娯楽を、古代人にとっての宗教や、ビクトリア時代の家族一緒の夕食と同じように利用しています。娯楽はある種の儀式であり、自分が信じるものを再確認すると同時に、子どもを既成の価値観に触れさせ、その文化的リテラシーを高める手段なのです。テレビは毎夜のちょっとした祝祭のようなものです。だから僕たちは毎晩ファミリールームに集まり、日曜の午後はアメリカンフットボールの試合を観ます。それは人々が選んだ現代のライフスタイル、つまり職住分離という工業化時代の区分をもとに皆でつくり上げた世界を祝う、一種のお祭りなのです。

ファミリールームについて考えてみましょう。ペンシルベニア大学建築学教授のヴィトールド・リプチンスキーはこの部屋を、「くだけた振る舞いが許され、社会の期待や抑制から解放されてくつろげる場所」と表現しました。確かにソファで部屋着を着てリラックスしきっている子どもたちを見ると、そう感じます。ただし、社会の慣習から守られているという点にはあまり同意できません。むしろ、社会の慣習が色濃く出ている場所ではないでしょうか。現代の家庭ではくだけた振る舞いが標準的で、ファミリールームは社会的責任から逃れられる場所として機能しています。家庭では厳しい経済や冷酷な商売の世界から離れてソファでくつろぐことを、私たちは期待されています。

ファミリールームは、私たちが警戒心を完全に解いて、他人に見せない自分をそのまま受け入れてくれる、巣のような場所だと考えられています。そこは私たちの人生の一番大事な部分、すなわち核家族の絆が崇拝される神聖な場所です。そう考えると、そんな神聖な場にタブレット、スマホ、ラップトップなどのデジタルデバイスを持ち込むことを大人がなかなか受け入れられずにいるのは、当然のことかもしれません。夕食をとり、ボードゲームで遊び、テレビを観て、親子水いらずの夜を過ごすという理想のイメージは、大人の心に染みついています。そのイメージを脅かすものに断固として抗議するのはそのためです。

ですが、これは誤った抵抗です。大人は心地よさを伝統と取り違えています。このゴールデンタイムの儀式自体は本質的なものではなく、一時の流行にすぎません。事実、ファミリールームは明らかに特定のテクノロジーと結びついて生まれた空間です。リプチンスキーによると、産業革命前の家庭は今とはまったく違うものでした。19世紀以前は、「ファミリー」といえば同じ世帯に住む全員を指す言葉で、血縁者の間に特別な結束があるわけではなく、召使いも見習い弟子も家族の一員でした。そもそも「ファミリー」という言葉は、ラテン語の「ファムルス（*famulus*）」つまり「奴隷」に由来しています。

産業革命前の家庭では、「大広間」と呼ばれる開放的な部屋が騒々しい家族生活の中心でした。一日の終わりに広間にある家具をすべて脇へ押しやり、皆で寝るスペースをつくりました。寝室などなく、プライバシーという概念はまだ家庭に存在しませんでした。ひとりになりたいとは誰も思わなかったはずで、人々は仕切りのない空間で生活し、働き、寝ていました。実際、昔は人生の大事な瞬間は公衆と混じり合っていました。行事や儀式は古代ギリシャ人が「アゴラ」と呼ぶ共同スペースで行われていたのです。

一番有名なアゴラはアテネのアクロポリスにある市場ですが、人が集まる場所ならどこでもアゴラと呼ばれました。広場も社交クラブも神殿も大聖堂もアゴラであり、産業革命前の人々はそういう場所にたむろしていました。自分の家を持っていても、家族の概念が今とはまったく違っていたので、家で過ごす時間は今よりずっと短かったのです。家庭生活はそれほど閉鎖的でも、個人的でも、孤立したものでもなく、生活は街に開かれていました。

僕がファミリールームで過ごす私的な時間、つまり息子たちと肩を寄せ合い、ゲームやテレビを一緒に楽しむような時間というのは、当時の人々には想像もできなかったことでしょう。そうした心地よい習慣が社会の標準になったのは、ルーズベルト大統領の炉辺談話のような番組が、ラジオやテレビを家族の集まる暖炉に変えたからでした。メディアが暖炉になったとき、奇妙な矛盾が起きました。私的だったはずの空間が、なぜか大勢が集まるアゴラになったのです。大統領の話を誰もが各々の場所で聴いていたにもかかわらず、皆が一体感を覚えました。テレビとラジオによって、大衆は、それぞれの家庭にいながら、一緒に視聴している気持ちになれたのです。

一日の仕事を終えて、長い通勤時間を経て帰宅したあと、20世紀の家族は外部に邪魔されずに親密な時間を過ごすことができました。テレビという暖炉のおかげで、他人と空間を共有せずとも社会と一体になれたのです。光を放つボックスは、大昔の大広間にも、目に見えるアゴラにもなったわけです。家族はモダンな私的住居に引きこもったまま、他人に対して昔ながらの仲間意識を感じられるようになりました。

電子通信テクノロジーは家族の時間を脅かすどころか、生み出したのです。

新しいアゴラ

今日の通信テクノロジーも、私たちを外部の世界につなげてくれます。世界のコミュニティや無限に広がるマーケットにも私たちをつなげ、かつてないアゴラ体験を実現しています。しかし一方で、家族の時間を複雑にし、子育てのあり方を混乱させています。新しいデジタルデバイスは居心地、プライバシー、家族としての幸福を高めることはほぼありません。ルーズベルト大統領のラジオ談話は、従来の職住分離を崩しながらも家庭の内と外に一体感をもたらしました。一方、デジタルメディアは混乱をもたらすだけで、私たちの不安は募るばかりです。そして、スクリーンタイムについても新たなジレンマを招いています。つながりあう世界で、子どもはひとりで他者と関わり合います。いつもひとりなのに、いつも仲間と一緒にいるのです。そのため、大人は公共空間と暖炉の関係を再考する必要に迫られています。

誤解されやすいのですが、今の子どもは数えきれないほど多くのアゴラ体験をしています。それなのに世間は、デジタルな遊びが子どものコミュニケーションスキルに影響を与えることを心配しています。オンラインゲームでは、遠く離れた人と瞬時につながることができます。今の子どもたちは、これまでの世代が想像もできなかった方法でコミュニケーションをとっているのです。それでも多くの人が「今日のデジタルコミュニケーションの方法は、対面式のコミュニケーションとは違う」と言います。もちろんそのとおりですが「違うからといって劣っている」とは限らず、「もっと優れている」ということだってあります。

研究者の間では10年以上前から知られていることですが、複数プレイヤー参加型のオンラインゲームは、永続的な人間関係の構築やコミュニティ意識の形成に役立ちます。2007年にフィンランドのユヴァスキュラ大学で行われた研究によると、大多数のオンラインゲームは積極的にコラボレーションを奨励していることがわかっています。他のプレイヤーと協力したほうがうまくいくと、すぐ気づくようにつくられているのです。つまりオンラインゲームの「手続きレトリック」は、積極的に人とコミュニケーションをとり、関わり合い、つながりあうようにプレイヤーを促します。また、プレイヤー間の絆は、共通の価値観や目標をもとに生まれることがほとんどです。一方、伝統的な絆は、多くの場合、見た目、年齢、社会経済階級、人種、宗教、性別に基づいています。こうしたアイデンティティの文化的要素は、伝統的な社会的絆を強める一方で、偏見や差別も生んできました。

物理的な近さが有意義で健全なつながりあいを常にもたらすとは限らないのです。僕の子どもたちは、オンラインでしか友達と遊ぼうとせず、「クラスの友達を家に誘ったら?」と僕が言っても乗ってきません。離れた場所にいて、バーチャルな遊び場で遊んだほうが楽しいと言うのです。そんなことはないと僕がしつこく言うと、友達はラップトップ片手に現れ、全員がキッチンのテーブルに集まります。同じ場所で一緒にデジタルの世界に浸っていますが、各自がそれぞれのデバイスに集中し、(おやつタイムを除いて)周囲にほとんど注意を払いません。

2017年に経済協力開発機構(OECD)が行った調査によると、21世紀に必要なスキルの世界的評価のうち「協同問題解決能力」の項目では、学外でチャットやSNSのためにインターネットを使っている学生のほうが全般的に高得点を取る傾向があることが明らかになりました。そういう学生は「チームの一員として作業することが楽しい」と答える割合がはるかに高いこともわかりました。それでも、スクリーンデバイスを使った活動は、人づきあいの支障になるという大人の批判の声をよく耳にします。

たとえば、中高生の子どもたちが同じ部屋にいながらテキストメッセージを送り合っている、と大人は嘆きます。そうした声の背景にあるのは、デジタルデバイスを介したコミュニケーションは本物のコミュニケーションではないという考え方です。電子信号は地域の携帯電話基地局から光ファイバーケーブルを通り、移動通信交換局を介して同じ部屋にいる弟のところへ戻ってくる。そんなものは親密なやりとりではないと、大人は考えているのでしょう。しかし、この考え方は必ずしも正しくありません。スマートデバイスには人と人の絆を強める力があります。とりわけ、社会的な相互作用の機微を理解しようとしている若者には効果的です。

彼らは会話よりもスマホでのシンプルなコミュニケーションを好むかもしれません。テキストのやりとりのほうがとっつきやすく、楽しく、仲違いに終わる可能性も低いからです。

多くの大人は、この種のデジタルなつながりがもたらす潜在的メリットを認識できずにいます。というのも、これまでのコミュニケーションでは、直接話すことがエチケットとされてきたからです。相手に好印象を与える表情のつくり方を教えられ、自己啓発書で空気の読み方を学習しました。不安をにじませるような身体のクセはやめろと言われ、能力や自信があふれ出るようにボディランゲージを磨きました。

身なりをちゃんとするように、親は子どもをしつけるものです。僕の母は第一印象の重要性を絶えず説き、人はいつも外見やちょっとした仕草で他人を判断するのだと口癖のように言っていました。家の中をよれよれのパジャマでうろついているときでさえ、母は一定の礼節を求めました。いつもありがとうの一言を忘れず、げっぷしたら失礼をわび、ののしるような言葉は使わず、親兄弟と話すときも敬意を込めるように教えられました。僕が清潔であることに気をつかうようになったのは、少しでも体臭や口臭がすると兄に叱られたからです。激しい非難にも耐えられるようになったのは、夕食時の口喧嘩で容赦なく痛めつけられた経験があったからでした。

幼少期の安全な家庭内で、僕は家族との関わり合いを通してコミュニケーションの作法を学び、それがやがて「アゴラ」での僕の言動を形づくりました。家庭という小宇宙は社会や職場に加わる準備の場であり、広い世界へ飛び出す前に自分の原点となる価値観や原則をそこで学ぶことができました。これこそ、子どもの発達における家庭と暖炉の最大のメリットです。子ども時代の兄弟や両親との経験を通して、人づきあいと感情の土台ができます。そこから学んだ習慣やマナーは将来的に役立つと同時に、自分を家族という原点につなぎとめてくれます。家族の暖炉は倫理観と道徳観を与えてくれます。その慣習と伝統のおかげでカオスから守られ、騒然とした外の世界に出てからもそれが心の拠り所となり、なすべきことに集中しやすくなるのです。

家族の価値について語る政治家は、血縁の重要性を訴えているのではなく、伝統的な暖炉に象徴される家庭の力を呼びさまそうとしているのです。しかし、家庭と仕事の分離があいまいになった時代に、伝統的な暖炉にそんな力は残っているのでしょうか？　携帯型のデジタルデバイスが私たちを物理的に近くにいる人から遠ざけ、家庭外の世界に近づけているのだとすれば、家族についての価値観をどう維持すればいいのでしょうか？こうした問いに答えるのは簡単ではありませんが、ひとつだけ確かなことは、テクノロジーを悪者にしたい気持ちを抑えるべきだということです。

もちろん、象徴的な暖炉との関わりが新しい道具によって崩されたのは事実です。しかし、今のテクノロジーは理由があって生み出されたものであり、無分別に社会を乱しているわけではありません。心の拠り所や家庭生活の中心となる家と伝統を大切にする姿勢を守りながら、つながりあう世界のメリットも最大限に享受するには、暖炉の火の意味を21世紀にふさわしい形で考え直してみる必要があります。まずは、現代の暖炉をソファ、パジャマ、家族一緒の夕食のような20世紀の慣習から切り離して考えてみましょう。

家族の火

家族についての考え方を変え、一体感ではなく、「家族に根づいている」という感覚を持ってください。大事なのは親密さ、心地よさ、連帯感、絆ではなく、「安全な出発点」という機能です。こおり鬼ゲームの安全地帯と同様、家庭は私たちがいつでも帰れる揺るぎない場所です。実際に、心理療法を体験した誰もが口にするように、家族は絶対に引き上げることのできない錨《いかり》のようなものです。良くも悪くも、私たちは常に家族という暖炉につながれているのです。

産業革命前の時代は、家庭と暖炉は文字どおり同じもので、家庭とは暖炉のまわりの居住空間のことでした。古代ギリシャでは、暖炉、その中で燃え上がる暖かい炎、そして家と家庭生活の女神の名前には同じ言葉が使われていました。その名はヘスティアで、ローマではラテン語で「ウェスタ（*vesta*）」と呼ばれました。これは、インド＝ヨーロッパ語族の祖語から内部性を表す"*vas*"が入った形で、もともと、暖炉といえば「家族を包み込む家」を意味していました。

フォロ・ロマーノ遺跡にある有名なウェスタ神殿は、ウェスタの聖火を守るために建てられたものです。大理石の柱に囲まれて、６人のウェスタの巫女《みこ》が燃え続ける女神の火の番をしました。この火は国の安全、安定、幸運の象徴であり、ローマの永久性を示すものでした。永遠の炎は人々が共有する魂、アイデンティティであり、時を経て、現代の過激な国家主義にもつながるシンボルとなりました。

こうした儀式的な炎は、今日も世界各地に残っており、宗教施設や国家的記念碑、戦没者慰霊碑の一部としてよく見かけます。この本の執筆時点で、ウィキペディアによると、51カ国１００カ所以上で永遠の炎が燃えています。

もっと小さいスケールで考えてみると、ウェスタの炉の火が表すのは家族的ルーツであり、永遠の血のつながりです。この考え方の問題点は、かつて家庭の暖炉の火に象徴されるような価値観、慣習、伝統が消えつつあるということです。デジタルデバイスに翻弄され、ウェスタの火は消えかけています。この女神の火を再び燃え盛らせる新たな方法を、なんとしても考え出す必要があります。これは現代の親が担うべき難題であり、子どもたちに揺るぎない土台を提供しなければなりません。つまり、子どもたちが大人になったときに、生産的、倫理的で、充実した生活を送れるように、象徴的な意味での暖炉を与える必要があるのです。

僕の家に飾られたオブジェや工芸品は家族の物語を伝え、ウェスタの火を燃やし続けています。壁には額入りの写真が並び、思い出の場面や節目を写した記念写真の数々が僕の人生の物語をつむいでいます。特に大切なのは子どもたちの写真です。その多くは旅行中に僕がインスタグラムにアップしたもので、スマホから画像をアップロードしてキャンバスに拡大印刷した写真です。ロンドンのタワーブリッジを背景に、親子3人が顔を寄せ合っている写真があります。こういう写真は旅の思い出だけでなく、家族の絆も伝えてくれます。「カメラは家族生活とともにある」とアメリカの知識人スーザン・ソンタグは書き、こう続けています。「写真を通して、家族はそれぞれの歴史をつくりだす――家族のつながりを証明する、持ち運び可能な画像集だ」

僕たちは毎晩、ダイニングの壁に両親の写真と並ぶ、インスタグラム製の年代記を目にします。僕の両親は、今は亡き祖父母のものだったアンティークテーブルに座る僕らをじっと見下ろし、食器棚には先祖代々伝わる磁器が並んでいます。壁の写真とともに、親から受け継いだ家具や食器が、永遠の火のように僕たちのルーツの象徴としてそこにあります。家族の中心としての暖炉はダイニングにあるのです。ただし、家族の夕食と同様、この暖炉も過ぎ去った時代の産物です。

家族写真が最初に人気を集めたのは19世紀半ばのことですが、写真撮影が本当の意味で身近になったのは、1884年にジョージ・イーストマンがフィルムを発明してからでした。世紀の変わり目にイーストマン・コダックが発売したカメラ「ブローニー」が大ヒット商品となりました。コダックは当初から、カメラを家族の価値観を表す象徴的なテクノロジーとして販売していました。1908年の新聞広告では「どの家庭にも、コダックで記録したい物語がある」とうたっています。ラジオ、テレビ、通勤用機関車と同様に、写真は家庭生活について、まったく新しい方法で考えることを可能にする道具でした。大所帯をソンタグの言う「狭苦しい単位」に切り分けようとする工業化時代の考え方に沿うものでした。人々は親族の写真を額に入れて飾りました。そうすることで、大きな家族の一部としての自覚を持ちながら、核家族として独立することができたのです。「写真は、家族生活の継続性が損なわれ、消滅しつつあることを象徴的に示すものだった」とソンタグは書いています。

多くの人がスマホのカメラをコダック社の初代ブローニーと比較し、いずれの発明も写真撮影のコストを大幅に下げ、写真を私たちにとって身近なものにしたと指摘します。しかし、この比較の問題点は、家族生活に与えた影響の大きさの違いに気づいていないことにあります。

２０１７年には、インスタグラムにスマホで撮った写真が一日あたり９５００万枚も投稿されました。しかしその多くが、コダックが訴えたような家族写真ではありません。ＳＮＳへの投稿には家族生活を切り抜いたような親子の写真もありますが、多くは家庭外の人々に見られることを意図したものです。このことは、２０１５年にピュー研究所が実施した、親のフェイスブックの使い方に関する調査からも明らかです。自分の子どもとフェイスブック上で友達になっていたのは半分程度（47％）で、写真をシェアする相手としては親族（友達に登録していた回答者は93％）、現在または過去の友人（88％）、自分の親（53％）のほうが一般的でした。ＳＮＳでのシェアは、核家族のルーツの強化とは何の関係もなく、自分の物語をアゴラでさらしているだけです。

それ以上に興味深いのは、今日の写真は額に入れられず、「ストリーミング」されていることです。全米写真家協会（ＰＰＡ）の調査では、回答者の67％が写真をデジタル形式のみで保管していました。家族のポートレートは、核家族の儀式を支える象徴的な芸術品としての価値を失いました。また、回答者の半分弱は過去一年間で一度も写真をプリントアウトしておらず、70％は写真アルバムを所有していませんでした。カメラ付きスマホではウェスタの火は燃やせません。この調査結果を受け、ＰＰＡのデービッド・トラストＣＥＯはこう述べています。「時が経てば、われわれは家族の歴史を失ってしまったことに気づくだろう――携帯電話やタブレットなどのデバイスで記憶を保護する能力を過信した結果だ」。しかしトラストは、写真は工業化時代の道具にすぎないということを忘れているようです。

今日の世界では、夕食、ボードゲーム、写真、コメディドラマが家族の価値の象徴ではないと、理解する必要があります。新しい暖炉は、つながりあう世界で生きる人たちの拠り所となる、確固とした土台の役目を担います。猛スピードで進化するネットワーク化された世界で、子どもたちに生産的で健全な自己感を身につけてほしいと願うなら、自分たちの人生が長い歴史の糸につながれているというイメージを示し、永続性を感じられるようにするべきです。時の流れの速さに圧倒されそうになったときも、自分の人生の旅が目の前の喧騒よりもっとゆったりした存在につながっていることを認識させる必要があります。

ファミリールームは、もはや昔ながらの安定感を与えてはくれません。私たちの家にあるものは、すぐに古臭く感じられるようになるでしょう。今の子どもたちは家族の永続的なシンボルや物語に触れることは、めったにありません。自身の経験について考える際に比較できる安定した基準を持っていないのです。ですから、それを与えることが、親の役目なのです。

まとめ

変化は怖くても避けられないものであり、慣習にしがみついてはならない
子どもは慣れない世界を理解するために大人の助けを必要としている

最近の大人は、わが子が「中毒性のあるスクリーン」を見てばかりいると常に不満をこぼしています。大人に言わせれば、子どもはデジタルデバイス以外のことに関心を持たず、子ども時代の本当の楽しみを

知らずにいるというのです。しかし、統計データが伝える実像はそれとはまったく違っています。平均すると、今の子どものスクリーンタイムは親世代の1990年代のスクリーンタイムとほとんど同じで、変わったのはスクリーンの種類だけです。親世代はテレビアニメを見ていましたが、今の子どもたちはスマホやタブレットなどのインターネットに接続されたモバイルデバイスを見ているのです。

この違いは、親の不安の本質を明らかにするために重要です。今日の大人には、今のスクリーンメディアが一見個人的で、私的なものに見えています。ユーチューブの動画を観たりビデオゲームで遊んだりする子どもは、デバイスによって家族から引き離され、殻に閉じこもっているように見えます。

ところが逆に、これらのデバイスは家の外へ、悪に満ちた仮想世界へと子どもを連れ出す扉としても機能します。大人が混乱するのはそのためです。子どもが外の世界から離れすぎているのか、くっつきすぎているのか、よくわからないのです。唯一確かなことは伝統的な家庭生活が崩れつつあるという感覚だけで、家庭と外の世界の明確な区切りがなくなったと感じています。

その不安は理解できますが、新しいテクノロジーは常に新しい生活習慣を生み出すことを忘れてはなりません。親の仕事は、自分自身が抱く子ども時代のノスタルジックな理想像を守ることではなく、完全なる職住分離を守ることでもありません。変わり続ける世界で倫理感を持って有意義で充実した生活を送るための準備を子どもにさせることこそ、親の大切な役目なのです。

過去を見つめなおそう。家族の時間は歴史を学ぶ時間

家族のイメージと定義は、変わり続けています。家族で囲む夕食、ソファ、バーベキュー、夏休みの旅

行のような私たちが慣れ親しんだ家族のイメージは、工業化時代特有のものです。同様に、個室、快適で広々としたキッチン、壁かけフラットテレビを備えた現代の家も、完璧な20世紀の家庭の日常や習慣を促進するための道具にすぎません。

それでもなお、家庭と家族には、時代の移り変わりを超越する本質的な要素があります。僕はそれを「暖炉」と呼びました。かつてギリシャ・ローマの女神ヘスティアとウェスタが象徴した人間生活の普遍的要素で、暖炉こそ安定感の源泉であり、私たちを自分よりもずっと大きな存在である共有の過去につなぎとめてくれます。

家が教会の説教壇と座席のような、工業化時代の儀式を執り行う場だとすれば、炉棚に飾られた家族写真や大切なオブジェは、紋章や護符のように、家族の大切さを思い出させてくれるものです。こうしたものはそれ自体が家族の価値を形づくるのではなく、安定感や確固とした土台を感じさせてくれる象徴として機能していました。大人たちは、古びた偶像や時代遅れの家族観への忠誠を、子どもたちに要求することをやめなければなりません。守るべきは家族の価値でも家庭生活でもなく、太古から続く「暖炉」とのつながりであることに気づくべきなのです。

常に革新的なことが起こる世界にいると、自分が長い歴史の糸につながっているという感覚を失いがちです。子どもたちはインターネットを通してあらゆるものとつながっているのに、過去とはつながっていないかのようです。今の子どもは、普遍的で堅固な新しい家庭像を必要としています。ですから、昔のことを教え、家族の物語を共有し、受け継いできた大切な伝統を分かち合いましょう。自分の先祖の話でなくてもかまいません。大切なのは、目新しさを過度に重視する現代の文化から少し離れて、歴史の価値をしっかり感じとることです。

わが家ではそのために、古代ギリシャ世界について話し合います。僕は子どもたちが小さい頃から神話を読み聞かせ、ソクラテスやプラトン、アリストテレスのことを教えてきました。僕がその領域に詳しいからそうしているのですが、ギリシャ時代でなくてもかまいません。自分に合った話題でいいのです。昔からある娯楽コンテンツの話で、現代の暖炉を築くこともできます。三世代で『スター・ウォーズ』を一緒に楽しんでも歴史という地盤に根を張らせることはできないかもしれませんが、多少なりとも子どもたちをつなぎとめることはできるでしょう。

多くの都市には、その土地の歴史を伝える博物館や記念碑があります。子どもは大きくなるとそういう場所に一緒に行きたがらなくなるものですが、引っ張ってでも連れて行きましょう。親の仕事は、工業化時代の家族の素晴らしき調和を維持することではありません。そうではなくて、つながりあう世界の絶え間ない「進歩」と釣り合いを取ることなのです。

公的な商業世界への私的な準備をさせよう

デジタルデバイスを使って、子どもは自らを孤立させながら他者と関わり合います。いつもひとりなのに、いつも仲間と一緒にいるのです。それを見た大人たちは、アゴラと暖炉の関係を考え直す必要性を感じています。デジタルな遊びは子どもを周囲の環境から引き離すと同時に、はるか遠くの場所とつなぎます。公私の境界線はあいまいになり、どこまでが炉辺でどこからがアゴラなのか、わからなくなっています。

これは些細なことに思えるかもしれませんが、約1世紀にわたる精神分析の研究により、親子間の私的な関係は、対外的な人格の形成基盤となることがわかっています。子どもは社会的な作法や倫理を、まず家族との関わり合いを通して学びます。子どもたちが砂場で自己感を育んだ20世紀においては、特にそうでした。職住分離によって、核家族は小さな子どもがソーシャルスキルを育むための安全な遊び場となりました。抑制を受けることのない快適かつ安全な家庭という場所で、子どもは失敗を恐れることなく、アゴラでの行動を試すことができたのです。

今日の大人たちは、炉端とアゴラの境界線が急速に失われつつあることを直感的に理解しています。広い世界に旅立つ個人の拠り所となる価値観や原則を、いつどこでわが子に教えるべきなのか、もはやわからなくなっているのです。しかし、それが不安の根源だとわかれば、問題をデジタルテクノロジーのせいにすることをやめて、この課題と立ち向かい、新しい技術環境にふさわしい倫理教育のために、努力できるようになるはずです。

6

新しい思春期

9歳の誕生日に、長男はアップルストアのギフトカードを祖父母、おじ、おばの全員におねだりし、それを全部合わせてiPodタッチを買いました。本当はiPhoneが欲しかったのですが、当時はスマホを持つことを僕が許しませんでした。小さな子どもが高価なデジタルデバイスを持ち歩くことに、抵抗を感じていたからです。

毎日のように「なんでスマホはダメなの？」と聞かれましたが、僕はうまく答えられませんでした。高いから、すぐ壊れるからと、適当に理由をつけて「とにかくまだ早いんだ！」と会話を打ち切ってごまかしていました。

今考えると、僕が反対した理由は別のところにありました。家庭と仕事の分離という、工業化時代の伝統に縛られていたのです。無意識のうちに、インターネットにつながるデバイスをわが子に渡すことは、外の世界への扉を開くのと同じではないかと恐れていました。犯罪や誘惑が押し寄せてくることを恐れ、絶え間なく送られてくるアラートや通知によって、子どもの純真さが失われることを心配しました。しかし、自分の不合理さに気づいてからは考え方を変えて、長男だけでなく次男にもスマホを買い与えました。ふたりともその何年か前からタブレットを持ち歩き、パソコンを使ってウェブサイトを訪れ、友達とチャットし、ユーチューブの動画を観て、オンラインゲームで遊んでいました。スマホだけ禁止しても意味はなく、緊急時に僕に電話すること以外はなんでもできていました。

現在12歳と10歳の息子たちは、インスタントメッセージを送り合い、SNSを使い、音楽をストリーミングで聴き、写真をシェアしています。ふたりとも平均的なアメリカの子どもと言えるでしょう。デジタルマーケティング会社インフルエンス・セントラルのレポート「2016年デジタルトレンド」によると、アメリカの子どもは10歳前後でスマホを持つようになり、8歳以下の45%は自分専用のモバイルデバイス（大半はタブレットか携帯型ゲーム機）を持っています。

子どもたちが自分のデジタルデバイスを持つようになると、大人はいつどこで使ってよいかを教えなければなりませんが、これがなかなか大変です。「消しなさい。片づけなさい。今やってる場合じゃないでしょ」など と、一日中同じ小言を言っている自分に嫌気がさしてきます。ですが、親が同じことを繰り返すのは、決して悪いことではありません。マナーと作法を強化し、デジタルテクノロジーと共存するための慣習を教えようとしているのですから、これは現代の子育てに欠かせないしつけと言えます。「ありがとう」といつも言いなさいと教えるようなもので、大多数の大人が同意するルールを子どもに教える必要があります。

2014年のピュー研究所の調査では、回答した大人の約75%が、道を歩いている間、電車やバスに乗っているとき、あるいは列に並んでいるときのスマホ使用に肯定的でした。一方、約90%が家族との夕食中はスマホの電源を切るべきだとし、ほぼ全員が、会議中や映画館、教会での携帯用デバイスの使用に反対していました。わが家では、それ以外にもスマホなどを禁止する時間があります。たとえば車内では長距離ドライブを除いて、ビデオゲームをさせません。退屈に慣れることも重要で、20～30分くらいは刺激がない中でもじっと座っていられるようになるべきです。学校に行く前も禁止にしていますが、それは基本的に僕個人の理由からです。弁当を持たせ、靴ひもをしっかり結んで子どもを送り出すだけでも大変なのに、注意をそらすものがあると一層難しくなるからです。わが家では、夕食後も個人のデバイス使用禁止という厳格なルールがあり、一緒にテレビや映画を観たりして過ごします。寝る前には本を読むことしかできません。僕を含めてデバイスは禁止です（eブックはOK）。読書は歯磨きと同じで、毎晩の健全な習慣なのです。

こういうルールを明確に定めておくと、守らせる側は楽になりますが、簡単に実行できるわけではありません。僕の子どもたちも隙あらばルールを破ろうとし、僕にバレないようにスマホを見ようとします。注意すると「セーブだけさせて」などと言う彼らを、基本的には大目にみています。子どもは少し逆らうぐらいがちょうどいいのです。それに、僕の仕事は将来への準備を子どもにさせることであり、現時点での完璧を求めることではありません。

親向けの講演では、必ず「スクリーン中毒」についての質問が出ますが、僕は丁寧に回答しようと努めます。ここで強調しておきたいことは、子どもたちが許される限りデバイスから離れようとしないのは、依存症になっているからではなく、暖かく包み込まれるように感じるからです。スマホや携帯ゲーム機は、現代の子どもにとって、安心感を与えてくれる心の拠り所のようなものです。ジャーナリストのシエラ・フィルッチは、親は子どもたちが「中毒になったと感じる」かもしれませんが、「本物の中毒症状を経験している」わけではないと述べています。「日常生活に支障をきたす」とか「同じ感覚を得るためにもっと欲しくなる」という真の依存症の症状を経験しているわけではない、ということです。

デジタルメディアは悪の道への誘惑ではなく、やりすぎると怠惰な人間になるわけでもありません。それどころか子どもたちがデバイスに熱中することは、精神の健全な発達のための重要な一歩になるかもしれません。なぜなら、ガジェットは現代の子どもたちにとって「移行対象」になり得るからです。

移行ガジェット

「移行対象」は、小児科医で精神分析学者のD・W・ウィニコットが、20世紀半ばに使い始めた言葉です。ウィニコットは小さな子どもが特定のブランケットやテディベアなどのおもちゃに愛着を持つことに気づき、それを「移行対象」と呼びました。移行対象は、子どもが自主性を持つ個人としての自分を認識する手助けをします。子どもから大人への架け橋となるのです。

この考え方を理解するために、新生児について考えてみましょう。生まれたばかりの赤ちゃんは母親が自分とは違う存在であることを理解していません。自分が必要とする安心や栄養や安全を満たす、自分の一部であるかのようにとらえています。ところがある日、泣いても母親が現れず、不明瞭だった外部世界の現実を突然、痛切に理解します。母親は自分の思いどおりにできる存在ではなかったのです。自分の主観的経験が空想にすぎなかったことがわかり、それ以後は客観的な現実と絶えず向き合っていくことになります。生きていくことが急に不安定になったように感じ、自分の存在というものがわからなくなっています。自己感を完全に覆され、昨日まで自分の一部だった母親との間に断絶ができてしまっています。

その苦悩を受けとめてくれたのがテディベアです。心地よさや温かさを与えてくれるテディベアは、自分の一部のようにも自分とは違うもののようにも感じられます。自分の思いどおりにできる存在であるテディベアを、幼い子どもは胸にしっかりと抱きしめます。意識的に自立した人間になるための移行期になくてはならない安心感を与えてくれるからです。

僕の息子にも移行対象がありました。いかにも幼児らしく、ふわふわした赤いサルのぬいぐるみを肌身離さず持ち歩き、安っぽいレーヨンの腰巻き布を「ブランキー」と呼んで愛用していました。「安心毛布（あるだけで安心感を与えてくれる毛布）」という言葉が1950年代に脚光を浴びたのは、スヌーピーでおなじみの『ピーナッツ』で、いつも指しゃぶりしているライナス・ヴァン・ペルトのおかげでした。ウィニコットの理論を世間に広めたのは、チャーリー・ブラウンとその仲間たちだったのです。親はその理論を受け入れましたが、その意味を理解していたわけではありません。たとえば、柔らかくもかわいくもないものが子どもに安心感を与えられることがよくわからず、僕もニンテンドーDSが息子の移行対象になっていたことに気づきませんでした。硬いプラスチック製の、温かみなど感じられないおもちゃでも、母親の家に連れて行く際に忘れようものなら息子は大泣きしました。プレイしていないときでさえ、常に自分のそばに置いておこうとしました。

今はスマートフォンが同じ役割を果たしています。24時間いつでもインスタントメッセージを送れるという安心感が、離れた場所にあるふたつの家庭をつなげる架け橋のようなイメージをつくり、離婚で深まった溝を埋めてくれているのでしょう。同様に、簡単な幼児向けゲームは子ども自身にコントロールできるという感覚を与えます。息子が旅行中さえゲームを一向にやめようとしないのは、そのためです。ホテルに滞在中、息子の注意を窓の外の景色に向けようとして僕は言いました。「『テラリア』は家でもできるじゃないか。雪化粧をしたユタの山なんて、なかなか見られないぞ」。僕は息子がホームシックになっていること、そしてスマホが彼にとって安全で頼れる大切な存在であることを忘れていました。僕は目の前の冒険を楽しんでほしかったのですが、彼はまだ子どもです。場所との結びつきがなく、自分がつながる先が何千マイルも離れた場所にあるときでさえ、安定を保つ自己感を持つことの意味を、理解しようとしている途中なのです。

スマホは息子をなじみのある世界につないでくれます。仲間とつながり、友達が一緒にいると思わせてくれます。自分だけのものと感じるスマホのタッチ画面上では、彼の私的な考えや感情が形になり、抽象的なものが具体化するのです。ちょうど、アクションフィギュアや、心理セラピストの相談室の動物のおもちゃで遊んでいるときのように、内面のドラマが浮き彫りになります。スマホ上では象徴的なものを立体的に操作でき、そこでは、現実世界と想像上の世界、内的な世界と外的な世界の間を行き来できます。息子は山を無視しているわけではなく、自分の中では山と向き合おうと懸命に努めているのです。

それでも、僕はいら立ちます。何週間もかけて旅行の準備をし、新しい景色を見せてやろうと張り切り、知らない世界を体験してほしいと思っていたからです。

「まるで中毒だな」と僕は言います。「ごめん、パパ」と息子は恥ずかしそうにうつむき、仕方なく電源を落とし、スマホをポケットにしまいます。自分のまわりをしっかり見ようとはせず、ぼーっとして心ここにあらずという感じで殻に閉じこもっています。傷つき、怒っているのです。そうなるのも当然です。自分の大切な移行対象を、たばこやドラッグのように扱われたら、どんな気持ちになるでしょう。僕はもはや「隠れても無駄だ、どこにいる?」と豆の木の上でジャックを探す巨人のようなものです。

息子は食べられてしまうことを恐れています。僕だけではなく、巨大で恐ろしい双頭のモンスターも恐怖の対象です。彼はまだ12歳で、現実世界と仮想世界の両方でバランスをとりながら生きていくにはどうすればいいかを学んでいる最中です。両方の世界が彼を飲み込んでしまおうと脅かしてきます。私的な自己感は他人から見た自分とは必ずしも一致しないという事実を、両方の世界から見せつけられます。時には友達と喧嘩し、先生との間で問題を起こします。弟を怒らせたり、父をいら立たせたりすることもあります。いずれも本人にとって予想外の出来事で、彼が頭の中で考えることと、外部の世界で起きることは同じではありません。他のティーンエイジャーと同様、内部の経験と外部の経験が完全にずれてしまっているのです。

つらいことでしょう。自分とは何かという疑問を、常に感じているはずです。僕には共感できますし、たいていの大人は共感できるでしょう。だからSNSを警戒しているのです。私たち大人は思春期の苦悩を覚えていて、その苦悩がデジタル世界の特性によって増幅されかねないことを恐れています。スマートフォンのようなデバイスは、学校から帰っても、ティーンエイジャーが残酷な社会的アゴラの不安から逃れられない状況を生み出しているように見えます。もはや避難場所はなく、四六時中人気コンテストがオンラインで開かれているような気分になるのです。

こうした親の不安の根本にあるのは自分の中高生時代の苦い思い出であり、大切なわが子が自分のように傷ついてほしくないという願いです。しかし、やり方が根本的に間違っています。暖炉とアゴラという古いイメージから抜け出せず、21世紀の家庭を、スクリーンデバイスとSNSへのアクセスを制限することによって20世紀の安全な空間にしようとしているのです。時にデジタルデバイスが昔とは違う種類の避難場所を提供していることを、大人たちはわかっていません。それこそ、わが子が切実に必要としている逃げ場なのですが。

息子はスマホを、自分だけの頼れる存在だと考えています。スマホの中に自分がいるかのように、あるいは少なくとも自分が何者かを示すデータがその中にあるかのように感じています。AIアシスタントは彼を理解し、彼のニーズを予測してくれます。検索バーはいつでも彼の疑問に答え、不確定要素を最小限にし、問題が起きれば解決してくれます。そんなスマホを僕が取り上げたり、電源を切るように命じたりしたら、パニックになるのは当然でしょう。息子はデバイス中毒になっているわけではなく、自分なりの問題対処のメカニズムを僕に妨害されたくないだけです。息子が本当に必要としているのは、こうした道具を使ってポジティブな自己像を明確に表現する方法を学ぼうとする彼を、僕が受け入れ、支え、導くことです。

頭の中で起きていることと現実に起きていることの間に感じる不一致。それに対処する能力を、息子は積極的に育てようとしています。自身の選択を正しいと感じ、自信を持つために、手助けを必要としています。それが重要なのは、現在確立しているパターンが今後の人生に影響するからです。「現実を受け入れるという課題は生涯続く。どんな人間も自分の内と外の現実をすりあわせるストレスから解放されることはない」とウィニコットは述べています。

同僚や恋人、配偶者と今までにしてきた口論の数々を思い出してみてください。どれも期待と結果の不一致が原因だったはずです。現実の結果が想像していた予定と食い違うと、人は不安やいら立ち、失望を感じるものです。それは、予定が単なる計画ではなく、未来の可能性についての空想を織り交ぜた自分の内なる物語だからです。私たちは一日中ずっと、その物語を自分自身に語り聞かせています。同僚との口論に備えて練習し、今日の出来事を母親に説明するかのように心の中で詳しく述べ、稼げる見込みの収入を計算し、どうしたら旅行の費用を捻出できるか考えます。これはアイデンティティの形成にもつながります。問題は、やがて訪れる現実がその予定と一致することなど、めったにないということです。築き上げた自己感が実際には不正確なものだったとわかり、空想と現実の違いにストレスを感じます。

こうした状況に、どう対処すればいいのでしょうか。ウィニコットによれば、それは幼少期に移行対象をうまく使えていたかどうかで決まると言います。それが適切に使われていたなら、大人の世界で自信を持って生きていくために必要なスキルを習得しやすくなります。そうでなければ、あなたは常に、相手が自分の見方を受け入れてくれることを求めるようになります。もちろん相手は常に受け入れてくれるとは限らないので、苦しむことになります。

この不快を避けられるように、子どもに「うまく調整」させるには、ウィニコットの言う「ほどほどに良い子育て」が必要になります。ほどほどに良い母親は、移行対象の存在に本能的に気づきます。わが子の空想を否定せず、子どもを真似ることによって、その存在を認めます。子どもとテディベアとの一義的ではない関係を邪魔せず、ぬいぐるみに「くまちゃん」と話しかけます。「くまちゃん」におやすみのキスをし、リビングのソファに家族と一緒に座らせます。親がぬいぐるみを受け入れるたびに、子どもは思考習慣を固めていきます。その習慣を土台として、子どもは困難な状況でも自己を表現し、自信を持って人と関わり合うという、大人として必要な能力を身につけていきます。ぬいぐるみを通して、ほどほどに良い母親はわが子の「健全な」自己感の発達を手助けするのです。もちろんぬいぐるみは人間ではないと子どもはわかっていますが、母親が子どもと一緒に遊ぶことで、自分の中の主観的な空想は、たとえ外の客観的な現実と矛盾していたとしても、価値を持つのだと教えられるのです。

大多数の大人は、ぬいぐるみが移行対象としての機能を持つことを認めているにもかかわらず、子どもが電子機器を肌身離さず持ち歩こうとすると、拒否反応を示します。それはおそらく、デジタルデバイスが子どもを、現実と見分けのつかないバーチャルな空想の世界にのめり込ませることを心配しているからでしょう。そういう大人は、人形やアクションフィギュアなどを使った形ある空想のほうが、健全な子どもの発達に役立つと考えています。彼らが気づいていないのは、砂場、家族一緒の夕食、家族の写真と同じく、テディベアも特定の時代と場所の産物だということです。

「テディベア」の名前の由来はセオドア・ルーズベルト大統領です。ミシシッピで狩りをした際、彼は木につながれた子熊を撃つことを拒みました。大の狩り好きで生涯に何千頭という動物の命を奪った大統領ですが、動けない子熊を撃つことはスポーツマンシップに反すると感じました。彼の自己感に相いれなかったのです。このエピソードをもとに、「ワシントン・ポスト」紙が「ミシシッピで一線を画す」〔当時、ミシシッピ州とルイジアナ州の間で州境をめぐる争いが起きていた〕というタイトルの風刺漫画を掲載しました。大統領はカーキ色のハンティング服にバンダナ、手にライフルを持ち、眼鏡とつば折れ帽といういでたちで、首輪をつけられておびえている愛らしい子熊に背を向けています。この漫画に描かれた子熊は、テディベアだけでなく、動物のぬいぐるみ業界全体にインスピレーションを与えました。

「スタッフィー」と呼ばれる動物のぬいぐるみは、20世紀の発明品です。歴史学者のスティーブン・ミンツいわく、それは「子ども時代についての新しい考え方と現代の消費者経済の出現」を反映していました。当時は家に個室がつくられるようになった頃で、幼児がひとりでも怖がらずに眠れるように、一緒に寝てくれる友達のようなぬいぐるみとして販売されました。子どもの恐れや不安を親が和らげるという考えがまだ極めて進歩的だった頃ですから、テディベアを買った親はインテリの仲間入りをしたように感じたことでしょう。大人の間でも、ルーズベルト大統領が示したような例外主義、つまり自分は人とは違うという、一種の砂場的自己感とも言える考え方が、広がりつつありました。

テディベアは独立した個人という工業化時代の視点を子どもに植えつけ、内部に揺るぎない心と個人主義を養うのに役立ちました。20世紀の大人として生きるための準備を子どもにさせたのです。ほとんどの大人が、テディベアは子ども時代の経験の本質的要素であり、大昔から存在するものであるかのように考えています。しかし実際には、特定の社会、文化、経済の枠組みにぴったりと合った、その時代に固有の移行対象にすぎません。

だとすれば、息子のスマホをどうとらえるべきでしょうか？　今の時代に生きる思春期の子どものための「くまちゃん」として、健全な思考習慣を息子に教え、つながりあう世界で必要なスキルを育ててくれるのでしょうか？　それは本人の考え方次第です。ガジェット自体が何よりも大事だと考えているなら、それは問題です。モデルチェンジやアクセサリばかりに気をとられ、最新機種を手に入れることしか考えていないとしたら、何かが違います。

この場合、デバイスはステータスシンボルであり、自らの劣等感を補うために使われています。そういう無分別な崇拝は、劣等感を強めるだけだと、教えなければなりません。アップル、サムスンなどの企業は、計画的に商品の陳腐化のサイクルをつくり出しました。いつまでも輝き続けるものも、いつまでも最高にクールなものも存在しません。ハイテク企業は常に半年ごとに憧れの新製品を消費者が手に入れられるようにし、広告は新製品が出るたびに消費者がそれを欲しがるように促します。そして販売店は私たちのスマホに対する深い愛着につけ込み、心理的依存を利用して利益を得ようとするのです。

私たちはまさに、デジタルデバイスに依存しています。しかし、道具に愛着を持つのは必ずしも悪いことではありません。人生は常にその時代の道具とともにあり、デジタルツールは個人的な経験と共通の経験をつなぐ架け橋のように機能します。周囲の世界と良い関係を築く手助けをし、自分の内と外の現実のずれによるストレスを和らげてくれます。しかし、それはピカピカのアルミフレームや特殊ガラス、超高画素カメラのおかげではありません。スマホのスペックが高いほど友達と仲良くなれるとか、魅力的な人たちの仲間になれると息子が考えているとすれば、それは間違っています。社会的地位と社会的スキルは別であることを理解していないことになります。

息子がそう勘違いしているなら、それは僕の責任です。物欲の対象と、自分が大人へ移行するための手助けをしてくれる道具とを子どもが混同しないようにすることこそが、親としての僕の役目なのです。

デジタルアゴラでの青年期

フェイスブック（Facebook）、インスタグラム（Instagram）、スナップチャット（Snapchat）、ツイッターについて考えてみましょう。いずれもスマホのアプリからアクセスでき、思春期の子どもたちがアイデンティティの物語づくりを試行する場となっています。彼らは自分の内部の経験が外部のコンテクストにどのように解釈されるかを実験しているのです。一方、大人はSNSの表面的な部分だけを見て心配し、ナルシストの人気投票にすぎないと切り捨てます。しかし、「自分を見つける」という難しいプロセスの中にある子どもが必要としているのは、まさしくこのような場なのです。

ティーンエイジャーがどのように思春期に移行していくか、その典型例を考えてみましょう。子どもは自律した個人として自分を表現しようとしますが、なかなか親離れできません。独立したアゴラを持つ自分になろうとするこの時期に、つながりあう市場で見せる仮面、大衆の中で演じる仮面、社会や文化にマッチしそうな仮面を実験します。

親と過ごした家の外に広がる世界に足を踏み入れるには、自分を大きく変え、ひとり立ちし、それまでの生き方と決別する必要があります。G・スタンレー・ホールも、このテーマに関する著書で青年期を「新たな誕生」と呼び、「疾風怒濤《しっぷうどとう》によって古い拠り所が破壊され、より強い拠り所に置き換えられた時代」と表現しました。子どもが初めて自分を意識し、初めて文明に触れ、慣れ親んだ自然と習慣を離れていく。ホールは青年期の入口である思春期を、このようにイメージしました。

しかし実際の思春期の子どもたちは、そんな美辞麗句で描写できるものではありません。現代のティーンエイジャーは反抗的で、時に自己破壊的にもなります。自分の親も含め、あらゆる「子どもじみたもの」から距離を置こうとします。とはいえ、すべてを捨て去ることは不可能で、結局は幼少期の家庭での経験が彼らのアイデンティティの土台となります。私たちの「実行機能」は、自分の面倒を見てくれる人の習慣や日常的動作を真似することで発達します。自己感は家族の文化的な価値観に深く根差しています。子どもたちにとって親や自分たちの暮らしの中にいる大人は、自分の世界の絶対的な存在ですが、成長とともに、大人にも欠陥があることに気づき始めます。両親は完全ではなく、おばあちゃんとおじいちゃんの見方は時代遅れで、先生も不安や悪意を見せることを知ります。

思春期と青年期の子どもは自分だけが正しいと思い込みがちで、大人のミスや矛盾に気づくと憤激します。自分の正しさを主張するために、大人の間違いを指摘します。自分のことをよく知っている子どもに間違いを指摘されるのは、親にとっては気持ちのよいものではありません。目の前の失敗を指摘されて嬉しい人はいないでしょう。ですが、子どもはそれ以上に大変な思いをしています。欠陥のあるロールモデルが上から押しつけてきた期待を一方で無視し、他方で受け入れながら、独自の自己感を築く必要性に迫られているのです。

幸い、児童心理学者のアラン・シュガーマンは、スマホがその助けになっていると指摘しています。スマホを使うことで、子どもは不完全な親から切り離された仮想空間で、「素朴なまでに理想的な価値観」にアクセスできます。つまりSNSは、10代限定の砂場と夕食の場を足したような場所なのです。正しく使えば、子どもは独自の社会的慣習や行儀、作法が求められる私的なアゴラで、共に生きていくためのリハーサルを行い、大人として生きる練習をすることができます。

もちろん、適切な指導をせずに子どもにSNSをやらせると、あっという間に深刻な問題が生じかねません。

ネットいじめは頻繁に話題になっていますし、ネット上では大人でさえ自分を良く見せようとして見せかけだけの振る舞いに走りがちです。「2×4インチのスクリーンに収まりきらないほど、自分を大きく見せていた」と、「ニューヨーク・タイムズ」紙の人気コラム「モダン・ラブ」に寄稿したクララ・ダラーは、述べています。「自分が実際にどう見られているか、十分に意識していなかった」。オンライン上でつくり上げた自己、つまりネット上の自分というブランドと、実際のリアルな自分の間を行き来することの難しさを、彼女は指摘しています。「自分でつくり出し、注意深く築き上げていった自己像は、最初はソーシャルメディア内での仮面だった。ところがやがて（おそらくはつじつま合わせのために）、それはスクリーンを飛び出し、現実世界の私の人格を乗っ取ってしまった」。当時ニューヨーク大学の学生だったダラーは、まだ青年期の苦悩の中にいました。僕の12歳の息子と同じように、双頭のドラゴンに悩まされていたようです。

彼女が味わったような苦悩を、親はどうすれば子どもに伝えられるでしょう？　オフラインとオンラインの境界があいまいな世界で安定した自己感を確立しようとする子どもを、どうサポートできるでしょうか？　ひとつの答えは、早くから「ジョイントメディアエンゲージメント」を始め、継続することです。親はデジタルな遊びを家族の経験に早いうちに取り入れ、子どもの成長に合わせてSNSも活用していくべきです。大人はテディベア、就寝前の読み聞かせ、家族一緒の夕食と同じように、デジタルな儀式を家庭生活の一部と考える必要があります。

ビデオゲーム、インスタントメッセージ、チャット、写真のタイムラインを通して、子どもを新しい社会的アゴラに備えさせることができるのです。

アバターという自分

つながりあう世界に必要な健全な自己感を育むために、語り聞かせの魔力がカタルシスを生み出すというブルーノ・ベッテルハイムの理論（4章）を思い出してみてください。まずはこの考え方をビデオゲームに当てはめ、次にその理解をSNSに広げてみましょう。

デジタルな世界での経験には、ゲーマーが「アバター」と呼ぶものがあります。ゲームのアバターは、おとぎ話の主人公のようなものですが、違いもあります（『ジャックと豆の木』のジャックと任天堂の『ゼルダの伝説』シリーズのリンクを比べてみてください）。おとぎ話のヒーローにはなりきろうとすることしかできませんが、ゲームのアバターはコントロールすること、つまり動作とアクションを支配することができます。

「アバター」という言葉の起源は「形となって現れる」という意味のヒンディー語で、物事がある形で現れる、または生じるというニュアンスがあります。その語源はサンスクリット語の「アバターラ（*avatara*）」にあり、「転身する」「降下する」といった意味を持ちます。ヒンドゥー教ではアバターは神の化身であり、ブッダはビシュヌ神のアバターのひとつ、つまりビシュヌ神が物質世界（この世）に現れる際に使う身体のひとつとされています。ブッダの存在により、ビシュヌ神は天から降りてくることができます。たとえば、『マリオカート』のようなゲームでは、プレイヤーはドンキーコング、ヨッシー、ルイージ、ピーチ姫などから自分の好きなアバターを選択します。ボードゲームのコマと同じく、デジタルアバターは私たちが没入型のゲームの世界に降下したり、転身したりするために用いる分身で、ゲーム空間でコントロールできる自分自身なのです。

アバターの存在により、ゲームで遊ぶときは複数の「私」がいることになります。コントローラを握る「私」

と、ゲーム空間を行き来するバーチャルな「私」です。コントローラを握る「私」は、アバターを自分とは違う存在として認識しています。容易にゲームの世界から飛び出して現実世界に戻り、おやつを食べたり、父親に話しかけたり、食卓に素早くやって来ることができます。

このプレイヤーとアバターの分離を現実世界での経験に当てはめてみましょう。子どもはある時点で、自分自身と、自分の経験を客観的に振り返る「私」は別物だというイメージを持てるようになります。身体と心、つまり現実世界にいる自分のアバターと頭の中にいるプレイヤーとしての自分を区別するわけです。

1936年頃、フランスの精神分析学者ジャック・ラカンが「鏡像段階」という概念を提唱しました。幼児期の子どもが鏡に映る自分の像を見て自分だと認識するステージです。当たり前のことに思えますが、鏡に映る自分を見た子どもは、経験を通して認識していた自分と外から見た自分の相違に気づきます。想像していた自分とは違うと、誰もが感じます。ウィニコットと同様、ラカンは自分の内と外の経験のずれを論じています。自分の中には概念としての自己と、他者に向けて投影される（そして他人によって経験される）自己の両方が存在する。ひとたびそれに気づくと、人生はそれまでとまったく違うものになるとラカンは言います。その子どもは主体と客体の両方として自分を認識するようになります。主体は、自分が「私」ととらえる自分であり、客体は他者から見た自分のイメージです。この主体と客体の違いに気づくと、現実世界の自分のアバターをどうコントロールするか、意図的に判断するようになり、世界に向けて見せる自己像を描くことを覚えます。SNSのプロフィールのようなものを現実世界でつくるわけです。

ただし、ラカンの理論を文字どおりに解釈すべきではありません。鏡像段階とは、普遍的な心理現象を象徴的に表現したものです。鏡に映る自分の像を見なかったとしても、この自己認識能力はいずれ生まれ、人間としての意識の基礎となります。私たちはこの段階を生後12～36カ月の幼児期に経験し、それ以降はアバター操縦の練習に費やします。子ども時代のあらゆる習慣と儀式には、この練習が含まれています。シナゴーグの礼拝も、砂場遊びも、テーブルにひじをつかないように気をつけながら食べる夕食も、すべてが練習の機会です。そのたびに、現実世界というゲームの中でどう行動するべきか、自分の行動に対して周囲がどう反応するか、状況に応じて選択をどう修正すべきかを学びます。「実行機能」と「自己制御」は、意識というゲームコントローラを操作して、身体というアバターを操縦するために必須のスキルだと考えることもできます。基本操作を早めに覚えておかなければ、ボスレベルの敵にはとても太刀打ちできないでしょう。

思春期は、ゲームで難易度が急に上がるステージにたとえることができます。ここで難易度が上がるのは、障害や敵のせいで難しくなるからではありません。ゲームのやり方をマスターしたと思ったら、アバターがまるっきり変わってしまってゲームが難しくなるからです。青年期を迎えた子どもは生理的カオスを経験します。思春期の身体は、急にコントローラの操作に逆らうようになったゲームのコマのようなものです。アバターは予測不能な形で姿を変え、それまで気にも留めなかったパワーアップアイテムに急に向かうようになります。

こうした変化に対処するために、子どもは練習の場となる移行スペースを必要としています。誰もが遊べる単純なゲームのリアル版、つまり失敗を気にせずに楽しく実験できる機会、秘密の技や特別な力を試せる〝砂場〟を必要としているのです。ショッピングモールのフードコートでの集まりやセブン‐イレブンの駐車場の隅でのお菓子パーティーのような20世紀の青年期特有の遊び場は、すべて特定の時代の道具と結びついた移行スペースでした。産業社会が刷新されて進化するたびに、青年期もそれに合わせて姿を変えてきました。今の子どもたちは当然、現代のテクノロジーと結びついた移行スペースを必要としています。私たち大人がどう思おうと、ティーンエイジャーはスマホとSNSを移行スペースとして利用しています。それを間違った選択ではないかと心配するのは無駄なことです。そうした仮想空間の使用をやめて、もっと健全で親しみやすいと大人が感じる時代遅れの移行スペースを選ぶことなど、結局は不可能なのです。親のやり方に逆らって古い慣習を拒否することも、大切な思春期のプロセスの一部です。

SNS研究者のダナ・ボイドも「子どもたちは、できることなら直接会ったほうがはるかに好ましいと考えている。しかし、慌ただしい日常生活、移動手段の欠如、そして親の心配によって、対面でのやりとりはますます不可能になっている」と指摘しています。私たちは未来にあらがうのをやめて、子どもたちが本当に必要としているのは、こうした経験の中で自分のアバターを操縦する最善の方法を考え出すための支援なのだと、気づくべきです。それを優しく、建設的かつ安全に手助けするための方法が、「ジョイントメディアエンゲージメント」なのです。

お子さんが小さいときに一緒にビデオゲームで遊んでいたなら、すでに半分達成したも同然です。夕食時にゲームの話をするたびに、頭を使って考える習慣が強化されます。そういう子どもは、アバターの経験を客観的に振り返る準備が早くからできているのです。そして、それ以上に大事なのは、親子で一緒にゲームをすることで、仮想の自己を操る親の姿を通して、成熟した大人のイメージを子どもに与えられることです。

これができたら、今度はSNSでも同じことをしてみましょう。

つながりあう自己感

息子たちは新しい友達ができるとすぐ、新しいSNSアプリをダウンロードしてもいいかと聞いてきます。僕はいつも少し迷います。単に他人とつながりたい、仲間と親しくなりたいと思っているだけだと理解しつつ、ステータスを高めたいという子どもたちの意図も透けて見えるからです。最近のSNSアプリは、カフェで魅力的な人たちが集まるテーブルのようなもので、誰もがその輪に入りたがります。

親向けの講演を行うと、必ず特定のアプリについての質問が出ます。

「スナップチャットは安全でしょうか？　インスタグラムはどうでしょう？」

親はネット空間にどんな危険が潜んでいるのか心配で、それを確かめようとしているのでしょう。禁止と許可の間で完璧なバランスをとろうとしています。かつて子どもだった大人たちは、仲間に認められるにはまずやってみる必要があることや、過保護な親の子どもはのけ者になることを知っています。しかし、バランスをとるのは簡単ではありません。その上、見慣れない景色を前に、親はどこで線引きするべきかわからなくなっています。そして結局、どのアプリのダウンロードを許可し、どのアプリを禁止するかという問題としてとらえようとするのですが、この考え方は間違っています。

どのアプリも、安全性の面では大した違いはありません。真の問題は、アプリの選択でも、そのアプリを使ってできることでもなく、人気集め、ゴシップ、派閥、オタク、奇人が渦巻くティーンエイジャーの世界に子どもが足を踏み入れようとしていることです。ストレスや激しい感情の揺れ動きに対処する準備はできているでしょうか？　親に求められるのは、感情を大きく揺さぶる社会的なアゴラでアバターを操縦するために必要な自信としっかりした倫理観を、子どもに持たせることです。その上で、他者との関わり合い方をリアルタイムでチェックする必要があります。子どもたちが自分の過ちから学びつつ、傷心、失恋、絶交などの避けられない不幸にも耐えられるように、手助けする必要があります。SNSに不慣れな大人も、実は同じような移行を子どもも時代に経験しています。時代のテクノロジーに合わせて移行スペースが変わっても、本当に心配すべき点はわかっているはずです。

残念ながら、子どもがSNSを始めると、親は必ずと言っていいほど反射的に警戒します。そして参加の機会や、一定のアプリへのアクセスを制限しようとします。それでは絶対にうまくいきません。思春期の子どもは親の警告を無視して、興味を持ったアプリになんとしてもログインしようとします。年齢制限を設けているアプリもありますが、子どもはすぐに抜け道を見つけます。僕の12歳の息子は、ネット上のプロフィールによると、1983年生まれです。僕がR指定の映画を上映する映画館に忍び込み、お泊まり会は保護者付きかと母親に聞かれたときに事実をねじ曲げたように、子どもは常にルールを乗り越える方法を見つけ出します。

結局、ほとんどの大人は降参し、SNSはつながりあう世界で成長していくために不可欠なものだと認めることになります。しかし、このとき、さらに大きな間違いを犯しています。子どもにネット上の世界をひとりでさまよわせてしまうのです。大人たちは、SNSのアゴラは子どもが親の目や制約から解放されて自由に歩き回れる場所だと考えています。子どものデジタルライフを、鍵のかかった日記や下駄箱のラブレターのように扱うのは、子どものプライバシーを守るため、子どものためを思ってのことでしょう。しかしそれでは、プライバシーより大きな問題を見過ごすことになります。性ホルモンの分泌が始まった思春期の子どもに、性教育をしないで異性とデートさせることはしないはずです。それなのに、多くの親が、アバターの動きをしっかり理解させないまま、子どもに社会的なアゴラを冒険させてしまうのはなぜでしょう?

大人がわが子のオンライン生活への関与を放棄してしまうのは、デバイスが非常に個人的なものに見えるからかもしれません。子どもはスマホを握りしめ、使い終わるとポケットにしまいます。寝るときは枕の下にもぐり込ませるか、ベッドの脇のテーブルで充電します。就寝中でさえ身近に置かれ、まるで身体の一部であるかのようです。思春期、青年期から大人へ移行する子どもには、親との物理的な距離、プライバシーが必要であることを、大人たちは正しく認識しているのです。そこで、親は子どもに一定のスペースを与えようとします。しかしデジタルデバイスに関しては、その考え方は間違っています。デバイスは子どもの身体の一部ではありません。SNSは私的な空間ではなく、24時間誰でも参加できるパーティーのようなものです。ですから親は、子どもがデジタルな空間で何をしているか、常にチェックするべきなのです。さらに望ましいのは、自分も参加することです。

今すぐ、お子さんと一緒にSNSを使ってみましょう。お子さんがまだ小さくてもアカウントを持たせてください。使いたいと言ってくるのを待っていてはいけません。子どもに準備をさせることが親の役目です。親は子どもをデジタルな社交場に、早い時期から明確な意図を持って連れ出す必要があります。本、映画、そしてビデオゲームについては直感的にそうしているはずです。子どもがまだ幼い頃、僕は*Mr. Pine's Purple House*(パインさんのむらさきのおうち)を読み聞かせました。少し大きくなると『スター・ウォーズ』を見せ、コントローラを操作できるようになると『Newスーパーマリオブラザーズ』で一緒に遊びました。自分のお気に入りを子どもとシェアし、積極的に子どもの人格形成を促そうとしました。美的感覚を養うために、さまざまなツールで表現される価値観や好みに触れさせようとしたのです。

多くの親が、わが子に一定の経験をさせ、それに応じた作法や行儀を教えようとします。たとえば僕のふたりの兄は大のアメリカンフットボール好きで、自分の子どもにフィラデルフィア・イーグルスの緑のユニフォームを着せていました。日曜の午後は一緒に試合を観て、子どもたちは「E–A–G–L–E–S」とスペルを覚える前から叫んでいました。彼らはどのチームを応援すべきかを覚え、アメフトファンには欠かせないすべての儀式と儀礼を学んだのです。僕はアメフトの儀式の「手続きレトリック」を経験しておらず、おいっ子とめいっ子のスーパーボウルの話を理解できません。息子たちにもアメフトファンとしてのアバターの動かし方を教えたことはないので、ふたりはその状況だと不利ですが、問題はありません。アメフト観戦の作法は、生産的かつ倫理的で充実した生活を送るために必須のものではないからです。

一方、SNSはつながりあう世界では極めて重要なものと言えます。ですから、すべての大人が子どもにSNSの作法に慣れさせる必要があります。子どもがデジタルアゴラに入るときに不利にならないようにしてください。あなたの価値観に合うネット上での振る舞いを子どもに示しましょう。できるだけ早く、お子さんがまだ小さくて親と関わり合うことを楽しんでいるうちに始めてください。成熟した作法を身につけられるような安全なコミュニティに子どもを参加させましょう。やってみると意外と簡単です。親戚にも参加してもらいましょう。おじ、おば、いとこ、祖父母は最高のオンライン仲間になってくれます。休日の写真を投稿してタグ付けし合ってみましょう。

お子さんの友達の親に声をかけてみるのもいいでしょう。思春期に入って大人が締め出される前に、みんなをつなげてしまうのです。たとえばスポーツチームや教会のグループは、こうしたつながりをつくりやすいはずです。誰もが週末の出来事の動画やストーリーをシェアでき、互いの投稿に対する親のコメントを子どもは目にします。子どもの心の中で、それが成熟したSNSの使い方の手本になります。ネット上の争いへの正しい対処法も知ることになるでしょう。やがて大人たちがログオフするときが来ても、子どもには自分たちで解決する準備ができているはずです。

SNSもほかの子どもの遊び場と同じで、特別に心配すべき理由はありません。ただしその前提として、子どもは準備万端だと、あなたが感じている必要があります。ですから、子どもに備えさせるには、その手を取ってその場所へ導いてあげるしかないのです。道路の横断の仕方を子どもに教えるときは、何度も一緒に渡ってからひとりで渡らせるはずです。「安全に注意して、左右を見ること。じゃあ、ひとりでやってみよう！」とだけ言って、いきなり渡らせることはありません。ところが、インターネット生活となると、親はそうしてしまっています。子どもを導こうとせず、指示を与えずに、アクセスを制限しようとするだけです。

車社会の発展に合わせて子育て方法を変えることを、親が求められた時代がありました。当時の親は新しい戦略を考え出しましたが、それに貢献したのがベンジャミン・スポック博士でした。スポック博士の著書『スポック博士の育児書』（高津忠夫監修、暮しの手帖社）は5000万部を超える20世紀のベストセラーとなり、聖書の次に売れた本とされています。その本の冒頭にはこう書かれています。「自分の直感を信じなさい。あなたは自分で思っている以上に、子どものことをよくわかっています」。スポック博士は、子育てにはあらゆるノイズを超越する答えがあると訴えていました。「どこを向いても、こうしなさいと命じる専門家ばかり」と書いた博士は、伝統がすたれつつあった20世紀半ば、多くの親が感じていたプレッシャーに気づいていました。おばあちゃんの教えは迷信か民間療法にすぎず、もはや当てにできないと聞き、親は困惑します。テレビという暖炉によってファミリールームに送り込まれた大勢の「専門家」が、新しい子育ての助言者となって普遍的で科学的なアドバイスを投げかけました。親はそんな声を威圧的に感じたことでしょう。

スポック博士はそうした親の不安を和らげようとして、「自分の直感を信じていれば、子育ては難しくない」というメッセージで大人を勇気づけました。ただ、専門家の言うことに耳を傾ける必要はないと言うスポック博士自身が専門家だという矛盾がありました。結局、母親の直感が一番だという博士の主張の土台にあったのは、歴史学者のポーラ・ファスが「新しい自信」と呼んだ母親の「統計に基づく」自信でした。スポック博士は個人の力を訴えましたが、実は標準化され、商業化された親の自己感を暗に肯定していたにすぎません。当時の母親は、子どものことは自分が一番よくわかっていると感じていたはずですが、それは必ずしも博士の言う「直感」のおかげではなく、大勢の専門家に囲まれていたからでした。

私たちは「良き親のイメージ」にとらわれています。自分の家族にとって最適な子育てを知るのに博士号など必要ない、というスポック博士の言葉は正論ですが、それはメディアが一日中、模範解答を示していたからです。コメディドラマでは家族そろった完璧な夕食、CMでは息子とキャッチボールする父親、雑誌の広告はブランコに乗った幼児の背中を押す母親、デパートのディスプレイでは着飾ってベビーカーを押す夫婦、おもちゃの包装箱では幸せそうに一緒に遊ぶ兄弟、そして街中の広告では海辺でのバケーション中に波打ち際を走る家族、といった具合に、理想的な家族モデルが示されていました。

僕が子どもの頃、父はG・スタンレー・ホールをはじめとする学者や研究者について何も知りませんでした。それでも、僕が所属していたリトルリーグの野球チームの監督を務めるのは親として好ましいことだとわかっていました。父はいくつかの親の理想像のなかから、どの親でいくかを選択したのです。当時、アメリカのメディアは典型的な親子のイメージを世帯タイプ別にまとめていました。地方の家庭なら釣り旅行、労働者世帯なら親子で車いじり、そして都市部のエリート世帯ならカーキのパンツにポロシャツを着た親がリトルリーグを指導するのが理想でした。僕の両親は子どもが大学を出て上位中流階級に入ることを望み、日曜日はエリート家族がしそうなことをして過ごしました。いわば、特定の自己感に従っていたわけです。たとえば美術館で〝文化〟について学び、野球場で〝勝つためのチームワーク〟を学びました。

野球は父との結びつきを感じるための手段のひとつでした。父は僕を野球場へ連れて行き、打ち方や投げ方の練習に付き合ってくれたものです。母は試合スケジュールを冷蔵庫にマグネットで貼っていました。家族の会話では野球用語をよく使っていました。挑戦に成功すれば「ホームラン」、失敗すれば「三振」といった具合です。当時の家庭では、スポーツが日常生活に溶け込んでいました。それが自然に感じられたのは、家庭生活を競技場と結びつけるポップカルチャーのイメージがあふれていたからです。メディアは子どもをミニバンに乗せて競技場に通わせる「サッカーママ」を報じ、テレビや映画では子どもの成功をわがことのように喜ぶスポーツ好きの父親が登場しました。どこを見渡しても、20世紀の完璧な家族の理想像が示されていたのです。

ところが、21世紀の親は、電子メディアとデジタルデバイスに満ちた世界で、親の理想像をイメージできずにいます。ゲーマーの親は子どもと同じようにクッパやドクター・エッグマンを倒せばいいのでしょうか？　それともコーチになるべきでしょうか？　父が野球場でやっていたように、ゲームを通して学べる人生の教訓を伝えればいいのでしょうか？　母親は子どもの最高の親友として一緒にSNSを楽しめばいいのでしょうか？　それとも指導者や保護者となるべきなのでしょうか？　子どものインスタグラムの投稿に「いいね」をしていいのか、それとも黙って見守るべきなのでしょうか？　正しい答えは誰にもわかりませんが、私たちは、時代遅れの家族の理想像にとらわれています。もはや通用しない方法で家族の価値を維持するように求められているのです。

しかし目指すべきは、新しいテクノロジーを古い枠組みに押し込めることではありません。子どもたちが新しいツールを使った世界で生きていけるように、家族像を再構築することです。

まとめ

安心感を与えてくれる新しい毛布を取り上げないで

デジタルメディア依存症について各所で取りざたされていますが、これは基本的に道徳的観点による議論であり、科学的な根拠はほとんど示されていません。たとえば、SNSが脳のドーパミン報酬系を利用しているという話を聞いたことがあるかもしれません。これは「説得的テクノロジー」と呼ばれるもので、

20世紀の心理学者B・F・スキナーによる行動的条件付けの研究から着想を得ています。

アプリ開発者やゲームデザイナーは、製品の魅力を高め、ユーザーに繰り返し使ってもらうためにはなんでもします。神経科学の観点で言うと、ユーザーが何度もゲームに戻って来るのは、少量の「ドーパミンヒット」を何度もランダムに受けているからです。犬はビーフジャーキーを飼い主にもらえることを期待して、おすわりやお手をします。それと同じように、SNSアプリのユーザーはドーパミン報酬をランダムに与えるプログラムのせいで、アプリを繰り返し見に来てしまうのです。

ドーパミンは喜び、欲望、意欲、興奮などの感覚に関連する化学的な神経伝達物質です。セックス、ドラッグ、ロックンロールを快感に結びつけるのは、この物質です。ただし、誘惑だけに関係する物質というわけではありません。ドーパミンは実行機能、自己制御を伴う注意力、運動、向上心にも関与しています。ある研究結果によれば、子どもが良い成績を収めよう、または競技で良い結果を出そうとするのは、それと関連するドーパミンの放出を求めるためです。子どもが好ましいと思われる行動に「中毒」になっていると不平を言う親はいないはずです。

スクリーンメディアについて使われる「依存症」という言葉は不健康な化学物質への依存を意味するものではなく、道徳的な表現にすぎません。実際には、子どもはデバイス中毒になっているわけではなく、「移行対象」として、許された時間内で使っているだけです。移行対象には個人の重要な精神的発達を促進する効果があります。デジタルデバイスはテディベアや「安全毛布」(抱きしめるたびにドーパミン放出を促すツール)と同じように、思春期の子どもたちが自分の内と外の現実のギャップを埋める役割を担います。スマホによって、私的な自己意識と表向きの自己意識の間の緊張に対処できるのです。

親の役目は、子どもの「個性化」のプロセスを手助けすることです。子どもたちのデバイスについて表現するとき、たばこやアルコール、ドラッグの乱用を表現するのと同じ言葉を使ってしまうと、子どもたちにダメージを与えることになります。未来のつながりあう世界への移行を手助けするどころか、不要な不安の種をまくことになるのです。子どもたちは外部世界の期待に従う意味について、矛盾したメッセージを受け取ることになり、炉端とアゴラの整合性が崩れてしまいます。そして、このふたつの領域の緊張を緩和しようとして、神経的な苦しみを味わうのです。

子どものデバイスについて話すときは注意しましょう。つながりあう世界では、個人の自己感はネット上のアバターとの関係に引きずられることを忘れないでください。

子どもがつながりあう世界のマナーを身につける手助けをしよう

子どもが自分のデジタルデバイスを持つようになったら、親はデバイスの使用に適した時間と場所を教える必要があります。現実世界のルールとマナーに子どもを慣れさせるため、大人がどれほど努力しているか考えてみてください。「ありがとう」という言葉が自然に出るまで何度も教え、小さな子どもには「なんて言うんだっけ?」「ほら、あの言葉は?」とささやいてサポートするはずです。しかしデバイスについては、残念ながらそれができていません。

デバイスの不適切な使用を目にすると、親はわが子の振る舞いを正すのではなく、小言を言うだけになりがちです。それは、ことデジタルデバイスを前にすると、大人は無力であるように感じるからです。しかし、子どもがいつデバイスの使用をやめればいいかわからないのは親の責任であり、つながりあう世界の作法をちゃんと教えなかったからです。

今からでも遅くありません。つながりあう世界のマナーを教え、まずはあなたが適切と思う範囲を決め、線引きをしましょう。わが家では、夕食のテーブルや外食の席ではデバイス使用禁止です。映画を一緒に鑑賞している間と朝の登校前の時間も、スマホの電源を切るように命じています。そして就寝前の少なくとも1時間は読書のみ、スクリーンなしの時間です。

もちろん、明確なルールを設けても、子どもが常に守ってくれるわけではありません。正直なところ苦労は尽きませんが、それでいいのです。「ありがとう」を言い忘れることがあるのと同じです。父親としての僕の役目は、行儀が完璧な子どもをしたて上げることではなく、行儀の良い大人に育てることです。

残念ながら、子育てに口やかましさはつきものです。しつけに厳しい親になるのは楽しいことではありませんが、粘り強く続ける必要があります。いずれ、しつこい親の小言が子どもの中で良心の声となるのです。

ネット上で子どもを導こう

デジタルなツールは、個人的な経験と共通の経験をつなぐ架け橋のように機能します。通信テクノロジーとしての主な目的は、私たちを取り巻く社会・文化的世界との現実の関係を管理しやすくすることです。思春期の子どもにとっては、空想と現実とのずれによるストレスを緩和する効果もあります。

ティーンエイジャーがスマホに張りついているのは、SNSは彼らにとっての移行スペースだからです。それは新しい青年期のアバターの操作を練習できる場所であり、つながりあう世界への準備をするために最高の場所です。ポップカルチャーも、その時代の道具を通して伝えられます。残念なことに、大人たちはティーンエイジャーの古いイメージにこだわり、新しい子ども時代の移行スペースに抵抗します。そこが問題なのです。子どもたちが本当に必要としているのは、親が未来に抗うのをやめて、子どもが自分のアバターの動かし方を理解するのを優しく、建設的かつ安全に手助けすることです。

お子さんが小さいときにビデオゲームで一緒に遊んだことがあるなら、すでにその経験が子どもに大きく役立っています。オフラインとオンラインの融合した世界で、安定した自己感を育む手助けをしていたことになるからです。夕食時にゲームの話をするたびに、頭を使って考える習慣が強化されます。そういう子どもはアバターの経験を客観的に振り返る準備が最初からできているのです。そして、それ以上に大事なのは、一緒にゲームをし、仮想の自己を操る親の姿を通して、成熟した大人のイメージを子どもに伝えられることです。

一緒にビデオゲームをしたことがなくても、問題ありません。ただし、子どもにはお手本が必要であることを忘れないでください。デジタルデバイスを持たせて放っておくのではなく、親子で一緒にSNSを使いましょう。ネット上であなたの価値観に合った行動をとるように、心がけてください。自らお手本となり、つながりあう世界に大人として関わることの意味を示しましょう。

Part 3

学校

SCHOOL

7

新しい学校のチャイム

学校に通い始めたその日から、子どもは身のまわりの道具やテクノロジーに対応した考え方をするように知らず知らずのうちに訓練されます。たとえば、僕の息子は小学校1、2年生のときに時間について学びました。短針、長針、秒針のある時計の読み方を習い、練習帳の空欄を埋めます。

4時15分前、8時30分、9時7分。

時計を読む能力は一種の技術リテラシーであり、僕も子どもの頃に同じように習いました。スマホがまだなかった時代、ベッドの脇に置かれていたプラスチック製のラジオ付きアナログ時計のイラストとデジタル数字が記されたプリントを、先生が授業で配ります。僕たちはある種類の時計から別の種類の時計へ時間を置き換えることを求められ、短針を9、長針を7の位置に描いて丸いアナログ時計の絵を完成させました。

当時、デジタル時計はまだ目新しい製品でした。時計の発明家は19世紀の終わりから「ジャンプアワー」機能［時分の「時」を表す小窓の数字を1時間ごとに進める機能］を実験していましたが、デジタル時計の技術が普及し始めたのは1972年にハミルトン社がデジタル腕時計「パルサー」を発売してからです。滑らかに磨き上げられた金属製のケースと赤いLEDの数字は、近未来の宇宙を連想させました。しかし進歩には、常にテクノロジー恐怖症が伴います。現代の大人がスマホやビデオゲームを心配するように、当時の親や教師はデジタル時計に不安を覚えました。古い道具の優位性を熱く訴え、子どもがアナログ時計を読めなくなったらどうするのかと騒ぎ立てました。

ワークシートで何度も練習したにもかかわらず、ふたりはいまだに12の位置から5分ずつ数えて長針を読み解いています。息子たちの現状を知ったら、僕の母はうろたえるかもしれません。それでも同じ年齢の頃の僕に比べると、高度な時間感覚を持っています。ふたりともスマホとラップトップで複数のタイムゾーンをチェックしているのです。遠く離れた場所の時刻が重要なのは、出張中の僕とビデオチャットをするためだとしたら嬉しいのですが、そうではありません。グローバルな砂場で外国の友達と遊ぶために、彼らがいつ起きていて、いつ寝ているかを知っておく必要があるのです。ボスニアの子が『マインクラフト』にログインするのはいつか？　ギリシャの子にスカイプ電話をかけていいのはいつか？　イギリスの仲間がチャットアプリ「ディスコード」に接続するのは何時か？　僕が彼らの年齢の頃はタイムゾーンの概念をほとんど理解していませんでしたが、21世紀の子どもたちは時間について私たち大人とは違う見方をしています。

物理学者や哲学者なら知っているように、時間の流れについて絶対的に正しい考え方はありません。それはテクノロジーとともに変わるのです。大人はそれぞれの時代に必要な時間的慣習を子どもに教えます。子どもは、その時代の時間計測ツールを扱うのに必要な知識やスキルを学ぶだけではありません。自分の行動のペース配分、人生のステージに対する見方、成功と失敗の自己評価の仕方も学ぶのです。このような学習のほとんどは学校で行われます。子どもは課題を終えるのにどれだけ時間がかかったか意識するように教えられ、時間を上手に管理できれば称賛され、試験時間もストップウォッチで計ります。教室で行われるこうした活動はすべて、特定の時間概念を強化しているのです。時計との日常的な関わりによって、生徒の経験はその時代の経済モデルにつなぎ留められます。

学生時代を思い出してみてください。チャイム、出席簿、遅刻届によって、私たちは職場の基準に添った時間感覚を身につけました。職場のタイムカードに象徴されるように、労働は時間で評価されるべきものだと教えられ、締め切りを守ることや時間厳守を叩き込まれ、学習の進捗は学期単位で管理されました。時間、分、秒についての私たちの考え方は、その時代の経済、政治、歴史にひもづけられています。そして、教室の壁の時計は学校生活全体に影響を及ぼし、現代の学習理論、子どもの発達の基準、アイデンティティの定義を形づくっているのです。

ところが、つながりあう世界で子どもたちが生きていくための準備について考えるとき、時計がどのように変化してきたかについて語る人はまずいません。自分が正しいと信じる時間管理の方法が、過去数世紀に起きた一連の技術的進歩の結果であることに気づいていません。それは残念なことです。というのも、時間に対する考え方の変遷をひとたび理解すれば、教室をどう変えていくべきかという問題にずっと取り組みやすくなるからです。

修道院型の教育

人間は数千年にわたり時間を計り、そのための装置をつくってきました。日時計、砂時計、水時計は、いずれも大昔に考えられた時間計測技術で、時間の経過、時の「流れ」を表示します。しかし、時間を同期させることはできません。人間が一日の時間を調整するようになったのは、19世紀に入ってからです。機械式時計の誕生によって初めて、そうした考えが生まれました。機械式時計を可能にしたのは、そのずっと前に考案されたエスケープメント［脱進機］という機構です。これはギアを少しずつ押していくという単純な仕組みによって実現されました。古時計の振り子を想像してみてください。振り子が大きく揺れるたびに、歯車がひと山ずつ動きます。歯と歯の間の間隔とギアの長さによって決まるエスケープメントにより、時計の針は一定の時間間隔で動き、それによって時刻を表示します。

初期のエスケープメントは13世紀頃にヨーロッパの修道院で生活する修道士の手でつくられました。世間から離れ、高くそびえる石壁の中で暮らす敬虔《けいけん》な修道士たちは、厳格な祈りと儀式のスケジュールに沿って生きていました。世界初の機械式時計は、その厳しい宗教生活のためにつくられました。当時、規律正しくあることは信仰心の表れとみなされ、時計はそれまで以上に高い規律を実現するものでした。

ただし、中世の修道院の時計は、私たちが知る時計とは見た目がまったく違い、分針もありませんでした。当時の修道僧が知りたかったのは一日7回の「時課」を行う時間だけでした。これは教皇庁が定めた祈祷の日課で、労働と就寝の時間に対して、いつどれだけの間、祈りを捧げるべきかを定めたものです。修道院長も副院長も一般僧も、皆がこの日課に従い、気持ちを切り替えるべきときを伝えるために、鐘やチャイムを使っていました。これが現代の学校で生徒に授業開始、昼食、休み時間、終業の時間を知らせているチャイムの起源です。現代の学校教育はよく「工場型」と言われますが、実は「修道院型」なのです。

今日、ベルやチャイムは教育の現場で使われる普遍的なテクノロジーとなり、世界各地で学校の日課を刻んでいます。教師にとっては授業を遮るもの、生徒にとっては授業から解放される時間を知らせるものです。テンプル大学で教える僕にとって、ベルは学生の集中力を高める機会でもあります。僕は講義にチベットのティンシャベルという楽器を持って行きます。小さくて重みのある円形のふたつのシンバルを茶色い革ひもでつないだ楽器で、これを鳴らすと平和な鐘の音、調和のとれた、優しく、穏やかな音が響きます。ティンシャベルはもともとチベット仏教の祈祷の儀式のためにつくられたもので、普通のチャイムよりも厳《おごそ》かな音色です。僕はこれを授業を始めるときに使っています。まだざわついている学生たちに向けてこのベルを鳴らすと、修道院のベルのように頭を切り替える時間だと伝えることができるのです。それによって、神聖な、祈祷の場にも似た、メタ認知的な場に入ろうとしているのだと学生は自覚します。社会生活から一時抜け出し、深く集中して、批判的思考を行うための能力を呼び覚ますことが、僕の狙いです。ほんの数週間で、学生たちは僕の期待を理解するようになります。「パブロフの犬」のようなもので、18〜19歳のすべての学生が聴覚信号に無意識に反応できるようになるのです。その反応は自動的で、ベルが響くと学生たちはおしゃべりをやめ、こちらを向いて僕と目を合わせ、集中して学ぶ状態が整います。

祈りのベルに反応するように学生を訓練するというこのアイデアは、僕のオリジナルではなく、大学院生のときに心理学の講義を受けていた教授のやり方を真似たものです。その教授も、意識的かどうかはともかく、中世の修道僧にヒントを得ていました。14〜15世紀頃には、誰もがそのやり方を真似ていました。ヨーロッパの都市生活はすべて、修道院の壁を越えて届く教会の鐘の音に合わせて営まれました。やがて各都市に鐘塔が築かれました。これは時計台ではなく、当時、24時間を視覚的に表す時計はまだ誕生していませんでした。時計を「読む」という行為は、私たちが思うほど伝統的なものではないのです。初期の機械式時計には、日課を行うべき時を告げる鐘を定時に鳴らす機能しかありませんでした。機械式時計のない場所でも、誰もが『ノートルダムの鐘』の主人公カジモドが鳴らしていたような規則正しい鐘の音に従って暮らしていました。文明批評家のルイス・マンフォードは、「人が食べるのは空腹を感じたときではなく、時計に促されたときだ。人が眠るのは疲れたときではなく、時計に許されたときだ」と説明しています。

市場の開場を告げる鐘があり、税金の支払いを命じる別の鐘がありました。礼拝の時間を告げる鐘があり、共同炉の開放を知らせる別の鐘もありました。私たちには想像しにくいかもしれませんが、そこに暮らしていれば、そうした鐘の音の違いがわかったことでしょう。音を聞き分けられるようになり、それぞれの鐘の意味を覚え、それに反応して何をすべきか理解したはずです。当時はそのスキルが必須であり、既存の秩序に溶け込めるかどうかは、そのスキルにかかっていました。

しかしやがて、鐘の種類があまりにも多くなると、人は一日の時間を標準化する必要性を認識するようになりました。時間は通貨のようになり、物々交換に用いるさまざまな品やサービスを、その量を表す記号を入れたコインで置き換えたように、時の長さを標準化して一日の時間を決め、その上でコミュニティのスケジュールをつくりました。それと同時に、各活動を違う音で表すのではなく、時間ごとに異なる回数の鐘を鳴らすようになりました。時間を決まった活動に割り当てるのではなく、活動を決まった時間に割り当てることにしたのです。

一日を24時間とし、12時間を2回繰り返すことに決めました。これはおそらく、天文学の考え方にヒントを得たものです。天文学者は数世紀にわたり、地球から見た宇宙を黄道上の12星座を基準に分割していました。あるいは古代エジプトの水時計をもとに考えたのかもしれません。これは陶器の底に小さな穴を開け、わずかに漏れ出てくる水面の高さで時間を示すものでした。いずれにしても、地球が1時間単位で動いているわけではなく、一日が実際に分単位や秒単位で分割されているわけでもありません。7つの時課でなく12の星座を基準に生活しようと決めたのは人間です。どんな数でも単位でもかまわず、とにかく自分たちの決定に従うように、その後の世代を訓練すればよかったのです。

僕の子どもたちが学校に通い始めて最初に行ったのは、まさにその訓練でした。毎朝輪になって座り、一日の予定について話し合います。午前10時に何があり、休み時間と昼食はいつで、算数の時間はいつか。こうして、24時間制に従うことを学んでいくのです。修道士と同じように一日を短い時間で区切り、僕が教える学生と同じように、ある活動から次の活動に頭を切り替えられるようになっていきます。予定を話し合ったあとは、先生がカレンダーを使って一年の区切りを教え、休日や季節について説明します。その結果、子どもたちは、学校生活を登校日、学期、春休み、夏休みに分けることを覚えました。日々の規則正しい行動を通して、時代時代の道具に調和した考え方を身につけました。そして今に至るまで、エスケープメント機構が刻む時間に沿って、人生を理解する練習を重ねています。

しかし、時間に対するこのような中世式の考え方は、時代遅れになりつつあります。デジタルテクノロジーが時間の使い方を変えていくのに合わせ、教室の慣習も大きく変える必要があるのです。

新しい時間管理

マイクロソフトのアウトルックやグーグルカレンダーは、日課についての僕の考え方を変えました。一日中、いくつもの通知アラームが僕の注意を喚起し、インスタントメッセージやツイート、インスタグラムの投稿が教会の鐘のように僕のスマホを鳴らします。一方、決まった時間に放送される娯楽メディアを視聴することは、めったになくなりました。今は、ネットフリックスやフールーなどの動画配信サービスをオンデマンドで観られます。一日がさまざまな祈りの時間で区切られていた修道僧とは違って、時計に縛られることはなくなり、時間管理の仕方も大きく変わりました。しかし、修道院型の教育は変わらないままで、学習は今なおエスケープメント機構に結びつけられています。子どもたちが学校で過ごす一日は、時間で区切られた作業の連続です。

この慣習は学校生活の基本であるかのように思えますが、実際は、特定のテクノロジーと経済の規範に適した考え方を子どもに習得させるためのものです。その規範が変わりつつある今、教室の慣習も時代の変化に合わせて刷新しなければなりません。

学校の時間割について考えてみましょう。これは修道院内の聖務を時間で分けて整理した「時課」という概念を受け継いだものです。チャイムが鳴るたびに、子どもは修道士のように頭を次の教科に切り替えます。歴史は8時15分から9時25分まで、算数は9時30分から10時45分まで。修道院型教育のルールに従うように訓練されてきた大人には、何の問題もないように思えます。しかしよく考えてみると、各教科を決まった時間帯に押し込むべきだという考え方はばかげています。網の目状につながりあうデジタルな世界ではなおさらです。確かに集中力は子どもにとって大切で、学校はまさに集中の仕方を学ぶべき場所ですが、それを時計と結びつける必要が本当にあるでしょうか?

先に説明したように、「フォーカス(集中)」はもともと「炉辺」を意味するラテン語で、家族が集まる場所を意味し、継続性を感じさせる言葉でした。この「フォーカス」がカメラのレンズについて使われる場合は、画像が鮮明になる点である「焦点」を意味します。いずれにしても時間とは何の関係もありません。一定時間集中は、修道院の中では意味があったかもしれません。あらゆる物事を区切り、日々の習慣を遂行するには、時計を読むことに集中しなければならなかったのです。しかし21世紀では、双方向的なやりとりが急に生じたり、通知アラームが絶えず反応を求めてきたりします。ですから、今の子どもたちは注意や集中を分散させなければならない状況でも生産的で倫理的で充実した人生を送る方法、つまり、「ドリップエンゲージメント」を習得する必要があります。

「ドリップエンゲージメント」とは、小さな事柄に対して、それが起きるたびに注意を向けるという物事への取り組み方です。アイデアは桶に入った水でなく、水道の蛇口からしたたり落ちるしずく《ドリップ》のようなものだと考えてみましょう。各科目は洪水でなく、雨のようなイメージです。現在の修道院型の教育では、一定時間続く情報の洪水を子どもに浴びせています。次男の小学校では一授業あたり35〜45分、長男の中学校では60〜75分、大学生は通常90〜180分です。こうした洪水型教育は、学校で長く学べば学ぶほど、長い時間じっと座って集中できるようになるという考え方に基づいています。懺悔《ざんげ》や聖餐《せいさん》の儀式でひざまずく時間のように、長く耐えるほどよいとされています。そのうち、職場のデスクや仕切り机で一日中じっと座って仕事をする準備ができます。これは子どもたちが学校に入って真っ先に学ぶことのひとつであり、こうして「時間通り」に取り組む習慣を身につけていきます。

ほんの小さな頃から、私たちは子どもに職場で働く準備をさせています。しかし、働き方は変わりつつあります。スラック（Slack）やマイクロソフトのチームズ（Teams）のようなコミュニケーションツールの普及を見ればわかるように、今後の職場で求められるのは「ドリップエンゲージメント」です。これまでに慣れ親しんだ一定時間のデスクワークを伴う9時から5時までの職場に代わって、社員は好きな時間に好きな場所で業務を行えるようになりつつあります。皆さんもこの本を読んでいる間に、仕事関係のメッセージの送受信を行ったのではないでしょうか。２０１６年のギャラップ社のレポートによると、アメリカで働く人の43％が業務の一部を自宅で終えています。ＣＮＮは２０１７年、アメリカでは３９０万人が勤務日の半分以上をテレワークで行っていると報じています。こうした数字は今後も高まる一方で、集中力を分散できる人が有利になっていきます。ですから、学校も子どものそういうスキルを伸ばしていく必要があります。修道院型の教育によって教科ごとに時間で区切る工業化時代の方式に子どもを慣れさせたように、新しいドリップ型の学習習慣は、つながりあう世界の慣習に親しむための練習として機能するはずです。

この「ドリップ」というイメージは、オンラインショップにヒントを得ています。この業界では、自動広告を通して顧客をウェブページの閲覧から最終的に購入まで導く手法を「ドリップキャンペーン」と呼びます。インターネットで商品を検索し、ショッピングカートに入れたままにしていると、数日後に購入の再検討を促すメールが届きます。スマホのニュースに広告記事が紛れ込み、カートに入れた商品のよさをアピールしてくることもあるでしょう。最近ロボット掃除機を検索した人は、きっと人気機種トップ5のレビュー記事を何度も目にしたはずです。数日あるいは数週間かけて少しずつ、しつこく情報をしたたり落とし続けることによって、検索エンジンとSNSの力を借りて、潜在顧客であるあなたに注文させようとしているわけです。たったひとつの言葉を検索しただけで、買い物のプロセスが勝手に始まり、絶妙なタイミングで広告が現れて、あなたを購入へ導いていくのです。eコマース、クッキー(Cookie)、予測アルゴリズム、そしてデジタル製品の氾濫のせいで、誰もがこうしたドリップ型の広告に慣れてしまっています。

SNSはドリップエンゲージメントの浸透に一役買っており、子どもの学習方法を変える可能性も秘めています。残念ながら、大人はSNSをくだらないものと一蹴しがちです。メッセージが短いのは注意が続かないからだと誤解し、字数制限付きのツイートばかりしているのは集中力がない証拠だと思い込んでいます。しかし、子どもたちが知っているように、ひとつの投稿でやりとりが終わるわけではなく、ソーシャルグループは同じスレッドに数日間、時には数週間ずっと関わり続けます。気が散っているのではなく、気を散らしているのです。

メッセージアプリのスナップチャットはこの特徴をよく理解しており、ユーザーのドリップエンゲージメントを受け入れ、写真のやりとりの継続を「スナップ連続更新記録」の炎の絵文字で奨励しています。奇しくも、この絵文字のオレンジと黄色の小さな炎は暖炉、すなわち集中力の象徴であるローマの女神ウェスタを思わせます。スナップチャットは一時性を売りにしたプラットフォームとして誕生しました。当初は、閲覧後すぐに消去される自撮り写真やプライベートな写真を恋人同士で送り合う手段で、その瞬間だけ楽しむためのアプリでした。ところが今では、ユーザーのステータスはやり取りの長さという、ドリップ型の継続的使用を重視するようになっています。

デジタルテクノロジーによって私たちの生活にすでに浸透しているこうしたドリップ型の時間管理や注意力、継続性を学校に導入したらどうなるか想像してみてください。ツイートを文のようにとらえ、複雑な考え方を説明しようとする入り組んだ文脈の一部分とみなし、集中力の時間的分散を生かした学習スタイルを考え出すはずです。また、発信と発信の間の時間を、新しいコンセプトを求め、違う見方を試し、調査を行い、新しいデータを取り込むための時間と考えるように、生徒に教えるでしょう。

問題は、私たち大人が、集中力や注意力についての考え方を変えられるかどうかです。

注意、集中、専心

「集中」というと、注意の継続期間に関係するものとされていますが、ひとつのことへの集中を妨げている真犯人は、実は時計だということに私たちは気づいていません。人々の思考を最初に遮ったのは、教会の鐘でした。鐘が鳴れば、修道僧は思考の途中であっても頭を切り替えなければなりませんでした。

ドリップエンゲージメント方式は、時間的に分散した刺激に対して、集中を少しずつ、持続的に向けることを求めます。一方、従来のエピソード型の授業では時間ごとに教科を区切り、中断することが求められます。継続とは注意の連続性でなく時間の連続性を意味します。これまでは、子どもたちに区切られた時間ごとに異なる教科に取り組むことを教え、工業化時代の仕事に備えさせる必要がありました。時間割が機能したのは、家庭と仕事の分離がうまくいったのと同じ理屈です。分割は尊いものであり、それによってすべては正しい場所に収まると考えられていました。しかし、長い歴史を振り返り、世界各地の文化を見渡してみても、修道院型の時間で区切られた注意力が常に求められていたわけではないことがわかります。

途切れとぎれの時間で行われた思考と、プラトンがソクラテスとの対話で行った深い知的関与を比べてみましょう。ひとつの主題に集中して一日中続けられる哲学的議論の模様は古代ギリシャの時代から語り継がれていますが、基本はドリップエンゲージメントでした。たとえばプラトンの『饗宴』は、友人たちが集まって一晩中、愛の本質について順番に議論を交わす様子を伝えています。参加者は途中で議論をやめて飲み食いしたり、踊ったり笑ったりしますが、集中を失うことはありません。同様に多くの先住民族にとって、集中の仕方はエピソード型ではありません。思考が時間ではなく、場所に結びついているのです。たとえば、詩人のゲーリー・スナイダーは、オーストラリア西部の砂漠地帯をアボリジニのピントゥビ族の長老と一緒にピックアップトラックでドライブしたときの経験をエッセイに書いています。長老から山や丘についての説明を車中で受けるのですが、あまりにも早口でしゃべるので、話についていくのがやっとでした。

しかし、問題は老人の早口ではなく、車のスピードだったことにやがて気づきます。「彼の話は、本来歩きながら語るものだった」とスナイダーは書いています。車で移動したことで、語り伝えの旅は通勤のようになってしまいましたが、ピントゥビ族の知恵や知識、学びの伝え方は私たちのやり方とは違います。彼らは特別な場所、「教えのスポット」にまつわる旅の歌、物語を通して語り伝えます。時間のエピソードではなく、場所を単位として教育するのです。長老は若者と一緒に歩き、自然のランドマークに差しかかるたびに関連知識を授けます。もちろん、ずっとしゃべり続けるわけではなく、時には中断してベリーを摘み、日用品を調達し、用事を済ませ、友人知人に話しかけることもあります。これも一種のドリップエンゲージメントです。その土地にあるものから警告を受け止めて集中を分散し、その景色に関連した概念を説明して結びつけているのです。

私たちはデジタルテクノロジーを、子どもを室内に閉じこめるものとして恐れがちですが、ドリップエンゲージメントと相性のいいオンライン生活のほうが、自然界のリズムに合っているようにも思えます。位置情報を通知するGPS搭載デバイスやエドテック［ITを利用した教育革新を目指すビジネス］を活用すれば、ピントゥビ族のように、場所と密接に関わり合った教育サービスを提供できるかもしれません。もちろん、それを実現するには、大人が「集中状態」の意味を考え直さなければなりません。集中についての現代の考え方は修道院生活に基づくもので、私たちはいまだに時間で区切られた集中こそ神聖なものだと考えています。やるべきことにしっかり集中しているときこそ望ましい状態であるように感じます。複数の仕事を同時並行で処理する「マルチタスク」に対する世間の批判の根本にあるのは、私たちの精神の奥底に宿り続ける中世のおとぎ話のなごりです。優れた修道士こそ道徳的模範であり、彼らのように行動すべきであるという考え方によって、大人は子どもたちに修道士のように集中することを教えています。

しかし、現代の子どもたちが本当に必要としているのは、そのような集中ではありません。ドリップエンゲージメントを取り入れ、新しい経済とテクノロジーの環境に対応したスキルを身につけることです。

ドリップエンゲージメントの練習

ドリップエンゲージメントは、教育関係者が「非同期型学習」と呼ぶ学習法へのアプローチ方法のひとつです。非同期型学習では、参加者は特定の時間と場所にいることを求められません。自宅で動画授業を観て、学校で先生のサポートを受けながら演習する「反転授業」のような、よく知られた「ブレンド型学習」のほとんどは、非同期型の指導を取り入れています。「ブレンド型」と呼ばれるのは、オンラインとオフラインの活動の両方を取り入れているためです。さらに、同期型と非同期型を融合させ、生徒は従来の授業を受けつつ、デジタルテクノロジーを利用し、学習の一部を各自のペースで進めることができます。

ブレンド型学習は、理論的には非常に優れたものです。対面とデジタルの両方での関わり合いが求められる未来に子どもたちが備える上で、まさに必要な学習であるように思えます。しかし残念ながら、この学習モデルを積極的に取り入れようとする先生の授業は、ブレンド型とはほど遠く、まったく異なるふたつの枠組みを重ねただけという結果に終わりがちです。生徒は修道院型の作業をすべてこなし、なおかつ自宅で非同期型作業を行うことを求められます。ジャーナリストのマルコム・ハリスの著書によると、現代の子どもが学校にいる時間は親世代に比べて2割ほど増え、勉強時間は3倍になっていますが、これがその原因のひとつかもしれません。今の子どもは怠惰で甘やかされ、スマホに気をとられてばかりだと言われますが、実際には大人たちの何倍も頑張っているのです。それはふたつの教育を受けること、あるいはふたつの時代の「手続きレトリック」（1章）に適応することが求められているからです。

こうした不具合は、時代に合った学校教育モデルを導入していれば避けられたはずです。それは、集中と注意の新しい基準をもとに設計され、講義と板書を大幅に減らした、つまり「伝統的」な修道院型の指導を大幅に減らした学校教育です。たとえば、教師が黒板で数式を解き、生徒がそれをノートに写すというやり方は行いません。教壇の賢者の教えは、もはや効果的ではないからではありません。教え方が上手なら極めて効果的ですが、問題は、この実績ある教え方の手続きレトリックが、今では余計なものになっているからです。

長い授業の間、じっと座って集中し続ける能力は、もう求められていません。権威ある専門家の話をこれまでのように一方的に拝聴することに慣れる必要はありません。指示は電子的に、場合によってはアルゴリズムを用いて効率的に伝えられます。情報は今や、分散型システムを通してオンデマンドで届けられます。私たちの社会的コミュニケーションの半分以上は非同期的になっています。そして、すでに説明したように、新しい職場で求められるのは分散型の集中です。ですから、つながりあう世界で充実した生活を送るためのスキルを育てられるような学習習慣をつくり出す必要があります。

僕は2017年、スペインとフランスにまたがるバスク地方で、新しい教育モデルを垣間見ることができました。バスク人は西ヨーロッパ最古の先住民族のひとつで、7000年前から現在の地に住み、インド＝ヨーロッパ語族に属さない独自の言語で話します。強い文化的アイデンティティを持ち、新しいテクノロジーや経済が世界を変えていく中でも独自の文化を守り続けています。バスク地方の学校を訪れたのは、長い歴史を持つ文化を保ちながら、つながりあう未来の世界に向けて、子どもにどんな準備をさせているかを自分の目で確かめたかったからですが、僕はその視察旅行で感銘を受けました。小学校と中学校では会話もうわさ話もふざけ合いも、すべて伝統的なあるバスク語で行われていました。しかし、その学習の仕方はまったく新しいものでした。

20世紀半ばに建てられた巨大な校舎の広い廊下は、多目的スペースに改修されていました。それは最先端のシリコンバレーのスタートアップ企業やシェアオフィス運営大手のウィーワークが世界で展開するレンタルスペースにそっくりで、床には大きな文字で「コワーキングスペース」と書かれています。ふわふわのビーズソファ、会議テーブル、壁際のデスク、カウンタートップなど、座れる場所はさまざまで、活動や交流のタイプに合わせて選べます。子どもたちはほとんどの時間をここで過ごしているようでした。7歳のふたりの男子はヘッドフォンを着け、1台のiPadで一緒に算数ゲームをしています。年長の4人の女子は3Dプリンタのまわりに集まり、溶けた樹脂フィラメント素材が加工されて出てくるのを見ています。ひとりで読書している子もいれば、何人かで集まって話し合っている子どもたちもいます。

モンドラゴン大学とデウスト大学では、そのスタイルの成熟形を見ることができました。起業家リーダーシップ・イノベーションコースの学生は「クラス」と「セクション」ではなく、「会社」と「チーム」をつくり、モンドラゴンにある本物の会社さながらに一緒に働きます。会議のテーブルで熱く議論し、アイデアを出し合ってそれを実現する方法を考えます。このカリキュラムで求められるのは、仲間と協力し合いながら事業の構想から実現までこぎつけることです。これはベンチャーキャピタルが「インキュベーション」と呼ぶプロセスであり、学生はマーケティング、販売、交渉、顧客サービス、財務管理などを必要に応じて学びます。見学ツアー中、いつになったら教室に案内されるのかと思っていましたが、結局最後まで案内されることはありませんでした。学生たちから離れたテーブルに座る指導担当員は、必ずしもマーケティングなどについて直接教えるわけではなく、学生たちが事業化を目指す中で指導や補助を行います。チームと頻繁に顔を合わせますが、その役割は講師というより、ドリップエンゲージメントのキュレーターといった感じです。

空間と時間の物差し

幼稚園の教室の様子をイメージしてみてください。今の幼稚園にも、1世紀以上前にフレーベルが推進した庭のような遊び場の雰囲気は残っています。フィンガーペイントの絵が教室の天井に対角線状にかかったロープに吊るされ、隅にはブロック、別の隅にはモルモットのケージが置かれています。明るい色で書いた文字と数字が壁に貼られ、そこら中に本があります。

ある朝、子どもたちに時計の読み方を教えた先生が教室に入ってきて、床に敷いたラグが汚れていると言います。

大人にはわからないかもしれませんが、ほとんどの時間をラグの上で過ごす5、6歳の子どもにとって、これは一大事です。机や砂場もありますが、一日の決まった時間は床に輪になって座ります。ラグは世界の中心ですから、先生がラグのことで騒げば子どもたちは注目します。

先生は脚を組んで座り、険しい顔でラグを見て失望したように頭を横に振ると、スマホをポケットから取り出し、電話をかけるふりをします。

「緑色のやつにしよう！」とひとりが叫びます。

「水玉模様の！」と別の子が続きます。

「いやだ、赤がいい」

「なんであの子が選ぶの？　ずるい。わたしが選ぶ！　青がいい」

先生は人さし指をくちびるに当てて子どもたちに静かにするように促します。そして子どもたちが静まると、電話に向かって「汚れとシミがたくさんあるんです。クリーニングではどうにもならないので、新しいのが欲しいんです」と、ラグを指さして言います。

突然、先生の眉間にしわが寄ります。返事に困っている先生の混乱と不安を子どもたちは感じたようです。

先生は肩をすくめ、子どもたちのほうを見て小声でこう言います。

「どれぐらい大きいのが欲しいのかを教えてほしいって言うんだけど、なんて伝えればいいかな？」

子どもたちはぽかんとして先生を見つめ、困惑の表情を浮かべます。

幅と長さを電話でどう伝えたらいいか、考え始めます。どんな単位を使えばいい？　スニーカー、クレヨン、それともブロックの長さ？　教室でもカーペット屋さんでも使われている長さの単位って何だろう？　つまり、距離を何にたとえたらいい？　ほんの少し考えてから、マジックのようにひらめきます。

子どもたちは理解します。この見事な授業を通して、標準化された測定単位の必要性に気づいたのです。世界の新しい見方を身につけた子どもたちは、先生から物差しと巻尺を渡されると、あらゆるものを測り始めます。新しい哲学的なものの見方、つまり身のまわりの物理世界を整理し、感知するための思考の道具を手に入れた子どもたちは興奮気味です。これでかけ算と割り算、分数、幾何、理科を理解する土台ができました。測るものはラグだけではなく、いずれ時間も計測するようになります。教室での習慣を通して、子どもは時間を基準に成功と失敗を評価し、自己感（2章）の充実度を測定することまで覚えます。

自己感は本人が気づかないうちに変わっていくものです。たとえば息子がまだ小さかった頃、誕生日にいつもカップケーキを焼いて学校へ持たせていました。やがて、クリームをつけたほうがいいこと、キャンディを載せるともっとよくなることに気づきました。そうすると子どもたちは大喜びでクラスメートに配ったのです。おやつひとつで世界観を変えられるとは、思ってもみませんでした。

実は、誕生日を祝うことも一種のテクノロジーのリテラシーなのです。僕は子どもの頃に誕生日を祝う習慣を身につけましたが、祖母が学んだのは大人になってからでした。祖母にとって、誕生日はラジオやテレビや飛行機と同じぐらいなじみのないもので、自分の本当の誕生日さえ知らなかったのです。祖母が育ったリトアニア農村部のポーランド人居住地域には、役所も出張所もありませんでした。近隣の都市までの交通手段もなく、出生届を出すには長距離を歩いて往復する必要があったため、祖母の親がそれを提出したのは子ども全員が生まれたあとでした。つまり、祖母の戸籍上の誕生日は兄弟姉妹と同じというわけです。

幼稚園の頃から工業化時代の時間感覚になじんでいた僕には、自分の本当の誕生日がわからないなんて想像もできませんでした。年齢についての考え方が、ほんの数世代前の人と現代人とでまったく違うことを、知らなかったのです。平均年齢という考え方が登場したのも、19世紀になってからです。人間の歴史のほとんどの期間で、子どもの死はありふれた出来事でした。子どもも大人と同じように突然死ぬのが普通なら、年齢に大した意味はありません。なぜなら、そういう世界には標準的な寿命が存在しないからです。

予期せぬ悲劇が起こらないかぎり、100年近く生きられるという、今では当たり前のように思われていることも、祖母にとっては当たり前ではありませんでした。それは、人里離れた貧しい農村で暮らしていたからではありません。現代医療のおかげで長生きできるようになるまでは、70～80歳まで生きられるとは誰も思っていなかったのです。もちろん、長生きする人もいましたが、一般的には14歳で死ぬのも49歳で死ぬのも同じことだと考えられていました。ですから、子ども時代は大人になるための準備の期間と考えることなど、とてもできませんでした。大人になってからが人生の本番だと考えるには、そこまで生きられるという保証が必要です。

このように、年齢が大した意味を持たない世界を想像できるでしょうか。歴史に残る神童や幼少の王は、そういう世界で生まれたのです。昔の子どもが今の子どもよりいろいろなことを経験したのは寿命が短かったからだとよく言われますが、現状は少し違います。本当の理由は、成人期が今ほど重要ではなかったからです。思春期や青年期は、大人になって社会に適応するための移行期間であるという考え方自体が、現代特有のものです。地球上で生きる時間の物差しとして使う年齢や、人生のステージという人間の発達上の節目はすべて、19世紀と20世紀の産物なのです。時計の24時間や60分間という区切り同様、年齢や人生のステージは身体の細胞に刻まれているわけではなく、時間の長さや進歩を測る上で都合のいい分類にすぎません。

学年、誕生日、40歳前後の「中年の危機」などの節目で現実をとらえることには一定の意味があるのかもしれませんが、こうした人生の節目は、結局のところ、時計リテラシーの一要素です。年齢や人生のステージという概念は、人の行動をエスケープメント機構で区切るようになる前は存在しませんでした。そのきっかけとなったのが、1820年代に登場した蒸気機関です。鉄道の時刻表がつくられたことで、鐘塔を遠く離れた場所の時計と同期させる必要が生じたのです。突然、タイムゾーン、時計の分針、同時性という新しい概念が生まれ、各自で懐中時計や目覚まし時計を持つようになりました。子どもは慌ただしく生きる方法を学び、秒単位で時を刻む世界で作業し、人生を発達段階で区切って認識するようになりました。その時代の支配的なテクノロジーの視点で世界を見ることが求められたのです。しかし、そのテクノロジーは変わりつつあります。

私たち大人の課題は、子どもたちが工業化時代の時間認識を超えて物事を考えられるようにすることです。時間順の思考は、人工知能（AI）に積極的に委ねられつつあります。成功と幸福と充実感を手にするためには、線状の時刻表の枠外で考えることが必要になる時代が、間もなくやってきます。学校はそのために、授業を変えていかなければなりません。

まとめ

古い授業はそこまで！

今の子どもの生活は数量化され、その進歩は発達段階で示されています。誕生日は人生という時間軸の基準点となり、時計に基づく世界観は学校の標準化された時間割という形で表れています。授業の習慣と日課により、特定のテクノロジーに対する忠誠心が強化されます。大人は子どもに対し、秒単位で区切られた現実に従うように教科を教え、分針、タイムゾーン、20世紀型の同時性といった概念が学習理論やアイデンティティの定義を形づくっています。

こうした見方が有効な時代もありました。年齢や人生のステージという概念は、修道院の時計台と鉄道の時刻表の世界では完璧でした。しかし今、時代の道具は変化しつつあります。ですから、私たち大人の役目は、次の世代が工業化時代の時間認識にとらわれずに物事を考えられるようにすることです。

子どもたちの成功と幸福と充実は、時刻表の枠外で作業できるかどうかにかかっています。学年や成績、時間で区切られた意識を捨てる必要があります。それが重要だった時代は過ぎ去り、画一的でない成長や分散型の集中を育む新しい学校の慣習が、間もなく登場します。その事実を柔軟に受け止めましょう。

新しい時間管理を反映した授業につくり替えよう

大人は子どもに対して、自分の人生のステージを確認し、工業化時代のテクノロジーに依存した時計の論理に従って自己の存在について考えるように教えてきました。たとえば、学年や型にはまった成長段階の考え方にこだわり続け、子どもが自分の成功と失敗を評価する上でも時間を基準にすることを求めています。子どもは課題を終えるのにどれだけ時間がかかったか意識するように教えられ、時間管理が上手にできると褒められます。ストップウォッチで試験時間を計り、授業が終わるたびにチャイムが鳴ります。

修道院型の教育は、エピソード方式の授業の繰り返しで構成されています。このエピソード方式は、学校に入学した時点から子どもを旧来の仕事に備えさせています。そして、子どもは時間を守ることの重要性と「時間通り」にやることの意味を学んでいきます。ところが一方で、時間の経済的価値は変わりつつあります。自動車配車サービスのウーバー(Uber)、宿泊サービスのエアビーアンドビー(Airbnb)、eコマースのエッツィー(Etsy)、教育関係のユーデミー(Udemy)など、サービスの利用者と提供者をオンラインでつなげる企業の成功は、正規の従業員がギグエコノミー[労働時間の拘束のない、ネット上での単発的な業務委託を中心とした経済]の労働者に急速に交代しつつあることを示しています。2016年のマッキンゼー・グローバル・インスティテュートのレポートによると、欧米の労働力人口の2割から3割は、何らかの「独立した仕事」に従事しています。この割合は今後10年の間にさらに大きく増える見込みです。

オンラインの予定表はすでに、私たちのスケジュールに対する考え方を変えています。スマホの通知アラームは、いわば現代の教会の鐘です。スラックやマイクロソフトのチームズのようなサービスの人気を見る限り、大人が慣れ親しんできた事務作業のあり方も変わりつつあります。仕切り机や会議室の中で過ごす9時から5時までの従来の職場モデルは、今後分散型へと移行していくでしょう。

この変化に対応するため、教師は修道院型の教育を捨て、つながりあう職場の慣習に子どもをなじませるドリップ型の学習習慣を取り入れる必要があります。具体的には、オンラインのソーシャルプラットフォームを導入し、授業区分を改め、さまざまな分野を織り交ぜて、網の目状につながる情報をまとめた構成にすべきです。そうすることで、子どもは分散した情報をどのように組み立てれば、複雑なテーマについて継続的かつ総合的に考えられるかを学べます。また、集中の分散が求められるような学習モデルを考案する必要があります。

未来への準備とは、新しいテクノロジーを使うために必要なスキルを子どもに与えることではありません。新しい思考法に慣れさせることが、何よりも重要なのです。

情報と知識は人との関わり合いから生まれることを子どもに教えよう

現代の学校が直面している最大の課題のひとつは、変わりゆく社会に親切心と思いやりを持って参加できるように子どもを備えさせることです。エピソード方式の授業や教壇での講義と演示という伝統的な教授法は、トップダウン型の世界を念頭に置いていました。じっと座って前を向き、一定時間、講義を傾聴することを求められた子どもたちは、専門家に黙って従うことを学びました。複雑なアメとムチの体系によって、子どもたちは権威を持つ者を見極め、その命令に従うことが成功の鍵だと教えられました。スポーツチームには監督とキャプテンがいて、生徒の派閥には意地悪なリーダーと従順なメンバーが存在しました。

教室の手続きレトリックは、子どもたちを工業化時代の能力主義という組織的慣習に順応させるためのものでした。それによって、企業のCEOや宗教の指導者、現場監督、職場の上司が指揮する世界で生きていく準備ができました。授業助手が承認を求めて教員にすり寄り、教員が偉ぶる校長を尊敬するふりをし、校長が学区の教育長に黙従するさまを見てきました。

こうした力関係のもとで学ぶことで、情報や知識も階層化されているという暗黙の了解が、同時に形成されました。情報と知識が権力のピラミッドの頂点から下に向かって流れていくイメージのもとで、社会的・経済的ステータスと仕事の実績は、優れた人格と知能の証だと考えられるようになりました。情報と知識は富と同じように蓄えるべきものとなり、アイデアは財産のように所有されました。おそらく、このモデルはある時代には有効でした。しかし、グーグル検索や匿名掲示板、ブログ、SNSのニュースが主流の世界では、こうした上下関係にこだわることは損なのです。

親の願いは、子どもたちが大人になったときに、つながりあう世界で充実した生活を送れることです。これからの学習習慣は、そのために必要なスキルを育てる必要があります。教室はコワーキングスペースのような場所につくり変えなければなりません。生徒をグループ全体として評価し、個人の実績よりも、知識とスキルをオープンな姿勢で共有し合う能力を重視するべきです。教師は登山ガイドのような存在として、生徒がプロジェクトベースの学習活動を自主的に進める上での案内役となるべきです。

新しい教育者は専門家ではなく、参加型でドリップ式の知的取り組みに携わるキュレーターなのです。

8

新しい読み書き

指は万能な道具です。指に絵の具をつけて絵を描くフィンガーペインティングは、20世紀の初めにルース・フェゾン・ショウによって考案されました。もちろん、それより4000年以上前の先史時代の人々も洞窟の壁に指で絵を描いていましたが、指を使ったお絵描きを教育現場に持ち込んだのは、ショウが初めてでした。「それは極めて自然に始まりました」とショウは1974年の著作*Finger-Painting and How I Do It*（フィンガーペインティングとその方法）で述懐しています。「小さい男の子が、学校のトイレの壁にヨードを塗りたくったのがきっかけでした」と説明するショウは、「手で〝塗りたくる〟行為は人間の原始的衝動」と考え、子どもが「心ゆくまで塗りたくる」ための絵の具セットの特許を1931年に取得しました。

ショウはフィンガーペインティングを、失われた創造性を取り戻すための手法であるかのように宣伝しました。「描き方や〝絵にする〟方法は人に教えられないし、教えるべきではありません。創造的な作品は、想像力と個人的な経験から生まれたものでなければならないのです」。フィンガーペインティングは子どもたちが衝動のまま、抑制から解き放たれて想いを表現する機会だと彼女は考えていました。「まずは一色から。絵の具をお母さんが見ていないときにアイスクリームをスプーンにのせるくらい、指にたっぷりつけましょう。足りなければもっとつけても大丈夫」。ショウの著作には「許されたことを思いのままにやる」という一貫したテーマがあります。

フロイト心理学にも暗に触れています。少年がタイル壁にヨードを塗りたくる様子は、大昔の洞窟壁画を思い起こさせると同時に、フロイトの考古学的な精神分析手法、すなわち、心の中に埋もれた真実を掘り出すというアプローチにも通じています。さらに、フィンガーペイントの起源はトイレであり、あたかもフロイトのうです。「肛門期」、つまり子どもが便意に従うか我慢するかで揺れる発達段階を読者に連想させようとしているかのようです。精神分析学では、トイレ訓練の経験は大人になってからの人格を形成するとされています。抑圧下での服従、そして制限を受けない創造性の面で、生涯続く習慣やこだわりが育っていくと考えられています。これを知っていたはずのショウが強調したのは、20世紀ならではの、ゆるやかで、流動的で、制約のない個人の自己表現の重要性でした。これもまた砂場的自己感の一例と言えるでしょう。

「自分の手が創り出すものをよく見てください。手があなたという人間の特徴を教えてくれます。あなたにはあなただけの指づかいがあり、それぞれの指の形も印影も、あなただけのものです。あなたの想像力が手を動かし、あなた独自の作品の制作へ導いています」とショウは書いています。ショウは手と創造性を結びつけていますが、このつながりは数千年前から指摘されています。アリストテレスは精神や魂を「手のようなもの」とみなし、手は「道具の中の道具」だと述べています。古代ギリシャの時代から、意識と手と技術のつながりこそが、人間という動物を自然界のそれ以外のものから区別する基準と考えられていました。この考え方は、今もほとんど変わっていません。人間の手、そして手と創造的な道具づくりとの関連性は、想像力を働かせるために欠かせないものとして重視されています。

2007年にスティーブ・ジョブズがこう語っています。「私たちは生まれつきの、究極のポインティングデバイス［マウスなどの画面上で位置を指定する装置］を持っている。」iPhoneはこれを利用し、マウス以来の革命的なユーザーインターフェースを実現した」。これはアップルが初のスマートフォンを発表したときの言葉です。時計の針がデジタル数字に置き換えられたように、タッチスクリーンは操作の接点を手のひらから指先に移行しました。その後、子どもが本や雑誌をiPhoneのように操作しようとして、ページをスワイプしたり写真が動かないことを不思議がったりするという話をしょっちゅう耳にするようになりました。人は、「直感的」なテクノロジーが子どもを作り変えてしまうのではないかと恐れます。ある意味、その懸念は当たっています。そもそも道具とはそういうもので、身体の補助装置として私たちの知覚を手助けするものなのです。恐れる必要はありません。これは悪いことではなく、人間に役立つことです。

あるテクノロジーを操る子どもの能力が別の能力によって乱されると、大人は批判しようとします。それは、不安を感じずにはいられなくなるからです。特に身体のことになると、何が「健全」なテクノロジーで、何が時代遅れのテクノロジーかを区別することが難しくなります。私たちは、過去の道具に結びついた発達段階の定義から抜け出せずにいます。しかし、これからの学校は、新しいテクノロジーが私たちの身体に求めることを優先して、基準を見直す必要があります。教育者はまず、フィンガーペインティングを特大用紙の上だけでなく、広く応用していくことから始めるといいでしょう。具体的に言えば、子どもに心ゆくまで画面をスワイプ、タップ、クリックさせるのです。タッチスクリーンとキーボードを使って砂場的自己感を育て、制約のない表現や真の創造力を発揮する方法は、無数にあります。

時代に合った道具を効果的に使う方法を生徒に示し、使用を後押しするのが教師の役目です。プログラミングからどのように詩が生まれ、スナップチャットでどのように論理を展開できるのか？　まずは、タッチスクリーンとキーボードを学習体験に取り入れてみましょう。デジタルプラットフォームを採用する際には、紙とペンを導入したときと同じくらいの配慮が必要です。新しい評価基準を設け、スワイプ、タップなどの動作を伴うデジタルツールの使い方を教えましょう。文字を上手に書くことを奨励してきたように、今後は巧みなスクリーン操作にも価値を認めるべきです。

ページ、スクリーン、キーボードを指先でタッチすることから始めましょう。それがいつの日か、生産的で意味のある、時代に即した自己表現となるかもしれないのです。

キーボード入力 vs. 手書き

息子の指はキーボード上をとんでもない速さで動きます。僕が習ったような、人さし指をJとKのキーに置くブラインドタッチではなく、必要に迫られて有機的に発展した動きです。まず、手の位置がゲーム向きで、右手はキーボードとマウスの間で素早く行き来します。彼の世代はラップトップのタッチパッドを使おうせず、息子もゲーマー用のワイヤレスマウスで視野角を操作しています。左手は動く、攻撃する、掘る、打つなどの動きを担っています。

コントロール、シフト、タブなどのキーを操る小指は、ほぼ無意識に動いています。そしてあっという間にキー操作だけでチャットに切り替え、文や略語、またはいくつかの単語を打ち込み、僕が読み終える前にゲーム画面に戻ってしまいます。指の動きにはゆとりがあり、驚くほどの効率の良さでコマンドを入力します。そのキーボードさばきはまるで、ＩＴの専門家やソフトウェア会社のエンジニアのようです。巧みなキーボード操作が将来の仕事に役立ちそうで、親としてはひと安心です。操作中はリラックスしているように見え、僕にはない滑らかさがありますが、決して優雅ではありません。たいてい指先はべたついて姿勢も悪く、時折キーボードを激しく叩き、マウスを強くクリックします。

昔、ピアノの音階練習では、先生に手の甲の上にコインをのせられました。手のひらはキーと平行、指は完璧に丸めて、ひじは直角に。こんな話をすると、息子は信じられない、という顔をします。高校のコンピュータ室にいた先生の話もします。彼女は教室を歩き回りながら生徒の肩甲骨の間を30センチの木製定規でポンと叩き、真っ直ぐ座るように注意していました。

「姿勢を、シャピロさん。姿勢を正しなさい！」

僕は箱型のアップルⅡeコンピュータでタイピングを学びました。指導してくれたのは若い頃、秘書科に通っていた経理事務員で、僕たちは古い時代の指導法を受け入れるしかありませんでした。職場でのエチケットとして、女性が背筋を伸ばし、髪を束ね、スカート丈を長めにすることが求められた時代の人です。人は自分が教えられたようにしか教えられないものです。彼女は規則正しい生活のために時計をつくった中世の修道僧のように、礼節と秩序を大切にしていました。思えば、完璧な夕食の儀式を20世紀の家庭に定着させたのも、人々の過去の慣習に従順な姿勢でした。そして、完全にすたれていると知りながら筆記体を教え続けている学校がいまだに存在する理由も、そうした姿勢にあります。

筆記体で書くことにはメリットがあるとよく言われますが、その歴史をよく知るにつれ、手書き擁護派の主張を素直に信じられなくなります。僕が水色のラインが入った練習帳で練習していた筆記体には、もとより不純なものが含まれていました。「健全さ」とか「道徳的」というメリットは、教育業界のあやしげな宣伝文句の一部だったのです。

現在主流の書体は、オースティン・ノーマン・パーマーという人が考案したものです。彼はもともとビジネススクールを運営し、通信教育や教科書販売も行っていました。従来の筆記体に比べて書体がシンプルで、革新的な書体だったため、20世紀半ばには、このパーマーメソッドがほぼすべての学校で採用されるようになりました。それまではスペンセリアンという、プラット・ロジャース・スペンサーの考案による、エレガントでアート性の高い書体が主流でした。有名なところでは、コカ・コーラとフォードのロゴがスペンセリアンの書体です。渦巻き、大きな曲線、丸みを持たせた先端など、複雑な装飾が施されています。パーマーは、テクノロジーによって効率化される世界では、こうした装飾は余計なものになると予想していました。タイプライターの普及が進む中で自分の製品を売り続けるには、速く、流れるように書けるシンプルな筆記体を新たに生み出す必要がありました。そこで無駄を削ぎ落とした結果、スペンセリアンよりはるかに書きやすい書体が生まれたのです。

パーマーが生きた時代は、現代と非常に似ています。1890年代はテクノロジーと産業構造が大きく変わりつつあり、新しい経済環境で自分たちの子どもがやっていけるのかと人々は案じていました。先見の明のあったパーマーは、*The Palmer Method of Business Writing*（パーマー式ビジネスライティング）という書籍にして一般向けに販売しました。スペンサーからひとつだけ学んだ、「人の不安感に訴える」という手法を実践したのです。当時の親の罪と恥の意識は、宗教上または道徳上の信念に基づくものでした。そこでスペンサーは、身体に叩き込まれた上手な筆記は、美徳の表れだと訴えました。『ザ・シンプソンズ』のオープニングでは、バート・シンプソンが罰として黒板に文を何度も書き写していますが、あれは「達筆は善」というビクトリア時代の考え方のなごりです。「ビクトリア時代の人々は、自分を表すように文字を記すことを求められた。筆記は自ら心を高め、身体を制することによって行われていた」と歴史学者のタマラ・プラトキンス・ソーントンは説いています。文章を丁寧に何度も書き写せば不良児を更生することができ、純粋な魂は美しい文字として現れる、といった考えが広まりました。

しかし、もはやそんな考えは通用しないことをパーマーは知っていました。世界は変わりつつあり、筆記術の売り込み方も変えていく必要があると気づいていたのです。そこでスペンサーの書体よりも装飾性を抑えつつ、美徳との関連性については内容を修正しながらも引き継ぎました。文字を上手に書けることは、仕事ができる人間の象徴であり、それによって「たくましさ」が得られると訴えました。当時は、宗教的な専門知識が科学的な専門知識に取って代わられ、価値観の中心も、美徳から健康や幸福に変わりつつあったからです。今でも子どもの運動能力について相談すると、字が汚いことが問題だと言われることがありますが、これもパーマーの宣伝の影響です。

筆記練習の授業が一般的になったのは、20世紀の初めのことです。当時のモダンな製造工程と同様、正確さと統一感が重視されました。経済とテクノロジーの変化により、「きれいで、速くて、読みやすい」という工業化時代の三拍子がそろった字を書くことを期待されました。これが児童発達の基準に採用され、今では生後18カ月の〝健全な〟幼児は落書きができ、1、2歳では平行な線や垂直な線を真似て書き、3、4歳では円を描き、5歳では十字、四角形、三角形を、6歳では自分の名前を、そして7歳ではbとdのような似た文字を区別できるとされています。識字能力を身につけるまでの発達段階として、こうした考え方が、医療と教育の世界で受け入れられるに至っています。

しかし、子どもの身体、認知、能力に関するこの20世紀の見方は、その時代のツールセットと自己定義によって決められたものであることを、多くの人が理解していません。タイプライターが普及して書体の標準化が進むにつれ、均一的な文字を書く能力の重要性は大きく低下しました。それよりも、個人の発育が予定どおりに進み、学年や年齢に合わせ、新しい時間感覚を伴う自己感を守ることに重点が置かれるようになりました。

ほぼ同時に、別のことが起こりました。手書きの文字が個人的なものになったのです。子どもはスターのサインを集め、刑事は筆跡を犯罪の証拠として使い、心理学者は筆跡を分析してその人の性格を推測しました。こうした流れのなごりで、キーボードによって文字と書き手が切り離されたと批判する人もいます。アメリカでベストセラーになった『ずっとやりたかったことを、やりなさい。』(菅靖彦訳、サンマーク出版)の著者、ジュリア・キャメロンは、「手でものを書くとき、私たちは自分自身とつながる」と説いています。キャメロンは毎朝心に浮かんだことを「モーニングページ」に書くことを勧め、何百万人もの人に影響を与えました。意識を言葉にするというこの作業は、手書きで行わなければならないというのが彼女の主張でした。

２０１２年(出版から20年が経っても彼女の代表作はまだ売れ続けていました)、キャメロンはブログで次のように書いています。「キーボードを使えば、速く、多くの文字を書けるかもしれません。でも、紙にペンを実際に走らせてみると、自分自身や自分の心の奥底に眠る考えと、本当の意味でつながることができるのです」。息子の先生もこの考え方に賛同しているようです。学校のカリキュラムでは、ペン習字からキーボード訓練へという流れが顕著になっていますが、最初に書く練習をするときは紙とペンを使うべきだとされています。宿題では、「集中力と創造性を養える」という理由でノートの使用が義務づけられています。学校にとって、手書きはフィンガーペインティングのようなもので、各自のパーソナリティの表現であり、砂場的自己感への服従の表明だと考えられています。しかし、手書きは個人的で創造的なものだというのは現代特有の考え方で、昔は存在しませんでした。

歴史的に見ても、手で書くことは単なるスキル、技術、作業、職業であり、戸棚づくりや農業や鍛治のようなものでした。ものを書くことは社会の最下層の職業ではありませんでしたが、知識階層の職業でもなく、君子がやるべきことではないと考えられていました。イエスには何ひとつ書き記したものはなく、書くことは子弟の仕事でした。ムハンマドは読むこともできず、「コーラン」〔「詠唱すべきもの」という意味〕の詩節を記録したのは書記でした。

古代ギリシャでは最も裕福な市民は文字を書かず、アカデミアでの学びは対話を通して行われました。「学校」を意味する「スクール」の語源は古代ギリシャ語の「スコレー」で、余暇、遊び、休みといった意味がありました。古代アテネの上流階級が集った「シンポジウム」は、もともと友人との会食を意味する言葉です。彼らにとって、話すことは本当の意味での〔哲学的観念についての討論形式のドリップエンゲージメントを通した〕表現の自由でした。ですから、弁論術〔口述のレトリック〕のほうが重要な技術だったのです。ものを書くことは中流階級のこなすべき雑務であり、創造性や敬意の対象ではありませんでした。現代にいたるまで、師匠や人の言葉を書き留める、または既存の文書を書き写すという書記作業にすぎませんでした。

中世になると、西洋では、ほとんどの文章が修道院の中で書かれるようになりました。修道僧は時の鐘で祈祷が中断されると、写字に励みました。しかし、書くことは信仰心の表れとみなされても、それによって個性を認められることはありませんでした。重視されたのは成果物のみで、その作者は崇敬の対象にはなりませんでした。創造的な個性を表現することはいかなる場合も認められず、目指すべきは書く人の存在が見えなくなるほどの完璧さと、忠実で正確な写本でした。

このように、中世のキリスト教徒は、自らを「啓典の民」と呼んだヘブライ人のようでした。「ソフェル」と呼ばれるユダヤ教の書記者は、今も長い下積みを経て、動物の皮でつくられた羊皮紙に手で文字を書き写しています。こうして経験を積んだ書記者だけが「トーラー」と呼ばれるユダヤ教の聖典を書くことを許されるのです。それは、文字を書くことが難しいからではなく、古くから伝わる規律によって、真正な聖典を書くためのルールが厳しく定められているからです。羊皮紙の準備、文字間隔、書き直せる回数など、複雑なルールを適切に守ることができるのは、熟練したプロだけです。それでも、書記者に関心が向けられることはなく、注目されるのは完成した本のみでした。

中世の聖職者や宗教の指導者は皆、読むことを教わりましたが、書き方の訓練を受けた人はほとんどいませんでした。驚くべきことに、「リテラシー」とは読み書き両方の能力だという考え方は、印刷機が発明されるまで主流ではありませんでした。手書きが一般的なスキルになったのは、グーテンベルクによる活版印刷機の発明後の、工業化時代初期のことです。皮肉なことに、筆記体が生まれたのは活版印刷がきっかけでした。一般庶民が機械で印刷された文書にアクセスできるようになり、ものを読むようになりました。筆記体は当時の新しいテクノロジーの産物でした。同時に領収書、契約書、請求書などが日常的に使われるようになり、文字は商業に不可欠な要素になりました。一枚の文書を印刷するために活字を組むのは非効率なため、ビジネス文書の種類ごとに正式な筆記法が考案されました。

こうして「書体」が生まれました。いわば手書きのフォントのようなものです。法律文書、会計文書、行政文書など、あらゆる種類の文書にそれぞれ適した書体が存在し、その種類は数千に及びました。複雑な装飾を施した書体は、現代人には文字に見えないかもしれません。当時でさえ、ほとんどの書体は、一般の人には判読できませんでした。特定の職業に就く人だけが、読み書きする訓練を受けていたからです。そうした書体を使う能力を身につければ、急成長しつつある資本主義市場で稼ぎのよい職が保証されたので、筆記術の習得に、人は自然とプライドを持つようになりました。そのスキルは自己表現とは何の関係もなく、社会的・経済的ステータスのためだけに重要だったのです。

スペンセリアンやパーマーメソッドの教本や、僕がかつてこなした筆記練習は、現代のコンピュータリテラシーの授業に相当するものです。どちらも、新しいテクノロジーが生み出した経済格差を埋めるために考え出された、スキル向上のプログラムと言えます。いずれにしても、オースティン・ノーマン・パーマーは、いまだに多くの人が「筆記は健全さを育む」という彼の主張を信じているのですから、自分の宣伝文句がどれほど効果的だったかを知って喜んでいることでしょう。パーマーの死から一世紀近く経った今もなお、手書き支持者は語り古された話を少しずつ変えながらその主張を繰り返しています。

筆記用具

最近の研究によると、幼児が手書きで文字を書くと、キーボードで入力した場合に比べて、理解が強まるそうです。しかし、フィンガーペイントと鉛筆を比べて前者が勝ったからといって、小学校の教室から筆記用具をすべてなくし、子どもたちを洞窟のアーティストに逆戻りさせるでしょうか？　もちろん、そんなはずはありません。学校の目的は、その時代の道具を使って自己表現する方法を生徒に教えることです。

他の研究では、手書きでノートをとることで生徒は情報を再構築しようとするので、それによって記憶力が高まるとされています。確かに、この点でも手書きのほうがキーボード入力よりも優れているように思えます。今の子どもはタイピングが速いため、講義内容をラップトップで一言一句入力してしまい、そのせいで意味を考えようとしません。対照的に、ノートにペンで記録するときは、積極的に意味を理解し、箇条書きなどの形でまとめようとします。それぞれの概念をかみ砕き、自分の言葉で表現しなおすことで、さらに理解が深まります。

しかし、理解に差が出るのは手書きによるものなのかは疑問です。本当の問題は、それぞれのテクノロジーの使い方をどう教えるかにあるのではないでしょうか。子どもたちは学校に入る前からペンとインクに慣れ、先生がホワイトボードにマーカーで要点を記すのを見て育っています。一方で、デジタルツールについて同じような模範に触れる機会は、ほとんどありません。必要なのは、キーボードで上手に記録するスキルを教えることです。現在のテクノロジーの利点を利用しないのはおかしなことです。今のテクノロジーで実現できて、ペンとインクでできないことは、数えきれないほどあります。

基本的な例をいくつか挙げましょう。デジタルノートは全方向に広がる無限サイズの用紙を子どもに提供します。学習者は紙のノートのようにページをめくる必要がなく、言葉にタグやハイパーリンクをつけ、文書やマルチメディア情報を結びつけることができます。これも現代の複雑な情報管理に慣れる手段です。デジタルノートを使えば、クラウドベースの共同キャンバスで指導者とクラスメートが協力作業を行い、ノートや走り書き、情報源やアイデアを共有できます。ある教師はデジタルノートを「生徒の脳内を覗く窓」と呼びました。生徒のノートをオンラインで確認し、理解を評価し、リアルタイムでフィードバックすることができるからです。新しいノートは、単なるペンと紙のデジタル版ではないのです。

マイクロソフトのデジタルノートアプリケーション、ワンノート（OneNote）は、「学習ツール」のひとつとして「イマーシブリーダー」という機能を備えています。これは高度なテキスト読み上げエンジンで、文章を音声に変換するだけでなく、読み上げ中の部分のハイライト表示や品詞の色分け表示を行うことができます。もともとは読字障害、書字障害、視覚認知障害、眼球運動障害など、学習障害のある子どものための補助テクノロジーとして開発されたものですが、あらゆる人に優しいユニバーサルデザインの代表例となっています。独立研究機関のＲＴＩインターナショナルが行った調査では、この学習ツールは「教育機会を平等にする」と結論づけています。この調査によると、小学４年生のグループ全体が読み書きのスキルを高めており、そのために必要なのは、デジタルノートを積極的かつ意図的に授業計画に取り入れようとする創造的な教師の存在だけでした。新しいノートでできるのは、単にバーチャルなメモ帳を使って素早く記録することだけではありません。これは、生徒がアイデアを温め、内容について再考し、考え方を整理し、理解をシェアすることができる、デジタルな砂場なのです。

フォルダやメモパッド、ルーズリーフなどの文房具が生まれてから長い歳月が経過しましたが、多くの親や教師は個人のデバイスを授業に取り込むことについて消極的です。僕の教える大学でも、学生がラップトップやタブレットでノートを取ることについて、教員から多数の苦情メールが届いています。教養学部で教える同僚の多くは教室でのデバイス使用の全面禁止を望んでいますが、彼らの訴えには、物事がもっとシンプルだった時代への郷愁が表れています。彼らがその主張の裏付けに使うのは、先に挙げたような手書きを擁護する研究です。しかしそうした研究は、スクリーンデバイスが紙を使った授業の邪魔になっていると証明しているでしょうか？　デジタルデバイスは集中を妨げ、学生の学力低下をもたらすと証明しているでしょうか？　おそらく、自分の考えに有利な証拠だけを集める「確証バイアス」の一例にすぎないのではないでしょうか。

デバイスの使用を禁止しても、成績の低い子どもにしか効果がないことを、多くの研究が証明しています。成績上位層への影響はほぼありませんでした。つまり本当の問題は、効果的に学習するスキルを授業の前に教えているかどうかなのです。僕の考えでは、先生のサポートを受けて「ワンノート」を小学4年生で使っていれば、大学生になったときにデジタルデバイスとうまく付き合うことができ、デバイスによって集中をそがれることもないでしょう。そして、時代に合った学び方を実践できるようになります。自分を取り巻くテクノロジーのメリットとデメリットを理解するようになり、その結果、長期的に成績を上げることができるのです。

知能、学力、さらには根気、忍耐、レジリエンスといった「21世紀型スキル」は、現在の世界で使われている道具をうまく利用できて初めて役に立ちます。ところが、ほとんどの大人はこの事実に気づいていません。正しく有効な自己表現方法についての時代遅れの理解から抜け出せていないのです。そういう大人は手書きの歴史を知らず、人間のコミュニケーションはほぼ常にテクノロジーに依存していたことを忘れてしまっています。そして、人間の手は神の魂とつながっており、真の創造性は純粋で自然で、現代的なものに汚されるべきではない、といった考え方を手放そうとしません。

彼らは、フランケンシュタイン的なテクノロジー恐怖症をあおる話に飛びつき、デジタルマシンが人間性を破壊し、想像力や理解を妨げ、創造性を殺し、あらゆるものを機械的なやりとりに変えてしまうことを恐れます。しかし、コンピュータの性質上、そんなことが本当に起こり得るでしょうか？　コマンドに従うしかないというデジタルテクノロジーの制約をわかっているのでしょうか？　アルゴリズムの「手続きレトリック」を受け続けると、子どもはマニュアル通りにしか動けなくなると信じているのでしょうか？　そういう見方もできるかもしれませんが、物事はそれほど単純ではありません。ソクラテスも心配していたように、テクノロジー恐怖症は、キーボードが誕生するずっと前から存在していたのです。いつの時代も創造的なテクノロジーには恐怖と不安が伴います。

「テクノロジー」という言葉の語源はギリシャ語の「テクネー（*technê*）」です。これは「技巧」を意味する言葉で、「知識」を意味する「エピステーメー（*epistêmê*）」に関連する語とされています。理論と実践は別だとよく言われますが、この区別を紀元前4世紀に初めて行ったのは、アリストテレスです。一世代前のプラトンは、テクネーとエピステーメーをほぼ同じ意味の言葉として使っていました。これは、知識を役立てるには形として表す必要があるからです。どんなに素晴らしい思想も、はかないものであり、何らかのコミュニケーション手段を通して捕捉し、表現しない限り、すぐに消え去ります。表現には技巧、つまりテクネーが必要で、テクネーは道具として使われます。説得術《レトリック》は雄弁家の道具であり、文章力は作家の道具です。文字を書くためにはペンとインク、鉛筆、音声入力ソフトウェアのような道具が必要ですが、書くという行為の仕組み自体も道具と言えます。ですから、読み書きのリテラシーも道具であり、テクノロジーなのです。この事実は、文字の起源について考えてみると明らかです。

世界最古の文字の一例は、現在のイラク南部に属する古代シュメールに求められます。博物館には、当時の文字が刻まれた小さな粘土板がいくつも展示されています。これは学校で生徒が文字の練習帳代わりに使ったもので、同じ文を何度も刻んで練習していました。先生が粘土板の片側にくさび形文字を刻み、反対側に生徒がそれを模写したのです。スマホサイズの携帯可能な粘土板に爪で刻んだマークのように見えるくさび形文字は、最初の書き言葉と言われますが、これは正確ではありません。くさび形文字が登場する前は、シンプルな絵を標準化して、身近なものを伝える象形文字を使っていました。ロゴやトレードマークのように、見慣れたものを抽象的に表現していたのです。たとえば棒は人を、楕円の横に三角形は魚を表すといった具合です。

書くという行為はこうして始まりました。次に、ソフトウェアがアルファ版からベータ版に進化するように、記号を加えたくさび形文字となったのです。このとき人類史上初めて、線で刻まれた任意の形が共通の意味を持つようになりました。記号はそれが表すものに似ている必要はなくなり、それに相当するもの（アナログ）として機能すればよくなったのです。

これは画期的な発明でした。抽象的な観念、つまり「幸せ」や「力」のような可視化できない概念を形として表すことが初めて可能になり、やがてアルファベットの誕生につながりました。一方で新たな問題、つまり記号の描き方だけなく、その意味をコミュニティの人々に教える必要性が生まれました。記号は一種の道具ですが、たとえば「穀物」の記号が穀物に見えないなら、その使い方を直感的に理解することはできません。

シュメール人がリテラシーの授業を初めて行ったのはこのためです。これはテクノロジー習得教室のようなもので、発音練習、意味の学習、音と意味による言葉のグループ分けなどがカリキュラムに含まれていました。まさに現代人がしていることの原始版です。リテラシー教育についての考え方は5000年前から変わっていないので、大勢の大人が未来の学校を想像できずにいるのは無理もありません。シュメール人は学校を「タブレット（粘土板）ハウス」と呼んでいましたが、これは今のような学校ではなく、職業訓練所のような場所でした。くさび形文字は誰もが使うわけではありませんでした。書くことは役所の特定業務を円滑にするための技術にすぎず、読み書きを学ぶ必要があったのは実際に文字を使う人だけでした。「タブレットハウス」は一部の生徒に特定の道具の使い方を教えるための場所だったのです。

今日、書面でのコミュニケーションはあらゆる職業で行われています。もちろん、私たちは葦《あし》のペンで粘土板を彫ることはなく、古代ギリシャ人のように動物の皮をなめし、軽石でこすって羊皮紙をつくることもありません。中世の修道士が使っていたインクの調合法も僕は知りません。そうしたリテラシーの訓練をしても、もはや無駄です。一方で、今の子どもが学ぶべき新技術はたくさんあります。ですから、私たちは古代シュメール人に学び、学校を「コンピュータハウス」と考えるべきなのかもしれません。そうすることで、次のような重要な問いと真剣に向き合うことができるのです。子どもたちは新しいテクノロジー環境で充実した人生を送れるように、十分に準備できているか？　新しい時代の道具を利用しながら、これまで人類に大きく貢献してきた価値観、知恵、独創性をうまく生かせる世界を築き上げられるか？

自己表現のこれから

僕の息子は3、4年生のときに初めて「説得的ライティング」を学びました。国語の先生は新しいテクノロジーを授業に取り入れることにそれほど熱心ではありませんでしたが、それが学習に役立つことは認識していたようです。説得術の伝統的ルールを教えるために、パワーポイントを使ったプレゼンテーション資料の作成を宿題にしていました。

テーマは自由で、息子は『スター・ウォーズ』のジェダイを選び、銀河帝国の強力な軍団を構成する英雄の生きざまを説明するために見事なスライド資料をつくりました。事実とデータが詰まったファンサイトを訪ねて回り、そこで得た情報を棒グラフと円グラフで表し、これを編集して論理的に筋が通るように構成しました。この作業の過程で、息子は研究と分析のスキルを身につけました。5段落から成るエッセイを書くときと同じように、主題、裏づけとなる3つの証拠、そして結論が必要でした。息子は説得の仕方を学び、同時に批判的な観点でメディアを読む能力を磨きました。自分で主張を組み立てることで初めて、子どもたちは情報源を確認し、本物の情報と偽物の情報を区別できるようになります。そして人がメッセージをどのように作成し、なぜそうするのかを理解できるようになります。

その時点で、息子はすでに僕が大勢の聴衆の前でプレゼンする様子を見ていました。そのため、パパと同じことができると張り切り、クラスメートに「講演者」としての秘けつを教えようとしていました。彼が長時間、プロジェクトに集中しているのを見て、その熱心な姿勢に感心しました。カギとなるのはモチベーションであることを理解していたからこそ、先生は息子に好きなテーマを選ばせたのです。説得に必要なスキルと文の作成に必要なスキルは別物だと先生は気づいていました。彼女が昔ながらのエッセイを避けたのは、説得術と文章力を結びつけてしまうと、片方のスキルがもう片方のスキルの習得を妨げると考えたからでした。ふたつの能力を切り離して考え、その上でパワーポイントの活用スキルという3つ目の能力を身につけさせようとしました。息子は複雑なアニメーションや画面の遷移を操れるようになり、今ではマイクロソフトの統合ソフト、オフィススイート（Office Suite）も使いこなしています。

別の機会では、先生は「創作ライティング」の練習をさせていました。テーマはやはり自由で、散文による自己表現に慣れることが課題の目的でした。書く技術を指導する前に、まずは言葉を使うことに慣れてほしいと先生は考えたのです。人が流暢に言語を操れるようになるうえで必要なのは、常に実践と反復です。息子は海賊と戦士が登場する壮大なドラマをラップトップに打ち込みました。といっても、文章はほとんどなく、描かれているのは、正義と悪の戦いで生じる爆発音とうめき声ばかりでした。

「うっ！」

パン！

「ヤツは任せた……」

「あああああーっ！」

ボン！

「ふうっ」

「走れ、行くんだ！」

彼は頭に浮かんだ遊びをキーボードに打ち込み、キャラクターをアクションフィギュアのように戦わせていました。それこそまさに先生が望んでいたことだったはずです。教育関係者が「プロセスライティング」と呼ぶ方法を、先生は使っていたのです。

1970年代の進歩的な学校運動の一環として人気を博したプロセスライティングは、成果よりも過程を重視することから、このように名づけられました。「正しく書くとどう仕上がるか」ではなく、「どのように仕上げるか」が問われるのです。文章の書き方の詳しい説明は行わず、教師は権威やエキスパートではなく、世話役やガイドの役割を担います。まずは書くきっかけとなる最低限のアイデアを教師が与え、あとは子どもたちに好きなように書かせます。子どもは間違えることや訂正されること、考え方を批判されることを恐れるべきではありません。それは文法やスペリングや構文がどうでもいいからではなく、この段階で気にするべきことではないからです。

プロセスライティングは、多くの作家の執筆方法を研究して生まれたものとされ、まずはインスピレーションが降りてくるための準備をします。プロセスライティングを学ぶ子どもたちが最初に取り組むのが、何らかの「プレライティング」あるいは「ブレーンストーミング」です。たとえば、物語を話してみたり、漫画を描いてみたり、ミニドラマを演じてみたり。レゴエデュケーションは、子どもに物語の創作を促すブロックセット「ストーリー・スターター」を開発しています。このブレーンストーミングに『マインクラフト』を使う先生もいます。子どもはバーチャルなブロックの世界で起きた出来事を友達に話し、その上で口述を散文に変換します。つまり、話したように書こうとするわけです。

次は、校正と編集の段階です。文章の訂正に新しいテクノロジーを使うことに反対する人はいないでしょう。デジタルな文書はカーソル、バックスペースキー、コピー&ペースト機能を使って修正することができます。これが手書き文字に比べてはるかに優れた文書訂正の機能であることは、誰もがすぐにわかるはずです。

そこからは美術の先生が手伝います。僕たちは手づくりの本にイラストを入れるだけでなく、色とりどりのカバーをかけてラミネート加工し、キラキラしたテープで背を補強しました。１９８０年代の学校で、本づくりが人気の教室活動だったのは、プロセスライティングの授業を補完したからです。この創造的な作業には美術だけでなく、縫う、糸を通す、ひもで縛るといった手芸の要素も含まれていました。これはモンテッソーリの学校で手先の器用さと集中力と自信を育てるために行われたのと同じ活動です。美術の予算が縮小されて、最近は本づくりがあまり行われなくなりましたが、欧米の小学校の廊下には今でも、イラスト入りの生徒の物語が展示されています。作品を公開しているわけですから、これも「出版」の一形態と言えるでしょう。

新しいテクノロジーを取り入れた最近の学校では、かつて美術の先生が担っていたことをコンピュータの専門家がするようになっています。生徒はプロセスライティングのプロジェクトの締めくくりに、ウェブサイトやブログを使って作品を家族や友達とシェアします。物語や論説にデジタルのイラスト、写真、アニメーションＧＩＦを添えることもあります。

子どもたちが自分でＨＴＭＬコードを書いたり、ワードプレス（WordPress）、タンブラー（Tumblr）、ゴースト（Ghost）などの人気コンテンツ管理システムの既存テーマをカスタマイズして使うこともあります。アドビやマイクロソフトなどの大手ソフトウェア企業は、スパーク（Spark）やスウェイ（Sway）などのユーティリティを開発しました。これを使えば小さな子どもでも、画像、テキスト、ボイスオーバーを組み合わせてドキュメンタリースタイルのショートアニメ動画をつくったり、物語を発表したり、情報をシェアしたりすることができます。これが新しい読書感想文です。もう誰も、皆の前でメモを見ながら説明するという不安な思いをしなくて済むはずです。

プロセスライティングは全米で何十年も使われている標準的な教授法です。大人がこれを気に入っているのは、砂場と同じ価値観が重視されているからです。それは抑制されない一個人としての自己表現であり、そこでは想像力と探究心が実践されると同時に忍耐も要求されます。もはや文や段落をつくることだけが著作ではなく、ライフスタイル、信仰、経験を生み出すことも重要になっています。息子の作文がアクションフィギュアを連想させたのは偶然ではありません。先生がその宿題で育てようとしたスキルは、ごっこ遊びを通して育まれるのと同じものでした。プロジェクトの狙いは、息子が自分の中に強い自己感を見出す手助けをし、自信をもって、自分の価値を順序立てて表明できるように導くことにありました。

幸い、新しいツールを使って効果的なプロセスライティングを行うことは十分に可能だと理解している教育関係者がいます。彼らは、古いツールだけを使って教えるのは無責任だと考えているのです。今の子どもは、伝統的な装置とデジタルな装置を組み合わせて意思疎通ができるようになることを求められています。なぜなら、自己表現のプロセスは、そのために使う道具から切り離せないからです。マーシャル・マクルーハンは「メディアはメッセージである」と言いました。現代のテクノロジーを意図的に学習体験に取り入れようとする教師の存在なしには、子どもはつながりあう世界に合った創造的な表現スキルを磨くことはできません。

デジタル時代の表現スキル

パソコンが普及するもっと前から、デジタルテクノロジーを学習体験に取り入れることの重要性を理解していた人物がいます。教育者のシーモア・パパートです。プロセスライティングが最初に人気を集めた頃、パパートはマサチューセッツ工科大学（ＭＩＴ）の同僚と一緒に、「ＬＯＧＯ」というプログラミング言語を開発しました。ＬＯＧＯは特に子どものためにつくられたもので、彼が自作のカメ型ロボットを動かす様子はインパクトがありました。

ガラスまたはプラスチック製の透明な甲羅がモーター、センサー、基板を覆っているこのカメは、ペンを後ろに引きずり、シンプルなコンピュータコードに従って線を引きます。やがて、このカメ型ロボットは接続ケーブルを外れて、バーチャルなカメに生まれ変わりました。甲羅の形が、画面の一部として表れたのです。今ではかわいいカメの形をしたカーソルが画面上を動き回り、線を描いています。

子どもはコマンドを入力します。「前30（fd30）」ならカメは30歩前進、「右90（rt90）」なら右に直角にターン、「後5（bk5）」なら5歩後退、「ペン上げる（pu）」とすると動いても線を描かなくなります。カメの動きを実験していくうちに、子どもは角度と距離で図形が決まることを学びます。ＬＯＧＯで正三角形を描くのはとても簡単です。カメを前進させ、60度曲がって、また前進させてを繰り返すだけ。パパートはこれを「カメ幾何学《タートルジオメトリー》」と呼んでいました。そこにはデジタルテクノロジーを子どもたちの学習に生かすべきだという彼の考えが、顕著に表れています。

「教育現場でコンピュータについて議論するとき、すべての人が同じイメージを持っているわけではない。コンピュータを使って子どもをプログラミングすることを考える人もいれば、子どもを使ってコンピュータをプログラミングすることを考える人もいる」とパパートは説いています。教育者がコンピュータを使って「ロボット」のようにただ情報を拡散することを、パパートは望んでいませんでした。また、プログラミング学習を新しい経済環境のための職業訓練とも考えていませんでした。そうではなくて、コンピュータは「考えるための道具」であり、いわばフレーベルの「恩物」のようなものだと考えていたのです。

パパートはコンピュータ教育の歴史上、おそらく最も影響力のある思想家ですが、本人は自分をコンピュータ教育者と考えていなかったのではないでしょうか。彼の専門分野はもともと哲学と数学で、ＭＩＴに来る前はジュネーブで偉大な心理学者ジャン・ピアジェとともに認識論の問題に取り組んでいました。子どもがどうやって数学的思考を学ぶのかを理解しようとしていたのです。

ピアジェは「構成主義」という、非常に影響力のある学習理論で有名です。構成主義とは「子どもは自らの学習に積極的に参加する」という考え方です。子どもは大人が情報を刷り込めるまっさらなキャンバスではなく、学習コンテンツの容れ物でもない。チャイムやシグナル、アメとムチという単純なシステムで調教できる動物でもなく、常に周囲の環境と関わり合い、アイデアと仮説を試し、知識を構築し、社会的に意味を持つシステムを組み立てているのです。2章で、宇宙探検隊員になりきって遊ぶ子どもは、同時に「調節」と呼ばれるプロセスを通して自己制御と実行機能を学んでいるという話をしましたが、これもピアジェの構成主義の一例です。

シーモア・パパートはピアジェの理論に感化されつつ、それをもとに「構築主義」という独自の理論を打ち立てました。「子どもは自身の知的構造物の建築者であるというモデルを、私はジャン・ピアジェから学んだ」とパパートは書いています。そして〝カメ〟を独自の方向に転換させます。パパートの構築主義を理解するには、子どもが自分だけの力で完全に学べることについて考えてみるといいでしょう。「子どもは話すことを学び、空間で動くために幾何学を直感的に学び、親を出し抜くために論理学と説得術を学ぶ。このすべてを〝教えられる〟ことなくできるようになる」。著書『マインドストーム』（奥村貴世子訳、未來社）で、パパートはこう書いています。

では、子どもが自分の力だけで学べないことについてはどうでしょう？　なぜ学習によっては、教師と生徒のより綿密な関係が必要になるのでしょうか。ピアジェは、これは形式へのこだわりと複雑さの問題だと考えましたが、パパートはこの考えに同意しませんでした。「建設業者には建設のための資材が必要だ」と述べて、私たちの文化は一定の種類の知識については十分な建設資材を供給するが、それ以外の知識は供給していないとパパートは指摘しました。「多くのもの（ナイフとフォーク、母と父、靴と靴下）が対になっているという事実は、数についての直感を構築するための〝材料〟である」と彼は説明します。学ぶことが難しいのは、パパートの言う「文化の相対的貧困」の結果です。つまり一定の考え方について、大人は構築に必要な材料を子どもに提供できていない、ということです。しかし、彼はそこであきらめず、コンピュータこそ、それを供給する手段だと考えました。プログラム可能なカメは、数多くの複雑な数学的概念の理解のために必要なブロックを供給してくれると、彼は訴えたのです。

パパートの考え方で注目すべき点は、コンピュータは二の次で、知識が第一と考えていることです。子どもはコードの書き方を覚えるだけではカメに話しかけることしかできません。「コンピュータ言語を使うために、コンピュータの仕組みを知る必要はない」とパパートは言います。「それは、指示を出すのに人間の脳の仕組みを知る必要がないのと同じことだ。いずれの場合も、自分が求めるものを適切な言語で描写する方法さえわかればよい」

つまり、LOGOはコンピュータ科学を学ぶためのものではありませんでした。テクノロジーを自在に操れるようになっても、数学リテラシーが高まるだけです。本物の学びは試行錯誤の結果として得られるものであり、パパートが重要と考えたのはプロジェクト学習、すべての子どもがものをつくり続けられるような教育システムでした。その理由について、MITメディアラボの「ライフロング・キンダーガーテン」グループ代表ミッチェル・レズニックは次のように説明しています。「子どもはものを構築するとき、頭の中で新しいアイデアを組み立てている。そしてそのアイデアを原動力として、新しいものをこの世界で構築する。この終わりのないスパイラルが延々と続いていく」

レズニックはパパートと長年一緒に働き、LOGOをレゴブロックと組み合わせられるようにしました。その結果、誕生したのがレゴの「マインドストーム」シリーズです。これは手で触れる遊びとデジタルな遊びを融合した、カメ型ロボットよりはるかに複雑で刺激的なおもちゃで、このマインドストームを使って、子どもたちはルービックキューブを完成させるマシン、ギターを弾くマシン、パンケーキをつくるマシンなどを組み立てました。そしてその過程でロボット工学、エンジニアリング、数学、物理学について多くを学びました。しかし何よりも大事なのは、子どもたちが新しい時代の道具を使って創造的に自己表現する方法を見つけたことです。レズニックはこの点を強調して、「コーディングの能力によって、新しい種類のものを〝書く〟ことができるようになる。たとえば双方向型の物語、ゲーム、アニメーション、シミュレーションなどである」と述べ、コーディングが作文の延長であると説いています。

パパートとレズニックの考え方とは違って、経済的、政治的な立場から「新しい産業革命に向けて、十分なコンピュータスキルを身につけさせよう」と考える人もいます。しかしこれは仕事上のスキルであり、教育において、デジタルテクノロジーをこのようにとらえるのは間違っています。学校は子どもにコーディングの仕方を教えようとするべきではありません。それよりも、子どもが、すでに自分の生活を支配しているマシンをコントロールできるようにすることが、コンピュータ言語の理解を深める上では必要です。コーディングの仕事の大部分はいずれ自動化されるため、職業第一で考えてはなりませんが、それでもなお、子どもはコンピュータの仕組みを理解する必要があります。それは、つながりあう世界で貢献する方法を、十分な情報をもとに選択できるようになるためです。

今の教育関係者は、「テクネー」と「エピステーメー」を組み合わせた教授法を考案する必要があります。コンピュータ表現にはコンピュータ的思考が不可欠だと認識する必要があります。古い表現技術も、このようにして受け入れられてきたので、それほど難しいことではないはずです。「ほとんどの子どもは大人になったときにジャーナリストや小説家になるわけではない。それでもあらゆる子どもにとって、書く力は重要だ。書くこともコーディングも、自在に操れるようになれば、自分の思考、自分の意見、自分のアイデンティティを育てることができる」とレズニックは説いています。

明らかに、レズニックはコンピュータを「砂場的自己感を育むためのツール」ととらえています。だからこそ、MITのチームと一緒に「スクラッチ（Scratch）」というプラットフォームを開発したのです。スクラッチはビジュアル型のプログラミング言語で、これを使って双方向型の物語やゲーム、アニメーションをつくることができます。コマンドをシーケンスの中にドラッグ&ドロップするだけでプログラミングできるiPod世代のためのLOGOのようなものであり、直感で簡単に使えます。レズニックら開発関係者は、プロセスライティングを意識してスクラッチを開発したわけではありませんが、両者には多くの類似点があります。プログラミング言語は、プロジェクトを構築するための限られた種類の建設資材しか提供してくれません。それは英語の単語、文法、構文の数が限られているのと同じですが、組み立て方は無限です。マリーナ・ウマシ・ベルスが「ベビーサークルは安全だが、遊び場は成長と学びの機会を無限に提供してくれる」と説明しているように、スクラッチはベビーサークルではなく、囲いのない遊び場のようなものです。

スクラッチでブレーンストーミングしたあとには、修正のプロセスがあります。コンピュータプログラマーが「デバッグ」と呼ぶ工程です。ユーザーはコード内のエラーを特定した上で、コマンドのシーケンスを繰り返し処理して修正していく必要があります。誰もが、問題解決やプロジェクトを完成させる際に似たようなことをしているはずです。たとえば論文を書くとき、学生は論説内の「バグ」を探す修正プロセスに時間を費やし、読者にとって論点が明確でない理由を見つけようとします。デバッグは誰にでも習得可能な最重要スキルのひとつと言えるかもしれません。コーディングプロジェクトは、子どもにとってそれを練習する絶好の機会です。コンピュータは常にリアルタイムでフィードバックを返してくれます。プログラムは正しく動くか動かないかのどちらかしかなく、あいまいな結果にはなり得ません。あらゆる問題のバグがすぐに見つかったら、人生はどれほど楽でしょうか。

プロセスライティングの最後のステップは、出版と公開です。スクラッチも、子どもが作品を簡単にシェアできるようになっています。2018年時点で、スクラッチには2500万人の登録ユーザーから成るコミュニティが存在します。子どもは作品を投稿し、ほかの子の作品にフィードバックを与え、一緒に学びます。これはレズニックにとって特に重要な部分です。表現力豊かで、よく考えて行動する遊び仲間が集う結束の強いコミュニティは、「創造的社会」の土台だと考えているからです。興味あることを追求し、さまざまなアイデアを検討し、意見を形成するための方法が容易に想像できる。そんな個人から成る世界のことを、「創造的社会」とレズニックは呼びました。その社会を構成するのは、新しい自己表現ツールを使いこなし、それによって充実感に満たされている市民です。自分らしさを他者に伝えて自分のアイデンティティを明確に示し、新しいテクノロジーと経済環境のもとで、価値ある成果物を生み出せる人々です。

自分はつながりあう世界のテクノロジーを自由に操ることができる。デジタルな遊びは、子どもがそう感じられるものであるべきで、消費されるコンテンツを配信するだけの箱や、コミュニケーションを制限する硬直的なシステムであってはなりません。コンピュータは創造的で明確な自己表現のためのツールだという認識を子どもにもたせましょう。

長男が小学校に上がる前の夏、先生がインスタントメッセージで『スター・ウォーズ』の絵本の写真を送ってくれました。息子が興味を持ちそうな本を見つけて知らせてくれたのです。その本を読めば、読む力がめきめきつくはずだと、先生は考えていました。

当時、自分の子どもが本を読めるようにならないことに悩む親とよく話していました。もちろん、そこで批判の的となるのはビデオゲームやiPadなどのスクリーンデバイスです。その道のエキスパートと思われていた僕はよく意見を求められましたが、息子の先生に言われたことを繰り返すばかりでした。大事なのは文字を子どもの前に置き、子どもがそれを読むようにすることだと。「いずれピタっとはまるときが来ます。その時期は人によって違いますが、心配する必要はありません。いつか必ず来ます」と先生は言っていました。

先生の言うとおりでした。息子は12歳ですが、今では大学生レベルの本が読めるようになりました。ただし「ピタっとはまる」まで待ったというより、先生の力が大きかったようです。大好きな映画の本を選んでもらった息子は、関心を持って読書を楽しむことができました。これは重要なことです。ものを読む際には、文字の音読と同様に、内容理解と文脈が大事になってくるからです。読書では読むテクニックだけでなく、暗号をリアルタイムで読解しながら、文字で表現されていないさまざまな情報を補足することも求められます。そういう情報が省略されている理由について、マーク・サイデンバーグは「トピック、文脈、話し言葉について、知っている他の情報から予測できるから」だと説明しています。文脈も知らずに読もうとするのは、完成形を知らずにジグソーパズルをはめるようなものです。同様に、幼い子どもが音読できるようになるには、いろいろな言葉に触れる必要があります。

専門家は文字で表される音を「フォニックス」、文字で表される意味を「セマンティクス」と呼びます。教材広告がどう訴えようと、子どもを「フォニックス漬けにする」だけでは楽に読めるようにはなりません。周囲の大人が乳幼児に常に話しかけることも極めて重要で、話題も工夫して変える必要があります。そうすることで、子どもは語彙を増やし、言葉の意味を学んでいきます。シーモア・パパートの構築主義の言葉を当てはめるなら、子どもにはさまざまな知識の建設資材で実験するチャンスが必要です。言葉で遊び、それを理解し、相手の反応を見て、言葉がどう組み合わさってアイデアが生まれるのかを知る機会をたくさん持つことが大切なのです。児童の発達についての専門家は、「サーブとレシーブ」のようなやりとり、たとえば大人と子どもの間でコミュニケーションを繰り返すことが大切だと言います。長い間、家族一緒の夕食は大人が子どもに話しかける絶好の機会でした。サーブとレシーブという、語彙増強の機会を与えられた子どもほど、早くから読むことを学ぶ準備ができていることを示す、はっきりした裏づけもあります。

もちろん、教師も常に子どもたちに練習の場を与え、彼らの読み取りスキルを強化する必要があります。目はどう動かせばいいか、文とは、単語とは何か、句読点は何のためにあるのかといった問いに答えつつ、単語の発音と読解力を十分なレベルに引き上げなければなりません。授業のテーマを選ぶとき、教師はさまざまなことを考えています。各教科について一般常識レベルの事項を選び、それを反復する機会を与えようとします。その結果、太陽系の惑星の名前を理科の授業以外でも目にすることになります。生徒はそうした単語を一日中耳にすることで、画像やエピソード、その言葉の意味と関連づけます。そうしておくと、いざ読むときに、「ＭＡＲＳ《マーズ》（火星）」いう言葉を自然に読み上げることができます。「火星」という言葉が文脈の中で意味をなすようになり、自然に出てくるようになるのです。

同様に、息子が『マインクラフト』で遊んでいるときは、『マインクラフト』の世界の語彙が自然に出てくる状態になっています。レッドストーン、クリーパー、ネザー、エンダーマン、ＭＯＤ、ツルハシ、サーバー、スキンといった言葉が絶えずチャット画面に現れます。息子が初めて読み書きを学んだとき、『マインクラフト』は大いに役立ちました。彼はオンラインでこのゲームをしていたため、言葉の音と意味を容易に結びつけることができ、言葉を早く覚えようというモチベーションも高まりました。言葉を覚えることでゲームが一層楽しくなり、読み書きの力を身につけたことで、空想の世界をより現実に近づけることができたからです。ただし、スクリーンデバイスが読み書きの力を高めるための最高の遊び場かどうかについては、現時点ではなんとも言えません。デバイスとの関わり合いが読み書きに及ぼす効果については、まだきちんとした研究が行われていないのが現状です。

あの『セサミストリート』でさえ、語彙増強という面では、生身の人間と話すほど効果はありませんでした。それは、テレビでは「サーブとレシーブ」ができないからです。一方、デジタルメディアはテレビをはるかに超える双方向性を持っています。仮想世界での言葉のやりとりと現実世界でのやりとりの間で学習効果に違いはあるかどうかは、まだ明らかになっていません。

ひとつだけ確かなことは、僕の息子の世代が大人になったとき、日常的な読む行為のほとんどがスクリーンデバイス上で行われるということです。テクノロジー恐怖症の人たちがどう考えようと、スクリーンデバイスは書き言葉の敵ではありません。むしろその逆で、スマホのおかげで今日の社会はかつてなく文字への依存度が高まっています。読む人の数も読む量も、頻度も増えています。ただし、読まれているのは本ではありません。ウェブ上の文字との関わりは極めて軽薄で、重厚な文学は滅びかけていると考える人もいますが、そうした見方のもとにあるのは過去へのロマンにすぎません。そういう人が思い描いているのは、誰もがプラトンを読み、重厚な散文を書いていたような古き良き時代です。

しかし実際には、そんな時代は存在しませんでした。そもそも大半の人は読み書きができず、たとえできたとしても、多くが大衆的な読み物を楽しんでいました。たとえば、約1000年前の京都では、紫式部が世界最古の長編小説ともされる『源氏物語』を著しましたが、その内容は宮廷の禁断の恋愛模様を描いたメロドラマで、文学作品として高く評価されるようになったのは、後世になってからのことです。同様に、セルバンテスの『ドン・キホーテ』も、17世紀初めの大衆的なロマンスのパロディーでした。ハーバード大学比較文学教授のマーティン・プフナーによれば、『ドン・キホーテ』はもともと、「劣悪な文学ばかり読んでいると痛い目にあう」というセルバンテスによる教訓の物語でした。しかし何を読んでも、誰も痛い目にはあっておらず、それから数百年たった今も、文字を読める人はかつてなく増え、「良い」読み物も「悪い」読み物も入手しやすくなっています。これもデジタルテクノロジーの功績です。

スクリーン上の言葉との関わり合いをもっと有意義なものにするために、教師が子どもを導き、授業を変えていく必要があります。紙の本だけを読ませるのは、もはや十分ではありません。デジタルデバイスを使った上手な読み方も学ぶべきですが、現状では、先進国の人々はそれを教えることをせず、デジタルな読書は子どもにとって良いか悪いかという議論に明け暮れています。一方、新興国ではもともとほとんどの庶民が本に触れたことがなかったのですが、神からの贈り物のように普及したスマホのおかげで、多くの人が世界最大最良の図書館にアクセスできるようになりました。つまり、デジタルデバイスの良し悪しという議論は、先進国特有のものというわけです。

アメリカでは、デジタルデバイス反対派が紙の優位性を示す研究をことあるごとに持ち出す一方、推進派はデジタルな読書を支持する研究によって、自身の正当性をアピールします。両者とも、確証バイアスに陥りやすく、スクリーンデバイスと紙の違いを実証できるだけのランダム実験は、まだ行われていません。それを実現するには、恵まれた子どもたちの試験グループに、紙の本で行っているのと同じ時間、質、種類の読書を、スクリーンデバイスでさせる必要があります。今では大勢の子どもが小さい頃からiPadに触れていますが、だからといって、紙と同じような読書体験を、デバイスで行っているということにはなりません。ほとんどの大人は、子どもが生まれて間もないうちから紙の本を読むための環境を整え、言葉やクレヨンの使い方を示します。就寝前だけでなく、保育園や幼稚園でも紙に書かれた文字を称える儀式が今も続けられています。しかし、スクリーン上の言葉とアイデアについては、まだそうした文化が育っていません。

これからの学校は、同じような儀式をスクリーン上でも行うべきです。そうすることで初めて、デジタルコンテンツは意義あるものに変わっていくでしょう。大人は子どもに対して、幼少期から文字に触れるように仕向け、スキルを徐々に積み上げていけるようにしています。たとえば、一緒に読んだ絵本について子どもたちに質問する幼稚園の先生は、内容理解を促しているだけではなく、文字情報を分析することの重要性を教えているのです。さらに、紙に書かれた情報には読む価値があるというテクノロジーについての教訓も伝えられます。この教えがコンピュータの使用時間制限やスマホの持ち込み禁止のようなルールと組み合わさると、文字情報について間違った階層化が行われることになります。子どもは、スクリーン上の言葉は紙面上の言葉ほど重要でないと考えるようになるのです。これは大きな問題です。子どもが小さいうちから新しいメディアリテラシーを学び始める体制を、早急に整えましょう。

たとえばティーンエイジャーは、ネット上で遭遇する（または自らつくる）ミーム、動画、物語の分析の仕方を理解する必要があります。そういうものに対する慣れや理解が不十分であると、大人になってから損をしかねません。デジタルな政治的宣伝がどのくらい信頼できるかは、インターネットの効果についての知識なしには判断できません。また、予測アルゴリズムを活用した広告の見分け方を知らなければ、正しい情報に基づく購入決定を下すこともできません。そして何よりも、アイデンティティを築き上げ、時代にふさわしいテクノロジーを使った表現方法を学んでいなければ、個人の充実感は得られません。これらの課題を克服するには、今後の授業でデジタルメディアとの関わり方を教える必要があります。紙に印刷されたものに比べて重要ではないとして、オンラインコンテンツを切り捨てることを、教師はやめるべきです。

古い文学の多くは、書簡や日誌など、今ではすたれた通信テクノロジーによってつくられた作品でした。ならば、現在インターネットで公開されているものの一部が、いつか真の文学作品として認められるのではないでしょうか。マーク・トウェインがSNSのアカウントを持っていたら、そのプロフィールを覗いてみたいときっと思うはずです。愉快で皮肉のきいたコメントで、きっと私たちを楽しませてくれたことでしょう。多くの偉大な作家と同様に、トウェインは世界との有意義な付き合い方を教えてくれ、私たち教師は、その教えを生徒と共有しています。

インターネットに接続している時間が長いと、ティーンエイジャーは不幸で、孤独で、うつ状態になりやすいと説く記事を読んだときは、SNSで人気者になったマーク・トウェインを想像してみてください。テクノロジー自体は人の魂を吸い取るものでも、自己愛を強めるものでもありません。問題は、良い人生を送るための適切な例をオンラインで提供する方法を、大人がまだ見つけられていないことです。本は昔からその役割を果たしてきました。まずはプロセスライティングを通して、私たちは文章が個人の内面の物語、つまり作者の頭で起こったことを自由に記録したものであることを学びます。偉大な小説は、どんな語り手によって伝えられたとしても、偉大な作家の思考地図になっています。彼らは、人生について私たちの知らない気づきを持った尊敬すべき人たちです。

一方、インターネットの世界にはそのような人がまだ存在していないか、少なくとも私たちはその存在に気づいていません。子どもの模範となる人、たとえばソクラテス、シェイクスピア、カフカ、マーク・トウェインのような人がいないデジタルな世界で、幸せに生きる方法を見つけられないのは、無理もありません。私たちは子どもを未知の領域に、何の指針も示さず、放り出してしまっているのです。子どものお手本になっているのは、未熟なユーチューバーだけです。そのため、仮想空間での作法、倫理、期待される行動についての規範を、子どもはほとんど持ちあわせていません。

これからの学校は、新しい言語教育を取り入れ、カテゴリー、ジャンル、文化など、あらゆるものを刷新していく必要があります。スクリーン上の文字とのデジタルな関わり合いを創造的な自己表現の重要な手段と考え、デジタルな人間性の育成を学校のカリキュラムに取り入れない限り、子どもたちがつながりあう世界で充実した人生を送ることは不可能なのです。

まとめ

デジタルな要素を含む楽しく独創的なプロジェクトを授業に取り入れよう。そうすることで、子どもはつながりあう世界のテクノロジーを創造的な自己表現の道具としてとらえられるようになる

大人が子どもに伝える知識やアイデアや価値観は、その時代の道具によって表現することができたときに初めて役に立ちます。あらゆる自己表現は道具を必要とします。説得術《レトリック》は弁論家の道具であり、文章術は作家の道具です。言語自体もある種のテクノロジーと考えることができます。先史時代はうなり声で考えを表現するしかありませんでしたが、言葉という革新的なテクノロジーが生まれたおかげで、複雑な考え方が構築され、それを伝えることができるようになったのです。

古代シュメール人は粘土板（タブレット）に葦のペンで文字を刻む方法を子どもに教え、その学校を「タブレットハウス」と呼んでいました。それにならえば、今の学校は「コンピュータハウス」と呼べるかもしれません。

教育の目的は、その時代のテクノロジー環境の中で生産的で倫理的で充実した人生を送れるように、子どもを準備させることです。しかし、プロセスライティングに長年取り組んできたために、自己表現の技術は軽視されやすくなっています。私たちは、書き言葉を当たり前のものとしてとらえ、創造性とは、自分の中に強い自己を見出すことだと考えるようになっているのです。その時代にふさわしい道具を使って、自分の価値をはっきりと示すような、自信に満ちた主張も大切であり、そうした能力を育てる必要があります。自己表現は、それに使う道具から切り離せません。

授業で古い道具しか使わない大人は無責任です。今の子どもは伝統的なテクノロジーとデジタルテクノロジーの両方の使い方を学ぶ必要があります。現在の技術を意図的に学習体験に取り入れようとする教師の存在なしには、子どもはつながりあう世界で自己主張するための表現力を身につけることはできません。

子どもは時代の環境に合った学習を実践して初めて、自分を取り巻くテクノロジーのメリットとデメリットを理解できる。長期的に学習成果をあげるには、それを理解することが必要

私たちは今、「健全」な能力と時代遅れの技術を操る能力の違いがわからなくなっています。それは、最もよく知られた発達課題の多くが過去の道具に結びついたままだからです。これからの学校は、新しいテクノロジーが子どもの身体に求めることを考慮しながら、評価基準を変えていく必要があります。スワイプ、タップ、クリックといったデジタルデバイスに欠かせない動作は、今や自律的な行動のための前提条件です。

子どもがバーチャルな物体を三次元で操り、複雑な網の目状の物語を理解し、カテゴリー分けをデータ分析プロセスのひとつとしてとらえられるようになるのは、それぞれ何歳からでしょう？　これらのことを念頭に置きながら、大人は昔をなつかしんで愚痴を言うのではなく、タッチスクリーンやコンピュータを学習体験に採用する必要があります。ひとつの道具から次の道具へと移行するとき、失われるものを嘆くのではなく、変化を受け入れて前へ進むことも重要です。私たち大人は、古い価値観を新しいテクノロジーの文脈に組み入れる方法を、なんとしても考え出す必要があります。

これまで、教師は授業のポイントを黒板やホワイトボードに素早く書き、お手本となる書き取り方を生徒に示してきました。それと同じことを新しい道具でもしなければなりません。そのためにはパワーポイントのプレゼンテーションに加え、たとえば算数の計算手段にスプレッドシートを使えば、小学生でもデータを使用できるようになります。フローチャートをさっと描き、アルゴリズム思考で議論を明確にする方法や、タッチスクリーンで3D模型を組み立てる方法を演示しましょう。『マインクラフト』でバーチャルなジオラマをつくり、デジタルな砂場でアイデアを出し、複雑な考え方を整理してアイデアをシェアする方法を生徒に示しましょう。

▽ 紙に印刷されたものに比べて重要ではないとして、オンラインコンテンツを切り捨てることを、大人はやめるべき。デジタルな人間性の育成を学校のカリキュラムに取り入れない限り、子どもはつながりあう世界で充実した人生を送れない

デジタルテクノロジーのおかげで、今日の社会はかつてなく文字への依存が強まり、読む人の数も、読む量も、読む頻度も増えています。しかし、子どもたちがスクリーン上の言葉と有意義に関わり合う方法

を学ぶために、学校体験を変えていこうとする努力は、まだ十分ではありません。

何世代にもわたり、大人は紙に書かれた文字をよしとする儀式的なやりとりを行ってきました。就寝前の読み聞かせ、就学前に習うアルファベットの歌、幼稚園で本の感想を伝え合う時間などを通し、子どもは紙に印刷された言葉には、熟考し解釈するだけの価値があると考えるようになります。ところがスクリーンデバイスについては、こうした文化がなく、むしろスクリーン上の文字や画像は表面的で取るに足らないものだと子どもたちに吹聴しています。その結果、デジタルメディアについてのリテラシーが不足し、世界各地で政情不安の要因のひとつにもなっています。

子どもたちがインターネットやビデオゲームで遭遇するミームや動画、考え方を正しく分析するためには、デジタルな遊びや創造的なオンライン活動、コンピュータを使ったプロジェクトにもっと従事させる必要があります。

「フェイクニュース」の問題に対処するにはこれが最善の方法であり、人を説得しようとするデジタル情報に（できるだけ早く）じかに触れさせることで、子どもは身近なメディアコンテンツがどのようにつくられているかを直感的に理解できるようになります。主流のテクノロジーを使ってアイデンティティを構築し、自己表現する方法を子どもに教え、フィンガーペインティングやプロセスライティングの教授法を新しいツールに生かしましょう。デジタルテクノロジーを授業に活用することで、子どもはメディアの持つ強制力に気づくことができます。

私たちはデジタル社会で、より幸福な、より充実した人生を送ることができます。研究結果がどんなに私たちの恐怖感をあおろうとも、テクノロジー自体は人の魂を吸い取るものでも自己愛を強めるものでもありません。真の問題は、オンラインでの充実した生き方のイメージや、デジタルな世界で偉大な文学に相当するものを、子どもたちに示せていないことです。つながりあう世界で、どうすれば幸せになれるかを子どもたちが知らないのは、インターネット空間に意味を見いだす方法を、私たち大人が教えていないからなのです。

9

新しい学びの目標

ミノア文明は非常に革新的な古代文明でした。現在のギリシャのクレタ島で青銅器時代（紀元前2000年〜1500年頃）に栄えた、ヨーロッパ最古の文明のひとつと考えられています。中央集権的な政治体制で、宮殿があったクノッソスには舗装された道路や下水道があり、表音文字が使われていました。現在の住宅の基本となるまっすぐな壁や屋根は、ここから始まったという説もあります。それ以前の人々は洞窟、マンモスの骨で建てた小屋、動物の皮でつくられたテント、泥れんがの家に住んでいました。

こんなイメージを想像してみてください。クノッソスの宮殿の外にあるオリーブの木の下でくつろぐふたりの市民。遠方のエーゲ海を眺めながら、ひとりが話しかけます。

「不安なんだ」

「何が？」

「世の中を見てみろよ」と言いながら、陶器に入ったワインをあおります。

友人はその鮮やかな彩りの器に感心しながら、最近よその国からろくろを持ち帰った船乗りのことを考えています。初期の粘土製の水差しはシュメールの都市ウルからもたらされましたが、ミノア文明の担い手であるミノス人の交易範囲は非常に広く、外国から次々と目新しいものを持ち帰ってきました。

「この変化の速さに、いつまでもついていけると思うか?」と最初のひとりは問います。「何十万年もの間、人は狩猟と採集で生計を立て、洞窟や小屋に住んでいた。ところがほんの短い間に、壁を発明し、貿易を始め、海軍を持ち、政治体制を築き、文字を――」

「もうついていけない!」と友人が口を挟みます。

「ああそうだ。次にどうなるか想像もできない。子どもを将来にどう備えさせろというんだ?」

現代人と同様、人間にとって適応可能な生物学的限界を超えるスピードで技術が進歩する時代に自分たちは生きていると、当時の人々も思っていたはずです。

しかし、彼らは間違っていました。

そして、私たちも間違っています。

「柔軟性」信仰

歴史を振り返り、過去の技術的進歩が当時の人々にとって、どれほど革命的だったかを考えてみましょう。建物が初めてつくられたとき、クノッソスにさまざまな種類の住居や小屋が建てられたとき、そして迷路のような3階建ての宮殿が建設されたとき。その時代の人々にはどの段階も革新的で、私たちが初代iPhoneを見たときのように衝撃を受けたはずです。しかし、考古学者に発掘されて後世に衝撃を与えたのは宮殿だけです。ということは、今から数百年後に、私たちの子孫がコンピュータの歴史を振り返ったときに気づくのは、クノッソスの宮殿クラスの変化だけということになります。

将来、パンチカード式の作表機がニューヨーク州アーモンクのIBM本社跡から発掘されたとしても、取るに足らない遺物とみなされるでしょう。それが19世紀の機械時計から生まれ、量子コンピュータ開発の重要な足がかりになったことなど、誰も気づかないでしょう。未来の考古学者はパンチカードが電気式リレーに、真空管がダイオードに変わったことも、キーボード入力やブラウン管モニターの重要性も認めず、テレタイプ端末、初のデジタル式腕時計「パルサー」、ヒューレット・パッカードによる初のポケット電卓「HP－35」を思い起こすこともないでしょう。

こうした個々の変化は、長い歴史の中では取るに足らないものであり、デジタル時代全体がいつの日かひとつの大きな進歩とみなされるでしょう。AIやバイオエンジニアリングも、歴史の筋書きの中では第四次産業革命の一部とは考えられず、過去3回の産業革命が目指してきた先にある、次の時代への小さな一歩として語られる程度でしょう。変化は、その中で生きている間は目まぐるしく感じられますが、振り返ってみると、何千年、何百年もかけて起きたゆったりした移行のように見えます。

私たちが現在経験している変化は間違いなく深刻なもので、今の子どもに極めて大きな影響を及ぼします。しかし、テクノロジーの変化が人間の適応能力を超えていると考えてはいけません。それは、教育の可能性を奪い、道具に必要以上の主体性と信用を与えることになります。実際には道具に主体性などなく、私たちが道具をつくったのであり、道具が私たちをつくっているわけではありません。さらに言えば、道具は適応努力の一部であり、技術的、経済的、社会的なパラダイムの問題点を是正したいという、私たちの願いを表すものです。革新的な道具は、時間、場所、コミュニケーション、交易、物語、アイデンティティへの新しい（そしてできればより良い）関わり方を模索したいという、人類の欲求を満たすための手段なのです。

進歩の速さについて必要以上に警戒を促す議論は無意味です。それどころか、ハイテク産業はますます成長しています。人々はとにかく新しい技術を取り入れることに追われ、技術の発展を当然の運命として受け入れるしかないと思っているようです。

一例として、「ムーアの法則」について考えてみましょう。これはインテルの共同創設者ゴードン・E・ムーアにちなんで名づけられた有名な理論です。ムーアは1965年、半導体の集積率は毎年2倍になっていると指摘しました。しかしムーア自身は、少なくとも「エレクトロニクス」誌に寄稿した当初の論文では、それを「法則」とは呼んでいませんでした。

というのも、それは科学的な意味での自然法則でも物理法則でもなく、製造コストの低下に伴う業界の成長予測にすぎなかったからです。にもかかわらず、シリコンバレーの人々はムーアの仮説を好んで「法則」と呼び、よく口にしています。これは、コンピュータ処理能力によって人間の生活が支配されるという印象を与えるからです。ムーアの法則は、道具を神として描く神話にお墨付きを与え、この神話がハイテク産業を支えています。この神話を信じる消費者は、人間が道具をどう使うかという観点ではなく、道具が人間をどう使うかという観点を持つようになるのです。

実は、学校改革をめぐる昨今の議論の根底にあるのは、この危険な考え方と同じものです。僕は世界各地で、避けることのできない急速なテクノロジーの変化に、学校はどう順応していくべきかという議論に参加してきました。司会者からは、将来使いものになる子どもを育てるにはどうすればよいか、とよく聞かれます。もちろん、実際にはそんな直接的な聞き方ではなく、たいていは、最も重要な「21世紀型スキル」とは何か、と問われます。少なくとも30年以上の間、多くの研究者、財団、政府、非営利組織が、新しい世紀に必須の能力に関する報告書を作成してきました。毎回、報告書は前の報告書を少しずつ変えて作成されますが、どれも同じ3つの要素を強調しているように見えます。それは柔軟性、適応性、創造性です。21世紀はすでに2割も終わってしまっているというのに！「大人の役割は、自分たちが想像できない経済環境に子どもたちが創造的に適応できるよう、柔軟なスキルを身につけさせること」などといつまで言っているつもりでしょう。そんなものは解決策ではなく、大人が責任を逃れ、問題を避け、難題を次世代に押しつけているだけです。もちろん「適応性」は重要ですが、答えにはなり得ません。「子どもは適応するためにどんなスキルを必要としているか」という問いに対し、「適応するスキルを身につける必要がある」では答えになっていないのです。

さらに、柔軟性、適応性、創造性は、21世紀だけに必要なスキルではありません。いつの時代も未来は不確かなもので、時代の流れがもっと緩やかだったように見える紀元前500年頃も、哲学者ヘラクレイトスは「永遠に変わらないのは、すべては変わるという真実だけ」だと説いています。予測不可能性や進歩のスピードは現代特有のものではないのです。柔軟性、適応性、創造性は時代を問わず、子どもが未来に備えるために必要なものであり、そもそも子どもを学校に通わせるのも、そうしたスキルを身につけさせるためです。過去は世代を超えて受け継がれるべき知恵や創意、アイデアに満ちていることを私たちは知っていますが、価値観やスキルや考え方を創造的に考え直し、調整していくべきであることもわかっています。そうすることで、スキルは世界が刻々と変化する状況でも意味を持ち続け、人に役立ち続けるものになるのです。

技術者のバネバー・ブッシュは、1945年に*As We May Think*（思索にふけりて）という有名なエッセイを書きました。これはワールド・ワイド・ウェブ（WWW）の基本技術となるハイパーテキスト・トランスファー・プロトコル（HTTP）の発想の源とされています。初のアメリカ大統領科学顧問としてマンハッタン計画を立ち上げ、議会でのロビー活動を経て全米科学財団を創設したブッシュは、インターネットが生まれる何十年も前に、エッセイの中でいみじくもこう述べています。情報テクノロジーが社会に役立つのは、それによって

「知識が個人の人生でなく、人類の歴史が続く限り進化し続け、維持されていく」場合のみだと。自分の思い描いた未来像を見られなかったにもかかわらず、彼は21世紀の大人が忘れがちなことを理解していました。それは、インターネットは記憶の道具であり、人類が生物学的欠点を補うために行った適応のひとつの例だということです。

私たちの先史時代の祖先の生活がどれほど大変だったか、想像してみてください。狩猟採集民は、知識を求めて整理し、情報を保持して表現し、共同体で語られる話を取捨選択して語り継ぐために、自分の頭の中の限られた能力に頼るしかありませんでした。どの植物が食べられてどの植物を避けるべきか、どの山道が安全でどの山道が危険か、どの部族が友好的でどの部族が敵対的か、頭に入れておく必要がありました。生き残るためには神話と知識、物語が必要でした。

しかし、人間に与えられた最高の記憶装置である脳には限界があり、人は物事を忘れてしまいます。だからこそ、シュメール人やクノッソスの人々は物事を記録する方法を考え出しました。忘れっぽさという、私たち人類の生物学的傾向に対処する最初の道具をつくりだしたのです。彼らは自分の知識を共有できるように記録し、変わり続ける世界でその子孫が活用できるようにしたのです。そして、柔軟性、適応性、創造性を持って生きられるように子どもを備えさせました。これらは21世紀のスキルではなく、人類が書き留めることを始めた、そもそもの理由なのです。

データ、情報、知識

テンプル大学の僕のオフィスの隣には以前、考古学者がいました。彼女はくさび形文字を刻んだ本物のシュメールの粘土板を授業で使っていました。学生たちはそれを順に回し、薄茶色の硬い粘土の表面を指でなぞります。この粘土板は当時の領収書であり、初期の都市経済で行われた商人間の小口取引の記録でした。

人類の記録の始まりは通貨、あるいは穀物、羊、魚、パンなどの商品の絵が描かれた借用書で、コインには初期の象形記号が刻まれました。古代の文書の多くはチェックリストで、今のスプレッドシートのようなものであり、食料貯蔵庫や倉庫の在庫を刻み目や記号で表していました。クノッソスやシュメールでは何千という受領書や在庫目録がつくられ、あらゆることが書き留められました。これらは有史初の包括的な事務処理のシステムで、記録を保管し取り出すための道具によって成り立っていました。

歴史学者は普通、人類初の在庫目録と文学作品を区別し、受領書と物語は別物だとしています。しかし、つながりあう世界では、その区別はあまり意味をなさないかもしれません。私たち大人は、ネットワーク化された道具を使って生活する方法を子どもに教える必要があります。こうした道具は、データや情報を流動的かつ双方向的に扱うためにつくられたものです。

また、定量的な自然科学と定性的な人文科学というふたつの分類は、誤った前提に基づいていることを理解する必要があります。両者はまったく違うもののようでいて実は非常に似ており、知識を記録するためのものという点で同じです。数学、物理学、化学は、歴史学、詩学、神話学、文学と同じ基本目的を持ちます。いずれも、人間が自分の経験を形として表し、人間に想像できるあらゆる可能性を示すために使う言語です。確かに、各領域は異なる物事を異なる見方で描写しますし、僕はこの本を通して、メディアがメッセージをどのように形づくるかを論じてきました。

しかし、そうした違いはいったん置いて、すべての知識体系に共通する要求に注意を向けてみましょう。いずれも、目録の管理、データのやりとり、経験の表現、情報の共有、知識の交換という共通の目的を持っています。

このことを理解するために、知識がどのように構築されるかについて、考えてみましょう。すべてはデータから始まり、データを観察し、定義づけ、分類し、表現すると情報になります。情報は後に知識に変わることもあれば、変わらないこともあります。たとえば赤みがかった夕陽は、反射と屈折を経て私たちの目に届きます。青系統の光は散乱してしまい、赤系統の光だけが厚い大気層を通過します。私たちがこの事実を知っているのは、空の色が変わっていくのを見た人間がその仕組みを知ろうとしたからです。パターンを認識して、その現象に名称を付け、説明しやすくしたのです。この感覚刺激は「日の入り」という言葉で表されました。それは、太陽神ヘリオスが全宇宙の神ウラノスの支配する広大な空を横切る一日の旅の終着点となり、モネがサン・ジョルジョ・マッジョーレ聖堂のシルエットを描いた絵画となり、ウォルト・ホイットマンが「すべての終わりなきフィナーレ」を謳った詩となり、大気に吸収される光子や分子のプリズムで屈折する光の波となりました。

どの描写が一番重要と考えるかは、学校でどんな枠組みの中でそれを学び、その知識をどう利用してきたかによって変わります。僕の息子は歴史の授業でホメロスの作品を読み、古代ギリシャ人が、太陽神ヘリオスは「馬車に乗って光を放つ」と信じていたことを知ります。芸術の授業では印象派の筆づかいを学び、英文学の授業ではロマン派の時代にホイットマンが『草の葉』で官能的な喜びを表現して、ビクトリア時代の価値観に対抗したことを知ります。化学の授業では固体、液体、気体の違いを教わり、物理の授業では光子が波と粒子の両方の性質を持つことを学びます。どの科目も暗号の体系で、空の色について考えるための手段であり、息子にとっては新しい言語のようなものです。そして、さまざまな考え方の枠組みを身につけることで、容易に他者とアイデアを交換できるようになります。このとき、情報は通貨となります。

世界についての説明を暗号化し、解読する共通の方法について人類全体が同意するとき、情報は知識に姿を変えます。「知識とは、人がすぐに利用できる形で保有している情報である」と、世界的に有名な数学者で、スタンフォード大学人間科学技術先端研究所の理事も務めるキース・デブリンは述べています。「21世紀の市民は、情報についての基本的な理解と、情報を知識に変えるために何が必要かを理解しなければ、うまく生きていけないだろう」というのは、見事な指摘です。つながりあう世界で必要となる主要スキルは適応性、柔軟性、創造性であると述べる人たちが直感的に理解していることを、デブリンは正確に表現しています。彼らが語ろうとしているのは、変わりゆく環境の中で過去の言語、暗号、情報体系を修正し、知識としての地位と実用性を維持する能力のことです。これこそが、21世紀型スキルの本当の答えです。学校は、古い知識を新しい情報管理システムに取り入れることで、子どもを未来に備えさせる必要があるのです。

残念なことに、現在の教育慣習のほとんどは、これと真逆のことを行っています。iPadを昔ながらの書類棚で管理するようなもので、データ、情報、知識について、子どもたちに時代遅れの理解を促し、将来への準備だと訴えます。これはおそらく、私たち大人が過去の情報革新の考え方にいつまでもとらわれているからです。

カード目録

19世紀末、メルビル・デューイは十進分類法によって図書館の運営方法に革新をもたらしました。それまでの図書の整理法は、僕がアームチェアの横の小型テーブルで行っている方法と大して変わりませんでした。つまり、届いた本を、背表紙をこちらに向けて順に積み上げ、読みたい本を山から引っ張り出すという単純な方法です。デューイ以前の図書館は、これより少しましという程度でした。新しい図書が入荷すると、番号を割り振って棚の前回入荷した本の隣の空きスペースに加えます。本を探すときは、テーマ別に整理された目録を見て、そこに記載された図書の格納場所を確認します。たとえば、フランツ・カフカの『城』を探すと4023番となっていて、長い図書館の部屋の奥に保管されています。テーマと場所に関係はなく、カフカのふたつの作品が、図書館の反対側に保管されていたかもしれません。

今の私たちにはとんでもない整理法だと思えるかもしれませんが、文字が知識の記録だとすれば、このように時間順に整理するのもひとつの方法です。本の主題よりも年代を重視した整理法で、知識はそれまでの基礎の上に積み上がっていくわけですから、この方法には一理あります。ただし効率的ではなく、蔵書がいっぱいになって移転するたびに、すべての図書に新たに番号をつける必要があります。一方、デューイのシステムは革新的でした。発想を逆転してテーマ別に分類し、各図書にこの分類に対応するコードを付けたのです。利用者は目録を見るように書庫を見ることができ、分類法としては、年代より主題や著者のほうが重要だと気づきました。

僕は小学校で図書館の使い方を学びました。デューイのシステムは一種の技術リテラシーで、それを学ぶための授業もあり、読みたい本の見つけ方と、文字、点、数字で構成された文字列の解読方法を教えられました。その講義が終わると、僕は司書のデスクの横にある大きなオーク材のキャビネットへ向かいました。カード目録は主題、著者、タイトルごとに整理されていて、どの分類方法でも図書を検索できるようになっています。

数十個ある長方形の引き出しの中では、切り欠きの入った大量のカードが次々とめくれるようになっています。それは父の仕事机に置いてあったローロデックス［回転式の名刺ホルダー］のようでした。父はつまみを回して古代の粘土板サイズの名刺を回転させながら検索していたものです。

かつて、あらゆる情報がカードにまとめられていた時代がありました。そのため、勉強法の授業では、『世界大百科事典』の項目を読むときに、1枚のカードにひとつの情報を書くように教えられました。そうしておけば、あとで簡単にレポートにまとめられるからだというのです。まずは情報を分類して輪ゴムでまとめ、次に意味のある順番になるように、コルク板にピン留めするように言われました。しかし、僕は先生の言っていることが理解できませんでした。小学校の課題では、そんな複雑なファイリングシステムが必要だと思えるほどの情報を扱っていなかったからです。作業の手間が増えるだけなので、僕は情報カードを使ったことがありません。先生は、当時の大人の職業生活に不可決だった情報システムに慣れさせようとしていたのでしょうが、僕にはそれが理解できませんでした。

情報カードとそれを活用した保管型の情報整理システムは、メルビル・デューイによる発明の100年以上前から存在していました。1760年頃にその仕組みを発明したのは、現代の分類法の祖とされるスウェーデンの博物学者カール・リンネです。植物、動物、鉱物の分類に現在使われている方法は、この分類法が編み出された当時の情報テクノロジーと結びついています。リンネは自然界の整理法を考案しました。あるいは、自然界についての彼の見方に適合するように道具をデザインしたのかもしれません。いずれにしても、情報カードによる整理システムは過小評価されています。全体の秩序を崩さずにファイルを追加して知識のコレクションを拡大しながら、情報データベースを手軽に管理できるこの道具は、情報整理分野における極めて大きな貢献として、もっと評価されるべきでしょう。

リンネのこの地味な革新が、私たちの思考習慣にどれほど影響したかを考えてみましょう。カード目録教育を学んだ人は、昔ながらの習慣と伝統の「手続きレトリック」を通じて、自分を知識を保管する容れ物だと考えるようになります。私たちは思考の中身は並び替え、拡張し、入れ替えられると知りながら、知の保管庫にいろいろなものを詰め込もうとするのをやめません。私たちの記憶、経験、アイデアは、高金利の銀行預金のように複利式で膨らんでいきます。ブラジルの偉大な教育者パウロ・フレイレが、このような詰め込み式の教育を「銀行型」と呼んだことには理由があるのです。銀行型教育では、「世界が生徒の中に〝入って来る〟方法を調節することが教育者の役割だ」とフレイレは述べています。学校のあらゆる慣習は、教えられたことがファイル保管庫にきっちり収まるような、知識の容れ物としての自己感の形成を子どもにを促す教育を推進しています。リンネ的な思考がもとになり、知識を科目分類別に杓子定規に分け、それぞれに短い名前をつけるようになったのです。同様に、学期末の成績評価、単位認定、個々の生徒の達成度を評価する方法も、すべてリンネの情報整理システムの産物です。

生徒の成績は、かつてはカーデックス社の書類保管庫にぴったり収まる情報カードに記録され、そこから「レポートカード（成績通知表）」という言葉が生まれました。学校の歴史は情報管理システムに縛られ、お役所的とも言える組織主義に染まっています。リンネの情報カードの論理によって確立された硬直的な報告体系は、統一テストが続けられている真の理由でもあります。教師も親も、生徒も、誰もがテストを嫌っています。僕は統一テストを支持する人に会ったことがありません。テストの作成と採点を行う会社のCEOとも話したことがありますが、テストが20億ドル産業になり、その恩恵にあずかっている人たちでさえ、不条理さを感じていました。あらゆる大人が「過剰なテスト」や「テストのための教育」を批判し、試験のせいで生徒は勉強が嫌いに、教師は教えることが嫌いになっています。テストは学習の評価方法としては不十分で、時に不正確なこともあります。学習はテストをする理由と何の関係もありません。それでもテストをしているのは、役所が必要とするような管理体制の基礎であるファイル保管庫に収まるようなデータが得られるからです。

テストに批判的な教育者は、形成的評価と集計的評価の違いを好んで持ち出します。集計的評価が学期末のみに行われるのに対し、形成的評価は学習プロセスを通して継続的に行われます。形成的評価が非常に優れているのは、多くのフィードバックを生徒に与えられる点です。生徒は自分の学習のどこがうまくいっていて、どこがうまくいっていないかを容易に把握でき、学習の仕方を容易に修正できます。これも実践的で反復的なデバッグの例です。一方、生徒の総合成績の中で不当に大きな割合を占める期末テストなどの集計的評価は、生徒にやり直しの機会を一切与えません。一方的に成績をつけられ、学生の人生の道筋が決まってしまいます。定期的なフィードバックと形成的評価こそが優れた教育の基礎であり、集計的評価は役所的な管理体制を維持するための道具にすぎません。

最初に息子の担任になった先生は、形成的評価をたっぷりしてくれました。息子が何を学んでいて、どれだけ学習が進んでいるかを、いつも正確に把握してくれました。時にはクイズやアンケートも使っていましたが、ほとんどの場合、先生自身がどう感じたかで判断していました。しかしその直感は、積み重ねられたデータと証拠と情報に裏打ちされていました。先生はパワーポイントでつくった『スター・ウォーズ』のプレゼンも、時計の練習帳も、ラグのサイズを測る様子も、バトルと爆発音だらけのおかしな物語も、ちゃんと見ていました。同時に17人の子どもを相手にしながら、誰かの理解に誤りがあると、すぐに気づくことができました。マラソンを本格的にしているその先生は、仕事のあとのトレーニングのあいまに学校での一日を振り返り、頭に浮かんだこと、たとえば授業で印象に残ったこと、疑問に思ったこと、教え方を修正するためのアイデアなどを大量に書き留め、次の日にはそれを参考に教え方を変えるのです。このような努力をしながら、子どもたちが誰ひとり取り残されないようにしていたわけです。

しかし、そうした指導の有効性をどうすれば校長に効果的にアピールできるのでしょうか。校長は教育長に、教育長は市長に、市長は州知事に、どう伝えればいいのでしょうか。そして州知事は教育省に、州内の生徒の学習達成度に問題がないことをどう報告すればいいのでしょうか。解決策はひとつしかありません。レポート、あるいは成績報告証書をつくることです。まさにその役目を果たしているのが、ファイル収納庫に収まるデータと書類であり、各児童がしっかり教育されていることを示す書面の証拠です。政府にとって、教育は機会均等の前提条件であるだけでなく、国家が経済を繁栄させるための労働力を育成する手段でもあるのです。それぞれの州には、中央政府に教育の有効性をしっかり説明する責任があります。そして今のところ、中央の担当省庁に教育結果を報告する道具として一番使われているのが統一テストなのです。

幸い、こうした状況は変わりつつあります。そう遠くないうちに、ビデオゲームなどのデジタルな活動が形成的評価と中央官庁への報告の間のギャップを埋めてくれるでしょう。ゲームは統一テストが古臭く感じられるほど、プレイヤーの能力について多量のデータを与えてくれます。大量のデジタル情報により、過去の評価方法が単純すぎると思えるはずです。

そして、リンネ式整理システムの痕跡が教育から完全に消えたとき、新しい教育の伝統は小さな引き出しに収まりきらないほど拡がっていくでしょう。

僕は毎日、授業へ向かう途中にそうした変化が起き始めているのを目にしています。テンプル大学のキャンパス内で建設が進む新しい図書館では、ほとんどの蔵書が巨大な地下倉庫に保管されます。昔ながらの書架で陳列されるのは蔵書のわずか一割です。それ以外の蔵書については、タッチスクリーンとコンピュータ端末を使ってデジタル目録から検索し、「ブックボット」というロボットクレーンを使って高さ約15メートル、幅約36メートルの巨大なスチール製ラックから取り出します。

この新システムでは、書架の本を見て歩くときのロマンと楽しさが失われてしまうという同僚の不満の声も、聞こえてきます。「素晴らしい本との偶然の出会いが何度もあった」と彼らは寂しそうにつぶやきます。確かにそのとおりで、少なくとも仮想現実（VR）ヘッドセットが普及するまでは、そんな偶然の出会いが減ってしまうかもしれません。しかし、過去のテクノロジーに結びついた慣習をなつかしむだけでなく、新しいテクノロジーのメリットも考えてみるべきです。本の背表紙を見渡せる書架は、図書館の歴史において普遍的でも本質的でもなく、それが当たり前になったのは、わずか1世紀ほど前のことです。また、そういう出会いは、実は思われているほど偶然ではありません。そもそもカテゴリー、セクション、サブジェクトという分類はデューイ・サービスという会社が公式に定めたもので、本が近くに置かれるのは専門家が主題に相関性があると判断した場合のみです。しかし、こうした分類も近いうちに変わり、学生も教授も自分だけのバーチャル書架をつくれるようになるでしょう。

新しいブックボットシステムは私たちが慣れ親しんだ図書館にはない、今の時代に適した4つの大きなメリットを提供してくれます。第一に、必要スペースが小さくなるので、より多くの本を所蔵できます。第二に、地下倉庫の温度と湿度を管理することで、図書を適切に保管できます。第三に、怠惰な学生や研究者が間違った場所に本を戻すことがなくなります。

そして最大のメリットは、より精緻な相互参照の仕組みができることです。空間の物理的な制約がなくなることで、紙の本をウェブページのようにハイパーリンクで結べるようになり、1冊の本を、同時に心理学、哲学、教育、文化研究として分類することが可能になります。私たちがインターネットで何かを調べているときに別の話に引き込まれることがあるように、偶然の出会いが生まれる可能性も大いに高まります。そして目録式の保管から高度な情報交換へというこの移行は、知識整理についての新しい考え方を学生に提示してくれます。それは結果的に、自分自身についての考え方も変えることになるのです。

これからのファイル保管庫

図書館が蔵書をどのように整理しようと、根本的に変わらないことがひとつあります。それは、厳密には、書架に並べられた図書に情報は含まれていないということです。スタンフォード大学人間科学技術先端研究所のキース・デブリンはこう書いています。「本に存在しているのはページのみである。そしてページには雑多な印が含まれているが、情報はない」

一見、言葉遊びをしているだけのようですが、そうではありません。これは「状況理論」と呼ばれる概念の中心的な考え方です。この理論は、本の中の文字、数字、絵、写真は情報そのものではなく、情報を表すものにすぎないと説きます。「認知エージェント」がそれらを読解するための適切な手段を持たなければ、文字や数字は無意味な記号にすぎないというのです。文字のリテラシーと数字のリテラシーが暗号解読キーのような働きをするわけです。つまり認知エージェントのひとつであるリテラシーは、ページ上に並んだ記号によって表される記号を情報として理解するために用いられる道具なのです。

同様に、学校で習う科目も、データを解読してそこから意味を抜き出すための約束と手順として理解できます。各科目は、夕陽を理解するために使う知識の枠組みや、生物の種を分類するため使われた情報カード、子どもの知的活動の達成度を説明する成績通知表と同じようなものです。そしてあらゆるツールセットと同じように、それぞれの科目には制約と偏りがあり、それを学ぶ人の理解を意図的に制約します。これは悪いことではなく、必要なことです。ビデオゲームがルールによって意味をなすように、情報は一定の箱に詰め込まれたデータで表されることによってのみ存在します。

学校は、これらの箱から情報を抜き出す方法を生徒に教える場所です。子どもは読み書きを習うだけでなく、特定のデータセットを扱うための約束と手順も学びます。たとえば歴史の授業では、過去の出来事を解釈する方法を教えることを通して、現在を理解するための情報を子どもたちに与えています。歴史を物語として表す際、私たちはデータを意図的に制約しています。この制約はたいてい、自分の国にとって都合のいい方向に加えられます。もしナチス・ドイツが勝って第三帝国が世界を支配していたなら、世界史学習に加えられる制約はまったく違うものになっていたはずです。

この本も同じです。僕はこれまで、砂場遊びは個人の時代の始まり、家族一緒の夕食は工業化時代を称える儀式、テレビは新しい暖炉、時計は20世紀の健全さの土台、筆記法は急成長していた資本主義経済で生きるためのスキル、カード目録は時代遅れの自己認識の象徴だと説明してきました。それによって、過去の技術が未来のデジタルな世界に適さないことを示し、情報処理の方法を大きく変えていかなければならないと訴えました。古い教育がカード目録の世界での思考習慣を養うものだったとすれば、新しい教育は網の目状につながるハイパーリンクの世界での思考習慣を育てるものでなければなりません。幸いなことに、状況理論は、その助けとなります。

「状況理論は人間の活動でコンテクスト（文脈）が果たす役割を、数学的に理解しようとするものだ」と、キースは僕に説明してくれました。１９８０年代初めにジョン・バーワイズとジョン・ペリーがこの理論を生み出した直後に、彼はスタンフォード大学の言語・情報研究所で研究を始めました。「誰もが情報経済について語っていた。それなのに情報とは何なのかを説明する理論が存在していないことに、私たちは気づいた。情報と呼ばれる抽象的なものを加工できるマシンやソフトウェアをつくっていながら、誰も情報とは何かを、正しく定義できていなかったのだ」。状況理論は情報の定義に枠組みを与え、情報という一連の刺激は、コンテクストの中に置かれて初めて意味ある物語になることを示しました。コンテクストとは特定の役割を担う状況です。そしてデータから引き出される情報は、そのコンテクストがそれをどう制約するかによって変わります。

もっと具体的に理解するため、デジタル技術とアナログ技術の違いについて考えてみましょう。現在、「アナログ」という言葉は「デジタル」の対義語として、コンピュータテクノロジーと真逆のものを差す場合に使われていますが、もともとはそのような意味はありませんでした。この言葉の語源はギリシャ語の「アナロゴス（*analogos*）」で、「アナ」は「再び」を意味し、「ロゴス」は秩序、システム、言語という意味で、「ロジック（論理）」もここから生まれています。したがって、「アナロゴス」とは再び現れた構造、つまり「類似するもの」という意味です。ですから、同類のものにたとえることを「アナロジー」と呼ぶわけです。磁気テープやビニールレコードを使った旧式の録音方法を「アナログ録音」と呼ぶのは、テープに記録される電荷やレコード盤に刻まれる溝が、元の歌の音波を再現するからです。一方、CDからレーザーで読み込まれ、あるいはスポティファイ（Spotify）などウェブ配信されるデジタル音楽の場合、信号すなわちコードは音そのものを表していません。コードが表すのは、何をどのように再生するべきかという装置に対する指示です。それが圧縮された形で記録されて、アルゴリズムに従って処理されることになります。コードはビットの集まりであり、ビットは0か1かの「ディジット」［デジタルの名詞形］で表されます。

ディジットとは0から9までの整数で、つまり指で表すことができる数字です。この言葉の語源であるラテン語の「ディジタリス（*digitalis*）」は「指に関連すること」を意味します。これは音楽、とりわけピアノに関係する言葉で、かつては数字と何の関係もありませんでした。僕が子どもの頃に使っていた木製アップライトピアノを次男が鳴らすたびに、この言葉について考えます。彼が練習しているのは『スーパーマリオブラザーズ』のテーマ曲で、これを弾くには複雑なタイミングやシンコペーションの入ったリズムを覚える必要があります。

キーをひとつ叩くと、木、スチール、銅、フェルトなど、さまざまな材質からなる約30の機械部品が動きます。Bフラットのキーに触れれば、それに対応するハンマーがストリングを打ちます。はっきりした音色で、音量はタッチの加減で調節されます。この数百年間、このピアノの構造はほぼ変わっていません。変える必要がないほど完璧な仕組みを持つ、機械工学の傑作と言える楽器だからです。電気も信号もコードも数字も関係ないのに、ピアノは「ディジタリス」です。鍵盤を含むあらゆる楽器は、演奏に指を使うという意味では「デジタル」なのです。

　ラップトップやデスクトップPCのキーボードも、もとをたどればピアノに行き着きます。直接的にはタイプライターから生まれたものですが、その起源はピアノの鍵盤なのです。実際に初期のタイプライターの試作機はピアノの鍵盤を再利用していました。クロームメッキに縁取られた黒くて丸いタイプライターのキーをレミントン社が採用したのは、その数年後のことでした。このキーは、クリストファー・レイサム・ショールズが電信機の丸いボタンをもとに発明したもので、彼のマーケティング戦略の一環でもありました。タイプライターを最初に使い始めたのは、モールス信号の電子音を活字に変換する通信士だったのです。現在の標準的なキーボード配列である「QWERTY《クワーティ》」配列が生まれたのも、このときです。これはもともと、ツー・トン信号を受けた通信士が、できるだけ速くタイピングできるように、考案されました。

　奇しくもこのツー・トン信号は、指の操作を伴わない初期のコンピュータテクノロジーが、数学者によって「デジタル」と呼ばれた理由にもつながります。初期のコンピュータにキーボードはなく、パンチ穴を空けたフィルムと磁気テープが主な入力手段でした。コンピュータが「デジタル」と呼ばれたのは、ブール代数の考え方に依拠していたからです。ブール代数は、哲学者ゴットフリート・ヴィルヘルム・ライプニッツが研究していた『易経』［古代中国の変化法則に関する書］から生まれた論理で、「陰」と「陽」という対立的な概念が、オンとオフ、1と0、イエスとノー、真と偽の二者択一の考え方を生み出しました。この考え方に基づいて、複雑な数式を表現する手段として、現在も使われているコードが誕生したのです。子どもたちのスマホの画面に表示されているものも、サミュエル・モールスの線（ツー）と点（トン）の符号のようなふたつの選択肢、ふたつの数字、あるいはふたつの「ディジット」をもとにした文字や画像です。

ただし、0と1の列を役立てるには、そこから意味を引き出すことのできる道具が必要です。それがiPhoneであり、ブラウザであり、VRヘッドセットであり、3Dプリンタなのです。もちろんアナログの場合も、何らかの刺激を意味あるものに変えるには二次的装置が必要です。音盤を再生するにはレコードプレイヤーが、磁気テープを再生するにはカセットデッキが必要でした。

しかし、この昔ながらのテクノロジーはデータ変換のプロセスを必要としません。ですから、その仕組みを理解する上で数学的な情報理論は必要ありません。アナログの世界では、レコードには音楽が、本や情報カードにはアイデアが含まれているとイメージできればそれで十分なのです。しかし今は、0と1というビットで符号化した指示をマシンへ送り、それが音や画像や地図やゲーム、さらには3Dの物体に変換される時代です。こうしたマシンはデータにコンテクストを与えています。つまり、意味を持つ状況にデータを置くことで、そのデータを表現します。ディジットを受け取り、これを情報に変換し、人間が知識として利用できるようにしているのです。

状況理論を通して情報とは何かを理解すると、アイデアの伝達、交換、相互参照が簡単になります。同時に子どもたちに対して、自分をウェブブラウザや3Dプリンタのようなものとしてイメージするように教えることもできます。子どもはデータが表すものを解読し、意味を持つ情報に変える「認知エージェント」なのです。自らの性格によって制約を加えたデータを自分の中の箱に押し込め、自身の価値観と意見に基づいてデータに意味を持たせるコンテクストを生み出します。子どもたちは自分のことを、学習内容をいっぱいに詰め込むための、他とつながりを持たない「容れ物」として認識すべきではありません。自分を「接続ノード」、つまり時間と空間を超えて伝えるべき人間の知恵の中継点だと考えるように、大人は教えるべきなのです。

新しい数学

キース・デブリンと初めて会ったとき、彼は『ウジット・トラブル（Wuzzit Trouble）』というビデオゲームの開発を始めたばかりでした。約30年に及ぶ状況理論の研究の末に彼が思いついたのが、このゲームをつくることでした。これは時計のようなバーチャル歯車を、自分で決めたステップ数だけ前後に回すことによってパズルを解くゲームで、クリアするには、小さい歯車を何回まわすと大きい歯車の歯がいくつ送られるかを正確に把握しなければなりません。それには割り算に慣れる必要があります。大きな数を小さい数の和として理解することは「数論」の基礎ですが、数論は数学の一分野で、その起源は古代シュメールやクノッソスの時代までさかのぼります。こうした基本的な人間の考え方のほとんどは、大昔から変わっていません。しかし、それに文脈を与えて形として表すための手段、それをコンテクストの中に置いて意味を持たせる手段は、時代とともに常に変わっています。もはや数字がたくさん刻まれた粘土板やそろばんは算数の学習に使いません。今はスマホに『ウジット・トラブル』をダウンロードすればいいのです。

『ウジット・トラブル』はとても楽しいゲームで、算数の成績改善に役立つとされているため、子どもたちにも気が向いたときにやるように勧めています。ある研究によると、授業の後に毎回10分、合計2時間このゲームで遊ばせたところ、生徒の問題解決スキルが大幅に向上したそうです。キースは、その理由をピアノと同じ原理で説明しています。どちらも「デジタル」だから、つまり指を使うからというわけではありません。小さな子どもがピアノのキーを触っているうちに音楽を感覚的に理解するように、『ウジット・トラブル』をいじっていると、数学がなんとなくわかるようになるからです。キースはこのゲームを算数の学習ツールとは呼びません。算数を教えるためのゲームではなく、実際の数学的プロセスをゲームのように見せるものだと考えているのです。ピアノで音楽を〝演奏《プレイ》〟するように、『ウジット・トラブル』で算数を〝プレイ〟できるわけです。ピアノでは音の響きや不協和をすぐにフィードバックすることができ、演奏者は和音、対位法、リズムの境界を体験することができます。同様に、『ウジット・トラブル』も数同士の関わり合いについてのフィードバックがすぐに得られるため、プレイヤーは試行錯誤を通して数学的センスを鍛えられるのです。

　数学的センスは21世紀の算数の授業で子どもが特に磨くべきものです。その授業は今の大人が知っている算数の授業とはかなり違います。最近、ＳＮＳでは「新しい算数」を訴えるミームをよく目にします。親が困惑するのは、算数そのものが変わったからではなく、子どもの宿題が、正解と不正解がよくわからない奇妙なものに見えるからです。大人が、「昔自分たちがやっていたような算数を、なぜ子どもにさせないのか」と言うのはそのためです。現代の算数教育はつながりあう世界に適応しようとしているのです。

　コンテクストが変わると、認知エージェントが古いデータを新しい情報に読み替える方法も変わります。そして多くの場合、その過程でデータの古い使い方は無効になります。たとえば、現在の数学の修士号や博士号も、技術、文化、経済が変化していく中で、その価値を維持できるかどうかは定かではありません。少なくともキースは、自分が大学で学んだ数学スキルは役にたたなくなったと認めています。昔から数学の教師は方程式の解き方や表のつくり方を教えてきました。私たちはいくつもの公式を暗記して、頭の中は算術用のレンチやドライバーでいっぱいの工具箱のようでした。しかし、もはやそうした工具を所有しなくても、借りれば済みます。「何世紀にもわたって大学で教えられてきた数学の土台となる公式や解法は今では自動化され、そのソフトは〝ウルフラム・アルファ〟などのサイトで、タダで使えるようになった」とキースは説明します。あまり話題になりませんが、数学関係の仕事は、デジタルツールによって最初に自動化された仕事のひとつでした。かつて研究所やエンジニアリング会社には紙と鉛筆で方程式を解く人たちが大勢いましたが、そんな時代は終わったのです。

もちろん、だからといって数学教育が消えようとしているわけではありません。古代より数学は人間が世界を表現するために最も有効な知識体系でしたし、それは今後も変わらないでしょう。しかし、専門知識がなくても複雑な数学処理を行えるとすれば、時代の道具の持つ可能性を理解し、それを自在に操れることが重要になります。そしてそのスキルを磨くためには、練習が必要です。

昔の算数でも練習が重要でした。子どもの頃、毎晩キッチンのテーブルで演習帳を何ページもやったことを覚えています。当時の宿題は、キースが〝トイ（おもちゃ）〟と呼ぶ、解き方と答えが決まった問題やドリルや演習で、一定の手順や規則を暗記させようとするものでした。ピアノを弾く人が音階の練習を何度も繰り返して、キーの感覚を体に覚え込ませるように、方程式の答えが自然に出てくるようになるまで、僕たちはいくつもの問題を解きました。当時の指導法としては、それは正解でした。しかし、現代の子どもたちはキースが言うところの「実世界の問題」を「実世界のデータ」を使って解けるようにならなければなりません。そのためには、数字をエクセルのスプレッドシートに落とし込む手順のようなものを身体に覚えさせる必要があります。割り算の解き方よりも、その仕組みを理解するセンスが求められるのです。

キースがいつも口にするのは「数学的センス」と「数学的思考」という言葉です。彼は本質的な数学のスキルと、方程式を解くためのはやりのツールを区別しています。そして、人間が世界を知るために使う基本的な方法はほとんど変わっていません。変わることがあるとしても、変化は非常に緩やかです。状況理論を研究してきた彼は、ネットワーク化されたテクノロジーによって、子どもたちに教えるべきことは、すっかり変わってしまったと考えています。今は認知エージェントになるために必要なスキル、つまりデータを受け取り、それを情報に読み替え、最終的に知識に変えるためのスキルを教えることが求められています。

子どもたちの実用性、経済的な価値観、個人的な充実感といったものを長期的に左右するのは、柔軟性ではありません。学校はヨガ教室ではありませんし、どれだけ自分を曲げられるか、きつい体勢でどれだけ平気でいられるかで大人としての成功は決まりません。大切なのは、社会全体の価値観が新しい文脈の中でも失われないように、創意工夫によって、子どもたちを新しい時代に適応させていく能力です。

まとめ

自分のことを接続ノード、つまり時間と空間を超えて伝えるべき知識の中継点だと考えるように、子どもを教育しよう

古い教育は、図書館のカード目録の論理で築かれていました。知の貯蔵庫に収納できるアイデアやスキルを集めたものとして各科目をイメージするように、私たちは教えられてきたのです。生徒は教師が学習内容を詰め込む箱のようなものでした。

しかし、新しい教育は、もっと流動的で双方向的につながる世界に適した思考習慣を養うものでなければなりません。数学、物理学、生物学、歴史学、詩学、神話学、文学はすべて関連し合っていることを、子どもたちに理解させましょう。学問分野は記号化された言語であり、あるいはデータセットから意味を

抽出するための状況的な制約にすぎません。

これまでは、アイデアは本やレコード、文書、テキストに含まれた抽象的な「中身」として想像するだけで十分でした。しかし今は、0と1というビットで符号化した指示をマシンへ送り、それが音や画像、地図やゲーム、さらには3Dの物体に変換される時代です。ですから、子どもたちに対して、ウェブブラウザやプリンタであるかのような自己イメージを持つように教える必要があります。子どもは知識や情報の容れ物ではなく、一種の認知エージェントです。記号化されたシステムを解読し、自らの性格によって制約を加えたデータを自分の中に入れて、自身の価値観と意見に基づいてデータに意味を持たせる文脈を生み出すことが求められます。

学校は学際的な活動を増やすべき。そうすることで、雑多なデータ群から情報を抽出し、それを予想外の状況下でも使える知識に変える機会を、生徒に与えなければならない

子どもたちが未来の経済に貢献するために何を学ぶべきか。世界中の教育関係者と政策当局が、この問いの答えを求めて議論しています。2015年時点ですでに、マッキンゼー・アンド・カンパニーは「テクノロジーによって今ある仕事の45%が自動化される」という予測を示しています。そしてコンピュータの言語処理能力が「人間の中央値のレベル」まで上がれば、さらに13%の仕事が自動化されると予測しています。

テクノロジーに経済の根幹を揺るがす力があると知った大人たちは、子どもの未来の安定を願って、いわゆる「21世紀型スキル」を身につけさせようと必死になっています。最もよく言われているのは、柔軟性、適応性、創造性ですが、これは人間に本来備わった能力で、AIには決して真似できないものです。

しかし、これでは何の解決策にもなっていません。大人は目の前の問題から逃げ、未来は不透明だとわかっていながら、未来を想像するという仕事を無責任にも子どもたちに押しつけているのです。

実は、先が見通せないのは今に限ったことではありません。世界は常に変化しつづけています。一方で子育ての目的はずっと変わっておらず、変わり続ける世界の困難に対処しつつ、知恵、創意、アイデアを次の世代に伝えることです。そして大人の仕事は、子ども時代の儀式を再設計し、これまで人類に役立ってきた価値観やスキル、考え方が、新しい状況でも意味と実用性を持つようにすることです。

大人の役割は、使い古された言語やコード、象徴的なシステムを修正し、知識としてのステータスと利便性を保てるようにすることです。「21世紀型スキル」の問題を本当の意味で解決するには、古い概念を新しい情報管理システムで扱えるように、子どもたちに準備させる必要があります。旧来のカード目録型の教育システムや、知識の容れ物としての自己感を助長するような日常の儀礼や手順を捨て去らなければなりません。子どもたちは、認知エージェントであるべきです。データを受け取り、それを情報に読み替え、さらに知識に変えるスキルを身につけさせることの重要性を忘れてはなりません。

昔ながらの特化型、知識貯蔵型のドリル演習で答えの決まった問題を解かせるのは、もはや十分な学習活動とは言えません。それでは子どもたちに、新しいテクノロジーの時代の需要を満たす準備をさせることはできません。子どもが必要としているのは、我を忘れて没頭できる学際的な学習体験です。一見無関係なアイデアを組み合わせることを求める、現実世界の問題を解く練習をさせましょう。多様な視点に共通するものは何か、異なる種類のコンセプトを有益な形で統合するにはどうすればいいかを、子どもたちに教えましょう。そして、情報は、さまざまな知的プラットフォームで使えるようになったときにはじめて知識に変わるという認識を持たせましょう。

現在の教育システムは、子どもを知識の容れ物と見ているが、今の世界は柔らかいスポンジのような人材を求めている

旧式の学校制度、学習習慣、カリキュラムは、世界を個々の要素に分割して理解するように生徒を習慣づけています。修道院型の時間管理は、決められた時間に集中することを重んじ、カード目録型の情報観は、知識の容れ物としての自己感を育てます。学校での一日の慣習はすべて、思考を分野別に区切るよう子どもたちに教えるものです。しかし、どんなに柔軟性、適応性、創造性、自信、起業家精神を身につけても、スキルやアイデアを、時代の道具を使って社会や経済のデジタルインフラの境界線を越えて生かす方法をイメージできなければ、意味がないのです。

私たちは時代遅れの情報管理システムへの上っ面の忠誠心を捨てる必要があります。硬直的な官僚制のなごりを学習プロセスの不可欠な要素だと考えるのは、やめましょう。

つながりあう世界では、成功の定義も見直されます。今やデータから意味を抜き出す上での約束と手順は中身以上に大切で、教育は目的地や通過地点へ到達することに重点を置くべきではありません。

大切なのは、帯域、幅の広さです。ですから、子どもに対しても、頭に貯め込む知識量でなく、情報を知識に変換して伝達する力を評価すべきなのです。

Part 4

社会

SOCIETY

10

新しい共感力

プラトンよりずっと前、ソクラテスよりもピタゴラスよりも、さらにはホメロスの『オデュッセイア』より前の時代のギリシャは、すでに国際的な社会でした。国際的と言っても今の世界に比べればずっと小さかったのですが、ギリシャ人は機会を見つけては交易を行っていました。

考古学者はミケーネの海商ルートが西は大西洋に達し、イベリア半島（今のスペインなど）をぐるりと回って北へ伸びていたことを突きとめています。ワイン、オリーブ油、陶器を積んで出た船は、現在のフランスやイギリスから銀と錫《すず》を持ち帰っていました。また、中東・北アフリカ地域を含む地中海沿岸から穀物、金、銅を、黒海東沿岸の現在のロシアに属する地域から動物の皮、木材、塩漬け魚を調達していました。

古代ギリシャの家庭、少なくとも自由に生きられたごく少数の恵まれた家庭は、国際交易による繁栄を享受していたに違いありません。彼らは異国の商品を手に入れ、産業が発展する中で質の高い生活を送っていました。

古代ギリシャの都市には移民もいました。人々は交易船を乗り降りし、どの港町にも輸出入業者の事務所がありました。抑圧され疎外された人は、遠く離れた場所で新しい可能性と機会を求め、奴隷や奉公人が海をまたいで取引されていました。

国際交易には必ず人々の移住が伴い、残念ながら不寛容、偏見、民族主義も伴います。人は自分に理解できないものを好きになれません。古代ギリシャで土地や奴隷を所有していた家父長のように、地位と権力をアイデンティティの源泉にしている人にとって、多様性は自分の権威を脅かすものでした。たとえば、異国の部族が自国とはまったく違うルールに従って問題なく生きているのを見て育った子どもは、自国の体制が絶対的なものではないと気づくでしょう。異国の存在は疑いの種をまき、移民は疑問を生じさせます。現状を乱し、新しい考え方を持ち込み、今までなかった見方をもたらします。常に服従と恐怖によって体制を維持してきたトップダウンの階層社会にとって、それは大きな問題です。安定した体制を保つには、人々が権力に脅えて暮らすことが前提で、若者は反乱を考えただけで震え上がるようでなければなりません。ですから、エリート層は抵抗の火種をつぶそうとし、すべての「他人」をおとしめ、不寛容な姿勢や民族主義をあおります。周囲と異なる見方を持つのは罪であり冒涜だと子どもに教え、新しいテクノロジーを非難します。

「港に近づいてはいけない」と、古代ギリシャの親は子どもに言っていたかもしれません。海商は世界の国々をつなげた、今で言うインターネットです。「港に入り浸っているとだめな人間になるよ!」と親は諭《さと》したでしょうか。

長い目で見ると、そうした引き離しの努力が報われることはありません。どんなに抵抗しても無駄なのです。互恵的なつながりはいつか必ず人々をひとつにします。その歴史はインターネットが現れるずっと前までさかのぼります。水道、送電線、鉄道、高速道路、郵便、印刷機、光ファイバーケーブル、衛星はどれも人間同士をつなげるために発明されたものでした。つながりたい、関わり合いたい、交流したいという、人間の生まれながらの欲求に応えるものです。人は結びつきを強める道具をつくり続けずにはいられません。コフィー・アナン元国連事務総長の有名な言葉にあるように、「グローバル化に異論を唱えるのは、万有引力の法則に異論を唱えるようなもの」です。

ただし、避けられないからといって、それを簡単に受け入れられるわけではありません。そのために、完全無欠なものの見方など存在しない世界で、人々は思考の秩序を保てずにいます。特に子どもたちにとって、これは大変なことです。彼らは対立しあう考えが目まぐるしく行き交う状況にさらされ続け、つながりあう世界の課題に向き合うための共感力も足りず、混乱しています。

古代ギリシャにたとえるなら、さまざまな人々が行き交う港で子どもを遊ばせること自体はよくても、そこでの正しい遊び方を教えずに、未知の多様性にさらすのは危険です。大勢の多種多様な人たちを同じ部屋に入れておけば、誰もが自然に愛し合うようになるというわけではありません。誰もがアイデンティティの危機に陥るような状況では、共感力は養えません。

「危機」とはもともと、判断や選択を迫られる状況を表し、互いに相いれない要因が絡み合う状況に直面して、その解決策が見つけられない瞬間を意味する言葉です。

今の子どもたちは、そうしたアイデンティティの危機に常に直面しているのです。

自己と他者

「プレイ・ドー」(カラフルな知育用粘土)の山を想像してみてください。僕の子どもたちはこの粘土で遊ぶのが大好きで、カメや魚や家や車や宇宙船をつくります。何かをつくるたびに新しい色を加え、混ぜ合わせるので、しまいには何色だかよくわからない、濁った色になります。作品の形は次から次へと変わりますが、メディア、つまり形を伝える媒体はプレイ・ドーのままです。

人間はこのプレイ・ドーのようなものです。いろいろな友達と関わり合い、学校を変え、新しいスタイルの服を買い、慣れないことを始める。そうした活動が私たちを形づくりますが、それでも私たちは私たち自身です。身体が成長し、肌の細胞がはがれ落ち、爪は切られ、髪は白くなるといった具合に身体的特徴が年々変わり続けても、僕は変わらず僕のままだということはわかっています。これはどういうことでしょう。周囲が変わりゆく中でもいつまでも変わらない自己の一部とは、一体何なのでしょうか。自分のアバターとそれを取り巻く状況が変わる中で、僕はどのように一貫したアイデンティティを保てているのでしょうか？　この問題は何千年もの間、大勢の哲学者を悩ませてきました。その中で魂、精神、自己、パーソナリティという概念が生まれました。いずれも各個人の中にある、ほかのすべてが動き続ける中でもどういうわけか一定であり続ける、不可解で目に見えない人間の一要素を表す言葉です。

心理学の基本的な目的は、絶えず移り変わる世の中で、人が安定した自己感を保つ一助となることです。その専門家である心理学者でさえ、つながりあう世界での人生は想定していませんでした。ネットワーク化された社会で生きるには、感情と知性の両面で特有の課題が伴います。グローバル化された経済と世界的なデジタル通信システムにより、私たち一人ひとりが多様な考え方や人々に直面し、そのために健全な自己感を養う力が弱まっています。それは、多くの偉大な思想家が指摘してきたように、個人のアイデンティティは「他」を区別する力に依存しているからです。結局、僕が「僕」とは何かを知っているのは、「僕ではない」ものを知っているからにほかなりません。あなたは僕ではなく、カメは僕ではない。ゆえに僕はあなたでもカメでもない、ということです。

心理学者や社会学者の中には、ナショナリズム、民族主義、孤立主義などは、誇張された「他者」の影を見て脅かされた自己感を強めようとして生まれたものではないかと考える人もいます。女子会で「男子立入禁止！」を掲げるように、コミュニティは時に壁を築いて、身内とそれ以外をはっきり区別しようとします。男子を締め出す女子はジェンダーアイデンティティを掲げ、隣国の人を締め出す国は地理的アイデンティティを掲げています。同様に、工業化時代の職住分離に固執する人は、自分が抱く家族のアイデンティティに対する脅威と感じるものから、それを守ろうとしているのです。

共感力を養うには、強いアイデンティティを持ち、「他者とは何か」を十分に理解している必要があります。ところが、意図しなくても絶えずつながりあっている状態ではそれが難しく、濁ったプレイ・ドーになってしまいがちです。親なら誰もが知っているように、粘土の色が見分けられなくなると子どもは興ざめし、つくるのをやめてしまいます。そしてプレイ・ドーで遊ばなくなるか、一色だけで遊ぶようになります。同様に、さまざまな考え方や文化がデジタルの波として押し寄せると、その中で自分を見分けることが難しくなります。

自分の慣れ親しんだ神聖な知識体系に収まらないものが大量に流れ込んでくる状況に向き合う準備は、誰にもできていません。ふるい分けされていない情報の洪水に対処する方法を、私たちは学んでいません。ですから、つながりあうことは不安や不満、不確かさという危機を招きかねず、それが怒りや争い、孤立主義や分離主義につながることもあります。それは望ましいことではなく、大人は子どもを助ける必要があります。有意義な自己感、そして他者に共感する姿勢を養えるように時代の道具を使う方法を、子どもに教えなければなりません。

共感はつながりあうだけで生まれるものではありません。特にデジタルテクノロジーを使ったやりとりは簡便な一方、なかなか調和を得られません。スカイプを考えてみましょう。早朝にフィラデルフィアの自宅からログインして朝のコーヒーをすすり、窓からはオレンジの陽光が差し込む頃、僕は（6時間早い）サラエボの友人とビデオチャットをします。向こうは昼時で、友人は「ピタ」をかじっています。僕と子どもたちがホムス〔ひよこ豆のペースト〕をつけて食べる平たいパンとは違う、おいしそうなパンです。情報技術がふたりをつなげていますが、その間を行き来する電子信号は相手と同じ体験をさせてはくれません。すみやかで効率的なコミュニケーションができるものの、ふたりが受ける感情刺激は同じにはなりません。感情刺激は気分や気質を形づくり、共感の基礎にもなります。僕はまだ少し眠い目をこすり、ぼんやりとした頭で、誰も起こさないように低めの声で話しています。一方、友人は昼間のエネルギーに満ちあふれています。楽しげにジョークを飛ばし、大声でどこかにいる奥さんを呼ぶこともあります。彼が素早くてきぱき動くさまは、僕の静かでゆったりした姿勢とは対照的です。私たちが文化の不調和を乗り越えるのは大して難しくないかもしれません。友人が手にしている食べ物のこともウィキペディアですぐに調べられます。しかし、遠く離れたところにいる相手と感情を調和させるのはそう簡単ではありません。

友人同士で会話を楽しんでいるだけなら、大した問題ではないように思えます。そうしたデメリットをメリットと比べてみればなおさらです。スカイプがなければ、次に同じ街に行くまで話し合うことはできません。手紙を書いて送ることもできますが、配達には時間がかかります。僕が書いている間に友人がそれを読むことはできないので、反応は遅れ、ちぐはぐなやりとりになる可能性もスカイプより高まります。書く人と読む人で周囲の状況がまったく違えば、文章の解釈も違ってきて、誤解が生じるかもしれません。実際にそうしたことは起こりがちです。

ある意味、どんなコミュニケーションも伝言ゲームのようなものです。世界中の子どもたちがやっているこの遊びは「ゴシップ」「壊れた電話」「ささやきリレー」など、地域によってその名前はさまざまですが、小さな誤解が積もり積もって、あっという間に大きな誤解になる現象がよくわかります。このゲームをマクロの視点で想像してみましょう。今、大勢の人が遭遇し、解釈し、他人に送っている大量の画像や話のことを考えてみてください。世界には40億人以上のインターネットユーザーがいて、一日平均6時間、この調和しないつながりあいを生み出すデバイスを使っています。いたる所ですぐに問題が絡まり、ウェブをつくったのは悪賢いクモに違いないと思えてしまいます。私たちはグローバルなコミュニティを築きましたが、知的、社会的、感情的な絡まりがすべて解きほぐせたわけではありません。

この問題は、子育てにおいて、より一層深刻に感じられます。新しい世界で生き、特有の問題や課題と向き合って順応しながら成功するために、子どもたちは新しいタイプの共感力を養う必要があります。

共感の歴史

今の子どもたちは、世界で最も複雑な伝言ゲームをしています。これをうまくこなすには、まず「聞く」ことと「傾聴する」ことの違いを知らなければなりません。特にハイパーリンクでつながったデジタルな情報網にゴシップが流される世界では、なおさらです。

耳に入るデータを正確に、情報や知識に変えるには、急速に変化している地政学的状況を理解しておく必要があります。グローバル経済に生産的な形で貢献するには、自分をつながりあった世界のコミュニティの管理人だと考えるべきです。新しい世界では、オープンで寛容で、多様性を尊重する姿勢が求められます。ただしそれを身につけるには、まずしっかりした自己感を持ち、外部と絶えずつながりながら、自分を見失いそうな状況にも対処できるだけの自信をつけることが必要になります。標準化され、統一されたコミュニケーション手段を取り入れながらも、他人とは異なる独立した個人であり続ける方法を知っていることが大切です。つながりあう世界のつかみどころのない、漠然とした現実を受け入れつつ、それぞれの家族と文化が持つ独自の価値体系を守らなければなりません。炉端の安心感に包まれながら公共のアゴラに参加することが大事で、それが新しい共感の土台となります。

私たちがよく知る「共感《エンパシー》」は、20世紀に発明された概念です。語源は古代ギリシャまでさかのぼりますが、この言葉がつくられたのは1909年のことで、心理学者のエドワード・ティチェナーがドイツ語の「アインフュールング（*Einfühlung*）」の訳語として考案しました。当初、共感は「動作の同調」、つまり他者への感覚刺激への物理的反応に伴うものと考えられました。息子がひざをすりむいたのを見て僕の身が縮まるのも、息子が良い成績で喜ぶのを見て僕が笑顔になるのも、初期の哲学者に言わせれば動作の同調です。僕は自分の感情を息子に投影し、表情などの物理的な手がかりをもとに、息子の内部の状態に同調しているのです。

1990年代にはマカクザルの研究を行っていた神経科学者が、他者の物理的行動に反応して、同じ脳内活動が発生することを発見しました。この理論によると、誰かがホムスやピタを食べているのを見た僕の脳内では、自分は何も食べていないにもかかわらず、一部のシナプスがその人のシナプスと同じ動きをします。ミラーニューロンが両者の脳内で同時に活動し、僕は相手の感覚を想像したり同調したりする必要もなく、自動的にこうなるのです。この動作は、相手との類似性を認めたり考えたりする知能に基づいていないことから、「前反省的」同調とも呼ばれます。

研究者は当初、このミラーニューロンによって社会的共感を説明できると考えました。人間が互いにつながりを求めるのは、ミラーニューロンによって、人類に共通する基本的な類似性を認識できるからではないかと推測したのです。しかし今のところ、確たる証拠は示されていません。人がマカクザルと同じミラーニューロンを持っているかどうかさえ、定かではありません。脳機能イメージング技術により、共感に紐づいた行動や反応が脳の特定領域の活動に結びつけられるなど、研究は着実に進んでいます。しかし、痛みの経験によって活性化する脳の領域が、それを見た人の脳内でも同じように活性化されるのはなぜかを証明するには至っていません。ミラーニューロンが確実に共感に関係していることを示す証拠がまだ見つかっていないのです。

おそらく問題は、共感という概念を私たちがはっきり定義できないことにあります。その定義は文脈によって異なり、社会的・文化的要因によって、どんな行動が共感と考えられるかが決まります。一般的には、今も変わらず「アインフュールング」という工業化時代の概念を土台としています。この概念は、19世紀末から20世紀初めにかけて主流だったテクノロジーと結びついていました。当時の科学者や自然哲学者は、ニュートン、コペルニクス、ガリレオ、デカルトらが「経験論」と呼ぶ、16世紀以降に始まった啓蒙思想の影響を強く受けていました。ギリシャ語の「エンペイリコス（*empeirikos*＝経験豊かな）」に由来するこの思想は、宇宙は明確に区別されるユニットで構成され、各ユニットは観察可能な因果関係を通して関わり合っていると考えます。この因果関係とは、効率的な線状のプロセスで発生する自然法則であり、具体的には時計台の一つひとつの歯車のようなものです。

物理的な事象を説明する際に、この経験論の考え方は非常に効果的です。重力、速度、加速度は、いずれも動いている物体を見ることではっきり確認できます。しかし、感情についてはどうでしょう？　愛、怒り、同情、感嘆、欲求などの感情的反応に伴う感覚は、どんな仕組みで起きているのでしょう？　僕が朝陽やグッゲンハイム美術館の絵画の美しさに感嘆して、温かいふわっとした感覚に包まれるとき、僕の脳内で歯車が回るのを見ることはできません。シベリウスのバイオリン協奏曲を弾くソリストと、第二楽章の終わりに僕の首筋にできる鳥肌を、直接結びつけることはできません。それでもそうした感覚は、誰かに腕をつねられたときに感じる痛みと同様に、間違いなく起きています。私たちは目に見えない美的刺激を、物理的、機械的刺激と同じように確実に経験しています。

ドイツの哲学者テオドール・リップスは1905年に、このとらえがたい感覚を、経験論に当てはめて説明しようと試みました。そこで使ったのが「エンパシー（共感）」という言葉であり、共感する人は常に、相手の中に小さな自分自身を見ており、それによって内的あるいは情動的な「動作の同調」が起きる、と論じました。リップスの理論に従うと、僕がグッゲンハイム美術館で作品に感動できるのは、作品に「感情移入」し、作者の経験を自分の経験に重ね合わせようとするからです。

「共感」という言葉は、今もリップスが使ったのとほぼ同じ意味で使われています。共感力といえば、他者の視点で物事を見たり感じたり、理解する能力です。そして、彼の大まかな意味づけが正確だったことを示す経験論的証拠を、私たちは求め続けています。また、共感は常によいものであるという前提を引き継いでいます。なぜなら、共感とは、同情、優しさ、他者の幸福への気づかいを必ず伴うものだと考えられているからです。これを、心理学者のC・ダニエル・バトソンは「共感－利他性仮説」と呼びました。しかし、文化的な文脈を考慮に入れると、この考え方にも問題が出てきます。たとえば研究によって、共感は相手が自分にとって大切な人である場合のほうが生まれやすいことがわかっています。また、脳機能イメージングを使ったある研究では、ヤンキースとレッドソックスのファンは自分の応援するチームの選手が三振するとがっかりし、相手の選手が三振すると喜んでいました。いずれも共感反応ですが、前者は同情的であり、後者は攻撃的です。

にもかかわらず、共感は根本的にポジティブなものであるという考え方から、多くの社会理論が生まれています。たとえば文明評論家のジェレミー・リフキンは、共感こそ文明の原動力だと主張します。「共感の発達と自我の発達は、密接な関係にある。両方の発達に伴い、エネルギー消費型の社会構造が生まれ、複雑化し続けている」とリフキンは書いています。リフキンは社会の進歩、経済発展、技術革新の最大の動機は競争や生存欲求でなく、共感に基づく友愛だと考えています。この考えの背景には、次のような想定があります。僕はあなたの苦しみを想像できるので、それを最小限にするためにやれることをやろうという気持ちになる。その結果、僕は自分のコミュニティに貢献することになる。なぜなら、プロジェクトに参加することによって自分が想像できる痛みを消せるかもしれない、と気づくからだ。リフキンは、つながりあう世界のテクノロジーはやがて新しい共感意識を生み出し、それによって人類の連帯は国や民族、地域の派閥主義を超越する水準まで高まる、とまで予想しています。

一方、20世紀の哲学者・宗教思想家として人気を博し、政治活動家、教育家としても知られるマルティン・ブーバーは、リフキンとは異なる考えを持っていました。1923年に出版された代表作『我と汝・対話』(植田重雄訳、岩波文庫)では、愛情深く同情的な人間同士の関わり合いや関係こそが有意義な人生の基礎だと説いていますが、ブーバーは「共感」という考え方自体には否定的でした。彼にとっては、共感という言葉がひとり歩きするようになってからも、根本にあった「動作の同調」の要素が依然として強く感じられたからです。共感とは「純粋な唯美主義への没頭」だとブーバーは述べています。つまり、感受することであり、物事を他者と同じように体験することであり、他者の目を通してものを見ることだというのです。「共感というものがあるとすれば、それは自分自身の感情とともに生きている客体の中へ溶け込むことだ」とブーバーは説明しています。彼に言わせれば、これは真の人同士のつながりあいではありません。なぜなら、人は共感するとき、自分を置き去りにして他者の見方に立つからです。つまり、「自分自身の具体性は除外される」のです。

ブーバーは僕の述べた「プレイ・ドー問題」を詩的に表現しています。ほかの誰かの目を通してものを見ようとするとき、自分自身は不安な状況に置かれます。そして崇高な理想として称えられる完璧な共感を実現するには、自分のアイデンティティを完全に解き放ち、自分自身の経験をすべて忘れ、人生の記憶を一時的に消し、状況に意味を見いだそうとする姿勢を放棄することが求められると、直感的に気づきます。言い換えるなら、自己感を一時的に弱めなければなりません。それゆえ、どうしても不安定な気分になるのです。

この不安が、つながりあう世界でどれほど頻繁に生じるか、考えてみてください。ネット上では多種多様なものの見方と出会い、共感の機会に絶えず遭遇します。自分を捨てて他者に感情移入するように求める道徳的・倫理的圧力を一日中受けます。ブーバーの定義に従えば、これは、多くの時間を濁った粘土のかたまりのような状態で過ごし、心が満たされないまま、あいまいな自己感を抱えることを意味します。その上、うまく共感できないことで罪と恥の意識にさいなまれることもあるでしょう。なぜなら、共感は利他的なものだという工業化時代の考え方が染みついているためです。しかし、この考え方はテクノロジーの現状に合いません。感情移入は社会の苦難を和らげるどころか個人の苦悩を生み出しています。

ですから、つながりあう世界にふさわしい共感について、改めて考えてみる必要があります。

ホスピタリティについて

古代ギリシャには、子どもたちに、グローバル化経済に生きる準備をさせる方法がありました。そこでは、強い力を持つさまざまな神々の物語が語られていました。それぞれ違う考えを持つ神々は多様性の象徴で、互いに対立し、戦っていました。人間と同じように対立する欲求を持ち、自分たちの世界を構築するために協力し合うことができませんでした。ギリシャ神話はいくつもの島のようで、全体がひとつにまとまっていませんが、常につながりあっています。神と怪物と英雄は物語の海を越え、突然新しい神話の中に文脈も説明もなく現れます。

最初にギリシャ神話を聞いたとき、僕の子どもたちは明らかに混乱していました。しかし、繰り返し登場する神に徐々になじむにつれて、つながりを理解し始めました。そしてネットワークの理論、つまり物語同士のつながりや関係の把握によって、各キャラクターを深く知るようになりました。こうした神話を身近なものとして育った子どもが世界をどのように見るか、想像してみてください。その情報管理システムの構造は、どんな自己感を養うでしょうか。至高の存在である神があちこちの物語に顔を出すなら、つながりには大きな意味があると思うはずです。この原始的なネットワーク思考の中では、それぞれの物語は単体としてはほとんど意味を持ちません。

今の子どもたちが学校で古代ギリシャの古典を読むことを嫌がるのは、話が古いからでも、翻訳が悪いからでもありません。つながりあう物語のほんの一部だけを読んでも、面白くないからです。

僕自身、30歳ぐらいまでギリシャ神話を理解できませんでした。子どもの頃、シナゴーグへ通った習慣のせいで、僕は一神論を前提にした語り伝えという「手続きレトリック」に従って考えるようになっていました。神はひとつ、人の種類はひとつ、直線的につながる家系はひとつ、時間順に並べた歴史はひとつ、という具合です。家庭生活のあらゆる習慣によって、世界を個々のカテゴリーに分類するように教えられた結果、善人と悪人、主人公と敵が明確に分かれた物語のほうがすんなり頭に入ってくるようになりました。そして時間割で区切られた学校生活によって、一話完結で単純な答えを示してくれる物語に親しみを感じるようになったのです。ですから、直線的ではなく、多面的であちこちに散らばったギリシャ神話の筋書きを理解するのは大変でした。利己的な負け犬がピンチの末に自分を見つめなおして生まれ変わり、最終的には成功するという筋書きの映画や小説に慣れていたからです。僕も大多数の子どもと同様に古典が苦手で、ホメロスやアリストファネス、プラトンの作品を理解できませんでした。大学時代にギリシャ神話を読み込んで初めて、すべてが突然理解できるようになったのです。
息子たちが生まれると、僕と同じ体験をさせようと考えました。英語の授業の一番やっかいな部分に、最初に慣れさせようと思ったのです。小さいうちからギリシャ神話にできるだけ親しませようと、時間の許す限り読み聞かせをしました。子どもたちは欲望にかまけた人の魂を支配してしまう女神アフロディテについて学びました。「キャンディやアイスクリームがどうしても食べたくて、人と分けあうなんて考えられないときは、必ずアフロディテがそばにいる」と子どもたちに説明しました。戦と怒りの神アレスについては、「自分だけが正しいと考えたり、レゴの宇宙船を壊した弟を叩きたくなるのは、アレスのせいだ」と教えました。計略の神ヘルメスは広告の影に潜み、いつも子どもたちにハンドスピナーのような流行のおもちゃを欲しがらせます。鍛治の神へパイストスはハサミやのり、そして3Dプリンタの中で生きています。ギリシャ神話の多様な神々を、私たちの行動を決め、経験を整理するプロセスであるかのように紹介したのです。

僕は、神々があちこちの神話に登場し、それによってつながりを生み出しながら物語に価値を加えるさまを息子たちに示しました。インターネットの時代に生きる子どもにとっつきやすい内容にした僕のギリシャ神話のレッスンの目的は、神々への信仰を促すことではなく、つながりあう多様な世界に意味を見いだせるように、子どもの頭の中を整理することでした。空想の世界の話で子どもたちの思考を形づくり、アイデンティティに影響を与え、成人期に備えさせようとしました。人間の意識をアルゴリズムのようなものだと考えさせるようにしたのです。

この試みがうまくいったかどうかがわかるのはまだ15年ほど先ですが、ひとつだけ明らかなことは、こんなことをする必要は、たぶんなかったということです。21世紀の文化は、すでに古代ギリシャの多面的な神話に似た構造を持ち始めています。

たとえば、息子たちは毎日何時間も動画シェアサイトのユーチューブに入り浸っています。自社調べによると、その視聴者数はプライムタイムにテレビを視聴する人の数をすでに超えており、サイトには毎分、何百本もの新しい動画がアップされています。アメリカの6〜12歳の子どもを対象にしたブランド人気・認知調査では、長年子どもたちに親しまれてきたオレオ、ディズニー、レゴなどを抑えてユーチューブがトップでした。子どもたちはどんな動画を観ているのでしょう？　ユーチューブ公認の子ども向けチャンネルサポート組織スター・ネットワーク・キッズによると、アメリカで特に人気が高いのはゲーム、おもちゃ、リアルライフ・スーパーヒーロー［ヒーローのコスプレをしてボランティア活動などを行う人］、プレイ・ドーなどを扱う動画です。息子たちがよく観る「プレイしてみた」動画は、ユーチューバーが人気のビデオゲームで遊ぶというだけの動画です。ゲームの中で意思決定をしながら、叫んだり大笑いしたり、自分のプレイに解説を加えつつ、思いつくままに話す様子を実況しています。

おそらく子どもたちは、ゲームのコツや秘密を知ろうとしてこうした動画を観始めたのでしょう。ところがすぐに面白がって観るようになり、そういう視聴者を呼び込もうとする競争が激しくなりました。ユーチューバーはたちまち稼げる職業となり、現時点では登録者数が1000人超、直近12カ月の合計視聴時間が4000時間超のチャンネルに広告収入が発生しています。メディアテクノロジーに関する国際ジャーナル「コンバージェンス」誌の調査によると、上位3％のチャンネルが総視聴時間の約85％を占めています。動画収入が欲しいユーチューバーはコンテンツをより面白くして視聴者を引きつけるしかないため、台本をつくり、スクリプトを付け、一緒にやる仲間を誘うようになりました。

『マインクラフト』のような仮想空間を自由に動き回るゲームなら、あまり費用をかけずに気軽に動画をつくれます。ゲーム内のブロックで簡単に舞台をつくり、その中で簡単に物語を生み出せるのです。ゲームアバターは操り人形、ゲーム自体はバーチャルな防音スタジオで、ユーチューバーはおなじみのキャラクター（プレイヤー）をさまざまな設定（ゲーム）で演じさせ、毎週新しいエピソードをつくります。コメディドラマとリアリティショーを一緒にしたようなものをイメージしてください。登場人物の特徴は変わりませんが、人間的に成長し続けていくのです。ユーチューブではこのような生態系が生まれています。

とてつもない数のユーザーが視聴を楽しみ、今ではフィクションをドキュメンタリーに見せかけた「モキュメンタリー」や情報ニュース番組も制作され、無数のゲームレビューチャンネルが存在します。しかし、僕が何よりも面白いと思ったのは、あるキャラクターが時に別のチャンネルに現れたりすることです。人気ユーチューバーがジャンルを超えてほかの番組に登場し、文化的な物語のネットワークを形成しています。まるでギリシャ神話のようです。

ホメロスの叙事詩『オデュッセイア』のテーマは、ホスピタリティ（もてなしの精神）です。ギリシャ語の「クセニア（*Xenia*）」は、ホストとゲストの関係を指します。オデュッセウスがどこの岸辺にたどりついても、人々は、クセニアの作法でふるまうとされていたのです。悪人のキュクロプスは食事を出さないどころかオデュッセウスの従者を食べてしまいます。一方、善人は必ず食事と寝場所と贈り物を提供し、身元を聞こうともしません。メネラオスはテレマコスを迎えたとき、「どうぞ遠慮なく食事をお楽しみください！　お話はあとでうかがいましょう」と言いました。

クセニアの慣習は現代人には理解し難いかもしれません。知らない人に話しかけてはいけないと子どもに注意するような今の世の中で、いきなり現れた放浪者に食事を提供する人はめったにいないでしょう。しかし、電気などない大昔の海洋文化では、隣の集落を訪ねるのに数週間かかることも珍しくありませんでした。半月も海をさまよって疲れきった旅人は、どれほど心地よいベッドやきれいな服、温かい食事を望んだことでしょうか。クセニアは海洋社会で生まれた「先払い思考」の文化と言えるかもしれません。互いにもてなし合うことを保証するシステムによって、誰もが恩恵を受けられます（ただし、古代ギリシャでクセニアの儀礼に参加できたのは特権階級の男性だけでした）。訪問者の身元を聞かない理由は、因縁によってクセニアの関係が損なわれることを避けるためです。たとえば訪問者がトロイ戦争で自分の父を殺した相手だと知れば、空腹のまま放っておきたくなるかもしれません。しかしそれに気づかなければ、相手を文字通り受け入れ、友情の儀式を演じることができます。

では、現代のクセニアはどうとらえるべきでしょう？　デジタルな世界で、岸辺に打ち上げられたボートを発見したときのような遭遇の場面で、子どもにどう対処するように教えるべきでしょう？　大人が見て見ぬふりをすることを、子どもたちは無視できるでしょうか？　つまり、民族や文化や宗教の違いに対する時代遅れの姿勢を捨て去り、新しい理解に基づく判断ができるでしょうか？　ネットワーク化された社会に合った共感を構造化しシステム化したものこそ、デジタルな世界のクセニアと呼べるかもしれません。

その下地はほぼできていて、必要なのは実務面と精神面での大人の指導だけです。現在、つながりあう世界で古い価値観を活用するにはどうすればいいかという問題を子どもに考えさせようとする機関は、ほとんど存在しません。これは、クセニアの儀式は共感が生まれるような出会いを通して自然に育まれる、などというセンチメンタルな空想を、私たち大人がいつまでも手放さないからではないでしょうか。しかし大人が介入しなければ、新しい子ども時代が逆方向へなびくこと、つまり同情でなく攻撃に向かうことも十分に考えられます。

クセニアの反対語は「ゼノフォビア」、つまり、外国人や見知らぬ人に対する恐怖症または嫌悪です。これはホスピタリティならぬ「ホスティリティ（敵意）」、つまり「他」に対する理不尽な不信感を表し、アイデンティティが危機にさらされたときに生まれます。ですから、何よりもまず自己表現に自信を持つよう、子どもたちに教えるべきです。網の目状につながるツールで砂場的な自己感を形成する方法を、子どもは知っておく必要があります。文脈が解釈を形づくること、そしてゲームのようなシステムが、制限と可能性の両方を与えることを理解し、自分たちが家庭内に囲い込まれるのではなく、家族につなぎ止められていると感じる必要があります。そして大人は、倫理的で同情的なコミュニケーションや人間同士の関わりあい方のお手本と、ネットワーク化されたプラットフォームを介して伝えられる強い関係性を示す必要があります。

これこそが新しい共感力の基盤であり、親切で思いやりのあるグローバルな世代を育む方法なのです。

まとめ

つながりあう思想家を育てよう

私たちをつなげているのはデジタルコミュニケーションのテクノロジーだけではありません。グローバル化、世界経済の相互依存、交通の高速化、超効率的なエネルギー網、移住、都市化といったものもネットワーク思考の例です。人間には生まれつき、人とつながりたい、関わり合いたい、交流したいという欲求があるからこそ、そうした結びつきを強める道具をつくり続けているのです。

ただ、人がつながりを強めると、必ず新しい問題が生じます。矛盾する考え方や環境にさらされ続けると、安定した自己感を保つことは難しくなるかもしれず、大人は子どもの順応を手助けする必要があります。私たちはこれまで、多文化的で多元的な世界に、そこで必要となる共感のスキルを子どもたちに教えることなく放置してきました。人と人が接触すればいつか自然に理解しあえて、同情と親切心が生まれるという非現実的な空想に、私たち大人はいつまでも浸っているようです。しかし残念ながら、現実はそうとは限りません。十分な準備や指導を受けずに多様性にさらされ続ければ、偏見や孤立主義に流されてしまうこともあり、そのような例は珍しくありません。

対立や不透明な状況、政治的不安定を避けるには、子どもたちがつながりあう世界で共に生きていけるよう、もっと入念に準備する必要があります。揺るがないアイデンティティを子どもに持たせ、文化的多様性を恐れないようにしましょう。ネットワーク化されたテクノロジーで自分の人間性を自由に表現する方法を示しましょう。世界の人々との違いと多様性を尊重し、その価値を認め合いながら、新しいメディアを使って独自の自己感を形成する方法を知っておくべきです。

まずは、子どもたちの創造的な自己表現を促すデジタルツールの使い方を教えることから始めてみましょう。それには受動的な遊びよりも能動的な遊びが適しています。『マインクラフト』でバーチャルなブロック遊びをしたり「スクラッチ」でプログラムをつくったりすれば、ネットワークが自己表現の機会を与えてくれることに気づきやすくなります。iPadでお絵描きをすれば、自己表現と同時に社会の中での自分の立ち位置がわかるようになり、つながりあう世界で貢献する自分を想像しやすくなります。

デジタルな遊びは、つながりあう世界で生涯続く習慣を身につけるための基礎となります。ですから、身のまわりのテクノロジーを自分に役立つツールとして見るように、子どもたちを促しましょう。世界には自分たちで操作できるツールがあふれており、それは消費されるコンテンツを運ぶだけの箱でも、限られた経験しか許さない硬直的なシステムでもないということを、子どもたちに教えましょう。

グローバルなコミュニティに正しく参加させよう

子どもたちは自分自身を理解することに加え、どのように他者と一緒に生き、遊び、働き、コミュニケーションをとるべきかを学ばなければなりません。多様な視点で世界を見る能力が求められますが、他者との違いに気づき、それを認めるだけでは不十分です。「新しい共感力」を身につけるには、他人を寛容な姿勢で受け入れることだけでなく、さまざまな準備が必要になります。

子どもは、自分を見失うことへの不安を抱くことなく、相手を尊重しながら他者と交流する方法を知る必要があります。これが必ずしも簡単なことではないのは、ネットワークには標準化が必須だからです。その際に使うツールには互換性が求められ、データは共有するプラットフォーム間で送受信可能なパケットに収まるものでなければなりません。プログラミング言語は一貫していて、ファイルフォーマットも同じでなければなりません。この技術的要件をSNSでの情報シェアと結びつけて考えたり、自分をアップロードして他者をダウンロードしているというようなイメージでとらえたりすると、均一性が脅威であるように感じられます。システムの同質性は個性や個人の自由に反するものだという誤解に、人は陥りがちです。

ですから子どもには、自分をデータの容れ物ではなく、認知エージェントとして意識するように教える必要があります。システムはデータを動かしていますが、そのデータを解釈し、情報に変え、知識として使うのは人間です。つながりあう世界のあいまいな現実を受け入れながら個性を保つことができない子どもは、アイデンティティの危機に陥ることになります。

デジタルなホスピタリティを育てよう

幸い、新しい共感力を生み出すために必要な道具は大体そろっています。しかし残念ながら、私たちはそれを正しく受け入れることができていません。

工業化時代の子どもは、社交的に人と交流するためのスキルを遊び場や砂場で学びました。ごっこ遊びを通して、対立的な状況を受け入れながらも自己感を保つ練習をしました。Ｐａｒｔ１ではこの能力を「調節」と呼び、そこには自己制御と実行機能スキルの両方が含まれることを説明しました。

しかしこれからは、すべり台やうんてい棒で遊ぶだけでは、十分ではありません。つながりあう世界の中でこれらのスキルを磨く練習をさせましょう。大人は、子どもがそうした経験に意味を見いだせるように、十分な語彙を身につけさせなければなりません。子どもたちが校庭で争っている様子を想像してみてください。普通は先生が介入して子どもたちが「話し合う」手助けをするはずです。その会話を通して、彼らはその出来事に意味を見いだせるようになり、言葉をしっかり理解し、新しい考え方を取り入れます。先生は模範となり、子どもを、生涯繰り返される対立や交渉や出会いに備えさせます。

同様に、一日の出来事を説明するように求めることで、子どもはありふれた社会的状況にも意味を見いだせるようになります。もちろん、親なら誰もが知っているように、子どもはなかなか話そうとしないものです。「学校はどうだった？」と聞いても、「普通」とつぶやくだけです。しかし、大人が適切な質問を重ねていくと、子どもは話すべきことがわかってきます。親の反応をうかがいながら、大人っぽくふるまうようになっていきます。どんな話をすると親が笑い、がっかりするかに気づき、ちょっとした手がかりを通して、親が認める友達と、そうでない友達がわかるようになります。

残念なことに、子どものデジタルな遊びに関心を持つ親が極めて少ないのが現状です。大多数の親は子どもにゲームのことを何も聞かず、オンラインでの遊び仲間にもほとんど注意を払いません。しかし、オンラインゲームは子どもの未来への準備に必要な遊び場であることを、忘れてはなりません。ですから、子どもたちがつながりあう世界での経験に意味を見いだせるように、手助けすべきなのです。倫理的で思いやりのあるコミュニケーションや、人間同士のつながりあいの模範を子どもに示しましょう。

デジタルなホスピタリティも、現実世界でのホスピタリティと同じように積極的に教えるべきです。手っ取り早い解決策など存在せず、生涯練習し続ける必要があります。まずは家庭で、親と一緒に練習することが大事です。

11

新しいメディアリテラシー

小学生の次男は、ドラマ『ドクター・フー』にハマっています。『バック・トゥ・ザ・フューチャー』も全作品を繰り返し観ています。そして理論物理学者になることを夢見ています。

なぜ10歳の子どもが、そこまでタイムトラベルに夢中になるのでしょう？　無常のパトスや後悔、もしくは自責の念などを感じるほど、長く生きているわけではありません。単純に未来がどんな世界になっているのか、気になるだけなのかもしれません。

リビングの床で次男の隣に座り、僕はこう言いました。「なあ、タイムマシンなんて簡単につくれるって、知ってた？」

次男は何を言っているんだろう、という目で僕を見てきます。

僕にとって子育てで一番楽しいのは、子どもをからかうことです。その楽しみがあれば、父親として感謝されなくても平気です。このチビどもを一日中からかっていられる、と思えるだけで十分です。

「ひとつだけ問題がある。スピードだ。あと、過去には戻れない……」と僕は続けます。

次男はもう興味津々です。『ドクター・フー』のタイムマシン「ターディス」や『バック・トゥ・ザ・フューチャー』の「デロリアン」のイメージが彼の頭を行き交います。

「超低速のタイムマシンのつくり方しか知らないんだよね」

それによってどんな支障が出るのか、次男は考えます。

「マシンの行き先を10分後に設定すると、到着までに10分かかる。マシンで行けるのはそこまで。そこからは自分で人生を進めていくしかない」と僕は説明します。次男は、眉間にしわを寄せて黙って僕を見ていますが、じっくり考えて、やがて気づきます。

「10分進むのに10分かかる？　それってタイムトラベル？　そんなのあり？」

ゆっくりと笑顔になっていきます。「わかったよ、パパ！　僕たちはいつもタイムトラベルをしているんだね」

そのとおり！　私たちは望もうが望むまいが、常に時間の中を前進しています。「それにビデオや写真があれば、時間を戻すこともできる」と次男は付け加えます。書くこと、描くこと、ファイル保管庫、インターネットは、どれも記憶のテクノロジーです。そして、子育て、教育、育児の実践について考えるとき、つまり、価値観、スキル、文化を世代間で継承していくことによって守ろうとしているときは、タイムトラベルを実践していることになります。

ある意味、子どもたちに習ったことと反対の質問をするのも、その一環です。子どもを混乱させることが目的です。ひどいことをしているように聞こえるかもしれませんが、子どもたちの批判的思考を養い、21世紀のメディアの消費者につきまとう課題を克服できるように備えさせているのです。現代は予測アルゴリズムやマイクロターゲット広告にあふれています。私たちが読むニュースの大部分は、自分がもともと思っていたことを確認したり、検証したり、補強するものばかりです。フェイクニュース、閉鎖的なフェイスブックグループ、自分で選んだ情報だけが流れるツイッターのフィード。どのSNSでも自分の意見が否定されることはなく、いざ異なる考え方に直面すると、どう対処していいかわかりません。こうした、トンネルの中にいるような狭い視野は、健全につながりあう社会には明らかに不適切です。この視野の狭さと不寛容な姿勢を次世代から一掃することは、私たち大人の責務であり、経済的にも政治的にも必要なことです。

僕が子どもをからかうのも、この責務を果たすべく、自分とは異なる見方と直面する準備をさせるためです。心理学者は、これを「向社会的からかい」と呼びます。軽く反論したり、わなにかけたり、ひやかしたりするのは、子どもの知的な謙虚さを育てるのに役立つ、意味のある挑発です。「向社会的からかい」が、ごう慢さやわがままさを抑えることは研究で示されています。僕が子どもをからかうのは、小さな対立に子どもを絶えずさらすことで、さまざまなものの見方を受け入れる練習をたっぷり積ませたいからです。同時に、自分の世界観が揺らいでしまったときに、親の愛や安全地帯、受容の精神を連想できるようになってほしいのです。反対意見を脅威とみなすのではなく、自分が成長し、いろいろな考え方に触れ、じっくり対話し、停滞した自己意識を変える機会として受け止めるように子どもを鍛えています。

こうして、健全な社会関係資本の市場の中で、つながりあうテクノロジーを使う際に必要な一連のスキルを磨いているのです。

デジタルな離散

ロバート・D・パットナムは、著書『孤独なボウリング』(柴内康文訳、柏書房)で有名な政治科学者です。

パットナムは人間関係の希薄化に警鐘を鳴らし、その原因を「電子娯楽やテレビ」に見出しています。彼の見方によると、現代メディアがつくり出している状況が問題なのは、「高潔ながら孤立している多数の個人で構成される社会は、社会関係資本に恵まれているとは言えない」からです。

パットナムの言う「社会関係資本」とは他者との関係の量と質のことで、それが重要なのは個人と社会の両方のニーズを満たしてくれるからです。個人にとっては、強い人的ネットワークを持つことで仕事の機会が増え、社会にとっては、さまざまなアゴラにつながるネットワークが生まれることで、公正さや市民としての権利、全体としての繁栄を保ちやすくなります。こうした考え方を理解するため、まずは個人にとっての社会関係資本のメリットについて考えてみましょう。

僕の兄は1995年にロースクールを卒業してすぐ、実家の隣人トビーが経営する弁護士事務所に誘われました。僕の両親は集会や地域イベントを通してトビーの家族と仲良くなっていました。そのおかげで兄は大した就職活動もせず、手当たり次第に履歴書を送ることもなく、最高の働き口を得ることができました。まったく活動しなかったわけではなく、家族が知っていた弁護士全員に電話して助言と支援を求めました。トビーは兄を助けてくれた大勢のうちのひとりだったのです。

このような友情は一種の「資本」だとパットナムは考えています。平たく言えば、「コネには価値があり、資産のようなものだ」ということです。僕の両親には個人的な友人が多く、仕事でも大勢の人と知り合いでした。兄と僕は、そのおかげで莫大な社会関係資本を常に使えたのです。親のコネを、ATMから現金を引き出すかのように利用できたわけです。

社会関係資本という考え方をさらに理解するには、そもそもどうやって僕の両親が地位と影響力を持つ弁護士と知り合いになれたかを考えてみる必要があります。父の実家は養鶏所で、母は教師の娘でした。ふたりはニュージャージーの小さな田舎町を離れ、大都市フィラデルフィアで家庭を築きました。両親は法律関係の仕事をしたことはありませんでしたが、その方面の多くの人たちと密接な関係を築きました。それができたのは、彼らが人の集まりに積極的に参加していたためです。たとえば近所の集会に出向き、地域の政治活動にボランティアとして参加し、シナゴーグへ行き、PTA活動に参加し、リトルリーグのコーチをしました。こうした小さなコミュニティに溶け込んで多種多様な人々と関わり合い、自分の仕事と関係のない人々と友達になる機会を得ました。社会的・経済的地位が自分より高い人とも低い人とも付き合いました。本物のアゴラは同等化の機能を持ち、裕福か貧乏かを問わず、価値観、興味、あるいは単に住む地域が共通する人々をひとつにします。大人の砂場のようなもので、地域の人々が集まり、交流して関係を築き、社会関係資本を高め合います。

パットナムは社会関係資本によって地域、学校、経済、民主主義の健全性と平等性が高まるという証拠を、いくつも提示しています。しかし、せっかくの主張が、ノスタルジーにかられたテクノロジー恐怖症によって弱まっているように感じます。物理的なアゴラから人を遠ざけるものとして、電子メディアを批判しているからです。確かに20世紀半ばに人間同士の交流を妨げたのはテレビという「暖炉」でしたが、同時に国内の議論はテレビのおかげで以前よりまとまるようになりました。当初、人々は各家庭に離散して「孤独なボウリング」を始めましたが、やがて新しい人的交流の道がいくつも開けました。今ではテクノロジーのおかげでニッチなコミュニティに集い、関心やスキルを共有する世界中の人々と交流できるようになっています。

MITメディアラボ学習イノベーションセンター代表のJ・フィリップ・シュミットは、「白い文字と点滅するカーソルがある小さな黒いウィンドウが、まったく新しい世界への窓になった」と説いています。彼は1990年代に非公式のオンライン交流でインターネットについて学んだ自分の経験を振り返り、「見知らぬ人同士が技術的な質問をして助け合っていた」と述べます。インターネットが普及し始めた当初は、「アイデアや知識を共有するのが基本」だったのです。その後、シュミットはピアツーピア大学を共同設立し、「ブロックサーツ」というブロックチェーン技術を使ったデジタル証明書管理ツールを設計しました。さらにMIT難民学習支援センターを立ち上げ、中東のエンジニアによる難民学習者のためのテクノロジー開発をサポートしています。

シュミットのプロジェクトには共通点があります。人々のつながりを強め、知識と専門性をシェアすることを手助けし、コミュニティを強化しようとしているのです。最高の学びは非公式の、しかし情熱にあふれた、雑多な関わり合いの中で生まれやすいことを、彼は知っていました。たとえば、ただ集まって楽しんでいた人々が、しまいには何かを一緒につくり上げ、知的な資産を交換するときのように。シュミットは、知的な資本と社会の資本、つまり社会関係資本を熟知していました。その土台になったのは、草創期のデジタルアゴラでの実体験です。「そこには驚くべき共同体意識があった。その友人の一部とは、実際に会うことはなかったけれど、その後何年も続くことになる友情が生まれた」と彼は述懐しています。

私たちは有意義なつながりを築くために、同じテーブルに着く必要は、もはやありません。タイムマシンで電子メディアの時代を離れてパットナムが理想とする世界に戻ろうとしても無駄です。それよりもシュミットの導きに従い、デジタルな離散の中で有用な社会関係資本を育てる機会を増やす方法について考えるべきです。

コンピュータは地球上のあらゆる場所に漕ぎ出すバーチャルなボートのようなものです。理論上は、デジタルなホスピタリティによって、オープンなコミュニティに集まる人の数は、これまで以上に増えるはずです。しかし今のところ、そのようにはなっておらず、SNSは逆にコミュニティを細分化しがちです。これは現在の情報システムは低反発マットレスのように、ユーザーの興味に合わせて形を変えるからです。AIと予測アルゴリズムのおかげで、僕のスマホ、ラップトップ、スマートTVは何も言わなくても、僕の見たいものを提供してくれます。

僕は不快な思いを一切せず、自分の思考について誰かに疑問を持たれることもありません。自分向けにカスタマイズされたメディアメニューを利用できて気分は最高だし、非常に便利です。ただ、この仕組みには問題があります。それは、ハーバード大学ロースクール教授のキャス・R・サンスティーンが「セレンディピティ（偶然の発見）」と呼ぶものを日常の中で経験する機会を失ってしまうことです。「孤独なボウリング」というパットナムのイメージを用いて、サンスティーンは現在のデジタルメディア体験を、門を閉ざしたコミュニティでの生活にたとえました。人々は自分の快適なゾーンから外れたイメージや考え方、物語に接することを避けていると、彼は言います。そして、これが問題なのは「予期せぬ出会いこそ、民主主義の根幹」だからだと訴えます。

僕の両親が地元の集会でいろいろな人々に出会ったのも、セレンディピティです。そのメリットは僕の兄がそのおかげで多様な社会資産を利用できただけではありません。文化資本の交換を通じて、良き市民としての自覚も促しました。つまり、誰もが周囲に住むさまざまな人々についての理解を深めることができたのです。自分と異なる視点にさらされ、新しい知識を得て寛容になり、反省し、思いやりを持つようになりました。社会関係資本の流れは、個人にも集団にも恩恵をもたらしたのです。

対照的に、デジタルアゴラは社会的セレンディピティが欠けています。多様な関係や多様な知の資産を築くための潜在的な機会を制限しているのです。それが今の子どもにとってどのような意味を持つのか、考えてみましょう。子どもたちは、かつてなくつながりあった世界にいるかもしれませんが、なじみのあるものに固執し、固定観念にとらわれがちです。僕は小学生の頃、日曜の午後はケーブルテレビを観て過ごしました。チャンネルを次々と変え、面白そうな番組を探しました。当時はオンデマンドチャンネルなどなく、放送されているものを観るしかありませんでした。そこで出会ったのが『オール・イン・ザ・ファミリー』『サンフォード・アンド・サン』『ミスター・エド』などの再放送ドラマです。いくつもの選択肢がある僕の子どもたちには、僕の週末がどれほど退屈だったか想像もできないでしょう。

多文化的な観点からは、視聴できるメディアの数と種類が豊富なのは素晴らしいことです。子どもたちの選択肢は僕の子ども時代より多様で、筋書きもさまざまです。しかし、だからといって必ずしも幅広いコンテンツを体験できるわけではありません。ほとんどの人は選択肢の大部分を無視しますが、自分の意思でそうするわけではありません。グーグル、フェイスブック、ネットフリックス、iTunes、フールー、Xboxで子ども（そして大人）が遭遇するコンテンツのほとんどは、すでに選別されたものです。その目的は、ハエ取り紙のように、ユーザーがそのプラットフォームから抜け出せなくすることにあります。

その結果、子どもたちがオンライン上でセレンディピティを経験することはめったにありません。自分では、ユーチューブがランダムに選んでくれた「おすすめ」に従って、新しいお気に入りを見つけたつもりでいても、それを選ぶことは最初から決められていた、あるいは、少なくともそれを選ぶように仕向けられていたのです。アルゴリズムはユーザーを細かな層に分け、畜牛を突き棒でエサ入れへ向かわせるように、「マイクロターゲティング」化した選択肢へ向かわせます。アルゴリズムは「フィード（エサの意味）」に細かな情報を流し、その場でレシピを変更し、私たちの反応から学習します。

このように、私たちのデジタルコンテンツ体験は、セレンディピティの幻想を維持しながら、高度にコントロールされています。子どもたちは、ホームビデオをユーチューブにアップロードして有名になったジャスティン・ビーバーのようなエンターテイナーの、誇張されたストーリーを日常的に目にします。奇跡的にスーパースターになった彼の話は、メディアは自由で中立的であり、誰もが能力次第で注目を集められるという神話を補強するものです。こういう奇跡の物語を延々と見続ける子どもたちは、自分が参加するメディアのアゴラが発見の自由を制限していることに気づかず、消費者の選択は何の束縛も受けていないと信じています。子どもの目には、すべてのコンテンツがネット上で大流行する可能性を秘めているかのように映ります。「いいね」をたくさん集めさえすればよく、SNSはセレブを生み出し、ゲーマーは自分の部屋にいながらにしてスターになれると子どもは錯覚します。

そういう形で成功をつかんだ、ごく一握りの人が存在するのは事実です。しかし、セレンディピティによる成功物語はたいてい、新しいテクノロジーは既存の体制を打ち壊し、「平等で」「開かれた」社会参加の機会を生み出しているというイメージを広めることのために使われています。これは現実とかけ離れています。実際には、アメリカのデジタルメディアの大部分はわずか12社（ウォルト・ディズニー、21世紀Fox、タイム・ワーナー、AT&T、コムキャスト／NBCユニバーサル、CBS、バイアコム、アマゾン、アルファベット／グーグル、フェイスブック）に支配されており、大半が何十年にもわたりその地位を独占しています。配信チャンネルの大部分を一企業が独占している状態では、意図的に特定のコンテンツを大流行させることは簡単です。

デジタルメディアはほぼ、ターゲットに消費を促す道具になってしまっています。それでも、大人が子どもに正しい使い方を教えれば、デジタルメディアはセレンディピティをもたらす社会関係資本の交換を促すツールにもなり得ます。

娯楽の消費主義

僕が子どもの頃のメディアリテラシーは今よりずっと単純でした。まず、資金の出どころを追い、お気に入りのテレビ番組のスポンサーを突き止めました。洗剤の「タイド」がCMを出していれば、そのブランドの評判を傷つけるようなことはなく、大体は番組でその商品が使われているのを目にすることになります。

僕も友達も、お気に入りのSF映画の中で会社のロゴを見つけるのが得意でした。たとえば、スペンセリアン書体で書かれた「コカ・コーラ」と「フォード」のロゴは、宇宙時代という設定のはずなのにはっきり読み取ることができました。21世紀になっても映画の世界では企業が大きな存在感を保ち続けるということです。僕たちは子どもながらに、作家やミュージシャンや俳優が、誰かを楽しませたい、あるいは感情のカタルシスを提供したいという気持ちで娯楽の仕事に携わっていても、配信会社を動かしているのは、結局のところお金だと悟りました。テレビで番組が放映されるのは、そのコンテンツがコマーシャルを見せるのに十分な時間、視聴者を引きつけられると、テレビ局が考えているからにほかなりません。

制作者のモチベーションについても考えてみました。制作の舞台裏を想像し、ディレクターやプロデューサーの政治的スタンスに注目しました。誰かの個人的信念が美術制作の方向性を決めたのか？　この映画は僕たちを一定の考え方に導こうとしているのか？　この物語は作者のものの見方をどう反映しているのか？　あらゆるメディアは、ある特定の視点から構成され、視聴者にメッセージを届けています。作家の目的が視聴者を説得することではないとしても、その作品には人種、ジェンダー、生物学的性別、民族、社会・経済階級などについての一定の見方がどうしても反映されます。家族の夕食や学校生活など、政治色の薄い描写にもそうした要素が含まれる結果、若い視聴者は何が「正常」か、つまり何が正しくて何が間違いなのか、あるいは「健全な調整」とは何かについての基本理解を、エンターテインメントの世界で目にしたイメージをもとに確立することになります。このようにして、私たちは生活の中にあふれている文化的メッセージに気づき、解釈することを学んでいくのです。

それでも私たちが子どもの頃は、コンテンツだけに集中していれば十分でした。ところが、今の子どもたちの置かれている状況は、はるかに複雑です。昔、私たちが考えたことに加え、コンテンツを運ぶ容れ物、プロセス、手続きレトリックについても考える必要があります。現代のメディアリテラシーにはアイデアやイメージだけでなく、従来の「エンターテインメント」の定義を超えた構造、手順、儀式を理解することも含まれるようになっています。私たちが住む世界では、社会、商業、情報、政治、教育に関するやりとりのほとんどがソフトウェア、アプリ、ゲーム、スマートデバイスを介して行われます。実はこれらの一つひとつがメディアとの交流と言えます。

私たちがデバイスを介して遭遇するコンテンツには、明確に「エンターテインメント」や「ニュース」としてつくられたものもありますが、そのほとんどはもっとあいまいです。「ユーザーインターフェース」とは、人の操作に配慮したソフトウェアの設計方法です。たとえば、お気に入りのスマホアプリに表示されるバーチャルなボタンやスライダー、メニュー画面で使うアイコンの形や配置などもその一部です。ソフトウェアの開発者は、効率性や操作性、利便性を考えたデザインだと言うでしょう。しかし、それはユーザーに中立的なイメージを与えるためで、実際は違います。一つひとつのスワイプ、タップ、クリックは、メディアとの関わり合いを意識した仕組みによって導き出されたもので、ユーザーはあるソフトウェアはほかよりも「直感的」に操作できると信じ込まされています。

たとえば、商品開発チームは「オンボーディング」のプロセスに膨大な力を注ぎます。これは消費者が商品と最初に関わる段階のことで、多くの専門家はサインアップや登録の手順の中で、このプロセスをよく初デートにたとえます。その理由は、ユーザーに最初から好印象を持ってもらうことがいかに重要か、よく理解しているからです。第一印象は大事です。そして、多くの場合、私たちはただ個人情報を入力し、ユーザーネームとパスワードを設定するだけでなく、そのソフトウェアの特定の「フロー」を快適に感じるように仕向けられています。今度アプリをダウンロードするとき、オンボーディング体験に注意してみてください。優れたアプリのオンボーディングは、まるでゲームの最初のレベルのようなものです。特定の目標に集中させるだけでなく、アバターに与えられた超能力の使い方を教えてくれます。

皆さんは、ユーザーインターフェースはエンジニアやソフトウェア会社、巨大企業が設計したものであることを認識しているでしょうか。フェイスブック、スナップチャット、インスタグラム、ホワッツアップ（WhatsApp）、ツイッター、Gメール、フォトショップ、そしてマイクロソフトのオフィス（Office）さえ、それぞれ独自の手続きレトリックを持っています。ゲームと同じように、これらのアプリもそれぞれ独自の操作方法があります。そしてほぼすべてのプロセスで、ソフトウェアの使い方を規定しているだけでなく、コンテンツについての考え方を制限する構造が潜んでいます。

新しいメディアは、私たちの思考を一定の文脈内に収まるように誘導します。だからこそ、子どもがデジタルな習慣に操られないように、大人は教えなければなりません。ソフトウェアはほとんどの場合、何らかの意図を持って設計されていることに、気づく必要があります。時代の道具がどのように自分の選択を形づくっているのか、考えてみる必要があるのです。

パーソナリティがブランドに

今の子どもたちは、デジタルメディアの生産に自分が知らないうちに関わっていることを理解する必要があります。新しいアプリをダウンロードする子どもは、自分をお客さんと考えているかもしれませんが、実は生産工程の一部になっているのです。SNSはコンテンツづくりをユーザーに頼っています。ですから、「オンボーディング」という言葉がますますしっくりきます。

オンボーディングは本来、新入社員が仕事の基本を学ぶ段階であり、新しい仕事を覚えるためのプロセスを表す言葉でした。ソーシャルメディア企業はユーザーが提供するデータを販売して利益を得ています。そのため、ユリアン・クーヒリッヒが言う「プレイバー」に参加するためにユーザーが訓練される様子を表現する言葉として、オンボーディングは最適と言えます。プレイバーは「プレイ」と「レイバー」を組み合わせた造語で、デジタルメディアが創造的な遊びを商品化する中で、娯楽と生産との境界線がますます不明瞭になっている様子をうまく表現しています。要するに、インスタグラムに写真を投稿したりSNSのプロフィールを更新したりするたびに、その人は他のユーザーが楽しめるコンテンツを提供しているのです。

そうしたユーザーの貢献がなければ商品は生まれず、広告枠は売れません。フェイスブックで友達全員が投稿をやめてしまえば、ユーザーはいなくなるでしょう。同様に、ユーチューブは視聴者が番組を制作するテレビ局のようなものです。また、僕の息子たちは『マインクラフト』のコードを修正して改造版をアップロードするとき（ユーザーが「モディング」と呼ぶ行為）、他人の知的財産の価値を高めているのです。もちろん彼らは楽しんでいるだけですが、『マインクラフト』の販売元であるモヤン（Mojang）とマイクロソフトは、無償の「プレイバー」から金銭的利益を得ています。

残念なことに、大多数の人はオンラインプラットフォームに貢献している無償のプレイバーについてほとんど考えようとしません。それにもかかわらず、自分自身を商品だと考えるようになっています。「価値提案」をする必要性に迫られているかのように、SNSで常に演じ、自分のライフスタイルをアピールしているからです。価値提案とは、スタートアップ企業や投資家が、その会社の商品を購入すべき理由を表すために使う言葉です。当社のウィジェットは競合会社のものとどこが違うのか？　飛び抜けて優れている部分は？　既存の問題に対する当社のソリューションは、どれほど独自性があり、料金を払って利用する価値があるのか？

この価値提案を理解するため、傘メーカーを立ち上げようとしているところを想像してみてください。サミュエル・フォックスは1850年頃、それまでクジラの骨を使っていたリブ（親骨）に女性用コルセットのスチール部品を採用し、パラゴン型の湾曲フレームの傘を開発しました。1929年にスワバ・ホロビッツが新しい価値提案を加え、折りたたみ機構を採用してバッグに入れて持ち運べるようにしました。折りたたみ傘は今ではすっかりおなじみですが、当時は新しい付加価値を提案するものでした。新会社の傘を差別化するには、これとは違う新たな価値提案をすることが求められます。新しい合成繊維、カーボンファイバーの持ち手、ブルートゥース接続などを採用するのもひとつの案です。とにかく、自社製品に独自の価値があることを示す必要があるということです。

これと同じように、SNSに投稿する子ども（そして大人）は、日常のありふれた瞬間を価値あるコンテンツに変えようとします。私たちは皆、外食し、友人と集まり、文化イベントに参加し、休日の旅行に出かけるので、簡単なことではありません。しかもネット上では、ほかの人より魅力的な方法で、みんなに見てもらえるようなストーリーを共有し、競争しなければなりません。その価値提案の対価として受け取る通貨が、「いいね」やリツイートやフォロワーというわけです。

もちろん、他人に受けのいいアイデンティティを提示することは、必ずしも悪いことではありません。それもつながりあう世界での生き方のひとつと言えるかもしれません。しかし私たちは、子どもに適切なデジタルメディアリテラシーを身につけさせなければなりません。ネット上の自分は自己の一部にすぎないということを認識する必要があります。それは、巨大メディア企業の利益を生み出すためにつくられた容器にぴったり収まるように編集された、自己の一部にすぎないのです。

この価値提案の考え方は、ネット上でのプライバシーの問題について考える上でも役立ちます。オンライン中は絶えず監視にさらされていて、何もしていないと思っていても、ウェブの閲覧やネット上での挙動は常に記録され、分析されています。私たちの行動、信念、そして理想は、追跡し、測定し、取引すべき商品だと考えられています。

プライバシーは、デジタルメディアのリテラシーを学ぶ上で大きな問題となります。子どもは行動と感情の両方の理由で、オンライン上の慎重な行動のルールを身につける必要があります。実践面では、インターネットにアップロードしたものはほぼすべて、永久に残る可能性があるということを認識しなければなりません。僕の10歳の息子のように、過去の大事な思い出を再体験させてくれる8ミリ映写機やビデオカメラは、タイムマシンのようなものだと思うなら、私たちについてのデータがどれほどネット上に記録されているか、考えてみるといいでしょう。

最近はあらゆるデジタルなやりとりの記録が残り続けます。自分の発言がすべて記録されてしまう時代に中学生だったらと思うとぞっとします。僕は40歳になっても、何年か前の古い日誌やノートを取り出して恥ずかしい気分になることがよくあります。自分が書いた文章を読んで、その未熟さに愕然とします。幸いにも、こうした文書は公開されておらず、タンスの奥の箱にしまってあります。

しかし今の子どもたちは、あらゆるものが公開されています。そしてインターネット上に残るデジタルな活動の残骸は大学の入試担当者だけでなく、将来の雇用主にも定期的にアクセスされるでしょう。大手教育会社カプランが行った調査では、大学の入試担当者の半分が志望者のSNSのプロフィールを定期的にチェックすると回答しています。また、求人情報サイト「キャリアビルダー」の調査によると、SNSを採用候補者の選定に使っている企業は7割に上ります。あなたの子どもはインターネットで自分をどう見せていて、それはお子さんの将来にどう影響するでしょう？　子どもがアップしているスナップ写真やTikTokの動画が知らないうちに履歴書の一部になるという事実について、多くの親は考えようともしませんが、いまやウェブはあなたの人生の一部になっているのです。

僕も採用面接をする前に、真っ先に候補者のことをインターネットで調べます。実際に会うまでに、その人についてできるだけ多くの情報を集め、グーグル、フェイスブック、リンクトイン（LinkedIn）、インスタグラムから得た情報を総合して人物像を描きます。つまり、直接会う前に相手のことを十分知っているわけです。これは10章で説明した理想的な「クセニア」のホスピタリティとはかなり異なり、出会いは自然でも偶然でもなく、取引のようなものです。自分のまわりのすべての人の声に耳を傾け、各候補者の話に意識的に集中する努力をしない限り、ネット上のプロフィールの価値提案が特に優れていた候補者に、つい関心を向けてしまうでしょう。

この悲しい現実をわかっているからこそ、僕は、公的な記録と私的な記憶の違いを自分の子どもたちがきちんと理解するように最善を尽くしています。ビデオテープ、スナップ写真、ラブレター、古い日記などの形ある思い出の品は、タイムマシンのようなものです。僕はこれをクローゼットの奥から引っぱり出しては、なつかしさに浸ります。これは記憶を呼び覚ます思い出の品との私的な対話であり、心は時をさかのぼり、過去の自己感との内的で感情的な出会いへと導かれます。

一方、ネット上で公開されたデジタルな記録は、思い出ではありません。データは一度収集されたら、永久に放置されます。箱に入れられたことがないので、再び収集されることもありません。ネット上の自己は、砂の城というよりセメントで築かれた塔のようなものです。かつて子ども時代の象徴だった、あいまいな塗り替えを繰り返すアイデンティティが、半永久的に反復表示されるプロフィールに置き換えられてしまうからです。オンラインの過去をデバッグすることはできても、古いコードは永久に残ります。

子どもにとって、これは大問題です。子どもが私的な記憶を保ちつつ、変化しながら成長していけるようにする必要があります。人生の心の旅の途中で、アイデンティティを模様替えする権利は誰にでもあります。ですから大人は、ネット上で公開された記録が残り続けることに十分注意するよう、子どもに教えなければなりません。行動主義心理学者は、会話の中で適切な話題を見極める能力を、子どもにとって最も大事なソーシャルスキルだと考えています。同様に、適切な情報のシェアの仕方をオンラインとオフラインで切り換える能力は、デジタルメディアリテラシーで最も重要な要素となっています。

適切なインターネットでの出会いとはどういうものか、お子さんと話し合ってみてください。投稿によっては永久に評判を傷つけたり、自分の可能性を狭めたりする場合があることを教えましょう。現在のテクノロジーの枠組みの中で、公的な自己表現と私的な自己表現の違いを子どもが理解できるように、手助けしましょう。

まとめ

カスタマイズされた提案が批判的思考を脅かしている

つながりあう世界でメディアを消費する子どもたちが直面する問題について、考えてみましょう。デジタルテクノロジーは、情報と娯楽の配信方法を変えました。対象をピンポイントに絞るマイクロターゲット技術によって、広告と報道を見分けることはほぼ不可能になっています。メディア業界では、公平な論説記事であるかのように配信される有料広告を「アドバトリアル（記事広告）」と呼んでいます。

さらに、予測アルゴリズムによって、誰もが専用にカスタマイズされたニュースを受け取るようになりました。私たちが目にするコンテンツのほとんどは、そのプラットフォームから抜け出せなくするために選別表示されたものです。私たちが受け取るすべての情報は、自分がもともと思っていたことを確認し、検証し、強化するものです。自分と反対の考え方との有意義な遭遇はめったにありません。そのために、謙虚に自分をふりかえり批判的に考える必要がないのです。親切で、思いやりがあり、心が広く、ホスピタリティにあふれた人になるには、自分の考えが絶対ではないことを知る必要があります。ソクラテスは2000年以上も前に、こんな名言を残しています。「真の知恵とは、自分が知らないことを知り、自分が確信できることがいかに少ないかを認識し、最も困難な問いを自分に投げかけようとすることである」

今の子どもたちは、いずれ世界中に張りめぐらされたネットワークの中継点となり、世界経済に貢献することになります。知的、社会的、文化的な多様性を受容する能力が、成功を収め、充実した人生を送るための基本条件になるでしょう。ところが、現在のメディアは、これとは逆の姿勢を助長しています。ですから、つながりあう世界で生きていくために十分なメディアリテラシーのスキルを、子どもたちに身につけさせる必要があります。

メディアの成り立ちについて子どもに考えさせよう

今のデジタルメディアは、ニッチな消費を促すツールになっています。そして同時に、情報とアイデアを自由に、また民主的に交換するためのツールとなる可能性も秘めています。それを実現するには、デジタルデバイスを操作する際に、ある種の「手続きレトリック」が必要であるという事実を子どもに教えなければなりません。

アプリ、ウェブサイト、ゲーム、そしてグーグルホームやアレクサなどのスマートスピーカーは、ユーザーにある種の儀式や習慣を求めます。今日の社会、商業、情報、政治、教育における個人的なやりとりのほとんどは、ソフトウェアやスマートデバイスを介して行われます。そしてそれぞれの出会いはメディアとの交流と言えます。ですから、子どもには、スワイプ、クリック、タップすることだけでなく、デジタルな体験について批判的に考え、分析や解釈、評価の対象として接するように教えるべきです。

教師はこの種の思考を、ビデオゲームを授業で使うことで促せます。ゲームをカリキュラムに加えましょう。現時点では、学校教育でゲーム利用を本格的に試す取り組みはほとんどありません。本を読み解き、映画を分析し、ニュースを批判的に読む方法は、当然のように教えられています。一方で、ゲームは取るに足らないものとして見過ごされてしまうことが多いのです。意図的に思考を刺激したり、プレイヤーに質問させたりするゲームもたくさんあります。こうしたゲームはよく「ソーシャルインパクトゲーム」と呼ばれ、線状的でなく網の目状につながった新しいエッセイや社会評論のようなものです。実際にどんなゲームがあるか知りたい方は、ゲームズ・フォー・チェンジ・フェスティバルの公式サイト（www.

gamesforchange.org）の受賞作品や、僕がセサミワークショップでプロデュースしている「世界市民のためのデジタルプレイガイド」（joanganzcooneycenter.org/digitalplay）をご覧ください。このようなリソースは、教師が子どもたちに、自分を取り巻くイメージ、物語、テクノロジーについて批判的に考える方法を示す上で役立ちます。

親は新しい家族の時間を通して、子どものデジタルメディア理解を助けることができます。ネットフリックスやアマゾンプライムを起動し、そのプラットフォーム設計は選択を個人向けにカスタマイズするだけでなく、ある特定のコンテンツが優先され、配信会社にとって最も利益になるものを見せようとしているのだと、教えることもできます。スマートTVでさえ、ある種の意思決定を促すユーザーインターフェースがあることを子どもたちに教えましょう。テレビのメニューもユーチューブ、Appストアなどのメディアやショッピングサイトと同じく、予測に基づいて動作していることを示しましょう。

メディアリテラシーについて、親子で一緒にゲームをして学べることはたくさんあります。難しいことではありません。ただ、ゲームをしながらゲーム内の要素について話をすればいいのです。サウンドトラックに耳を傾け、誰がそれを作曲、演奏、録音しているのか考えさせ、ストーリーについて話し合い、作者がどんな人だと思うか聞いてみましょう。コントロールの質を評価し、アバターの動きを決めているのはゲーム開発者だと指摘しましょう。こうした問いかけの一つひとつが、ゲームの双方向的な体験は一定の意図のもとでつくられたものであることを子どもに示す機会になります。

ネット上での自己とネット上での他者を知ろう

ＳＮＳのプラットフォームでは、子どもは多くの場合、コンテンツを自ら制作しています。そのため、何かをアップロードする前に、デジタル世界でのプライバシーと監視についての問題を理解することは、実践面と感情面の両方で重要です。

実践面では、あらゆるデジタルなやりとりの痕跡は永続的に残ることを認識する必要があります。オンラインには私的なものはなく、すべてが公開されます。子どもがデジタルの世界に残した足跡は、長く残る可能性があるのです。大学の入試担当者や企業の採用担当者は、応募者のＳＮＳのプロフィールを定期的にチェックしています。ですから、子どもがインターネットにアップしたものは、永久に履歴書の一部になるのです。

シェアすべきものとそうでないものを子どもに教えましょう。デジタルな世界での分別をめぐる議論は、不正、詐欺、個人情報漏洩を防ぐことに重点が置かれます。もちろんこれらも重要ですが、基本的な判断や気配りについて教えることも重要です。たとえば友達と話すような乱暴な言葉で先生と話さないなど、状況に応じた適切な言葉づかいを教えるように、インターネットでのさまざまなやりとりに応じた調整スキルの使い方も教えましょう。

また、永久に残る記録がもたらすのは外面的な危険だけではないことを、大人は認識すべきです。プライバシーの欠如は、子どもの内面的な心理体験にも破壊的な影響を及ぼします。大人になるということは、生まれ変わるということです。私たちは、所属するグループごとに異なる人格を身につけようとします。

また、特定の社会的状況では自分の見せ方を変えることもあります。新しいファッション、髪型、ニックネームを次々と取り入れようとするティーンエイジャーは、自分の弱い面を表向きの仮面に塗り替える実験をしているのです。これは個人の発達のための極めて重要なプロセスであり、新しい自分になるたびに、今日の最も神聖な信念が明日には無意味なものになることを知ります。人は知的な謙虚さを、こうして身につけていくのです。

12 新しい子ども時代

大体どこの兄弟もそうですが、僕の息子たちは時に冗談混じりにののしり合います。

「おい、nub《ナブ》（どヘタやろう）」とどちらかが言い、ふたりで大笑いします。

これは最近の子どもがよく使う言葉で、〝dork《ドーク》（ダサいやつ）〟、〝loser《ルーザー》（負け犬）〟と同類です。子どもが使う言葉は時代とともに変わります。

僕も兄たちと〝geek《ギーク》（オタク）〟などと呼び合っていました。これはその後、シリコンバレーの成功者が自称として使ったことで響きが変わりましたが、当時はまだネガティブな意味が強く、僕たちにとって侮辱の言葉のひとつでした。僕たちはもういい大人ですが、休日のディナーで礼儀正しく議論していたのが言葉での一騎打ちになると、ついこの言葉が出てしまいます。こういう昔ながらの半ばふざけたののしり言葉は、クッションでできた槍のようなものです。攻撃を意図しない親愛の情と、親に認められようとするほとんど無意識の競争における敵意表明の両方として、同時に機能します。

相手をののしることには、心理的な防御を強める効果があります。守備的な行為によって自分の不安を隠すのです。一方で、アイデンティティを強める効果もあります。こうしたふざけ合いの中で、私たちは自己のイメージを投影し、自信を示しているのです。兄たちと僕は子どもの頃、そうやって自分を高める必要がありました。それは一緒にいるとすぐに喧嘩になったからで、仲良く遊び続けることは不可能でした。

実際、据え置き型ゲーム機の「アタリ2600」でよく一緒にプレイしたのは、『コンバット』という、画素の粗い戦車や戦闘機で撃ち合いをする2人用ゲームでした。あまりにも頻繁にプレイしていたので、いまだにゲームのホワイトノイズや爆発音がよみがえるほどです。戦闘はスローな動きで大した盛り上がりもなく、『大乱闘スマッシュブラザーズDX』など、今の子どもたちが毎日やっている3Dオンラインバトルロイヤルゲームのような過激さはありません。息子が最近のシューティングゲームをするときは、ヘッドセットのマイクからネットの向こうの友達に叫びます。その熱狂ぶりは僕が兄と並んで遊んでいたときと同じで、親しみを覚えます。ただ、ゲームの機能と画質があまりにも違いすぎて、それが昔ながらの対戦ゲームの進化形であることに、子どもたちは気づいていません。

「決闘」は古代から行われてきました。名誉、栄光、トロフィー、褒美を懸けた一対一の対決は、僕たち兄弟がアタリの対戦ゲーム『コンバット』で戦うずっと前から存在します。ヘレニズム時代のギリシャでは、勝者が相手の甲冑《かっちゅう》を奪って身につけ、紀元前4世紀頃のケルト人戦士は討ち取った敵の首を腰にぶら下げました。英雄たちは常に、社会学者ランドル・コリンズの言う「名誉のしるし」を集めてきました。暴力について広範な研究を行ったコリンズは、その特徴について、こう説明します。「一般的なパターンとして、記念品を手にし、それを見せつけることによって評判を築き、同時に戦闘への自信と気持ちを高めようとする」。だからこそゲーマーたちも、ゲームセンターの時代から『ドンキーコング』のハイスコアを競い合ってきました。自分が一番の〝ギーク〟だと、アピールせずにいられないのです。

また、現在人気のオンラインゲームでは、プレイヤーは武器や特別なアイテムを集め、特別なレベルへのアクセス権を得ようとします。これも実績の指標であり、ゲーム内のステータスの証明となります。対決で何より大事なのは怒りをぶつけることでも、相手を屈服させることでもありません。戦う道具がこぶしであれジョイスティックであれ、それは自分がゲームの一員であることを証明するものなのです。フェアな戦いのあらゆる暗黙のルールや規定を熟知していることで、相手とつながることができます。エリート社会のおきてをすみずみまで精通していることで、他者に認められるようになります。ハイレベルな戦いで名誉をかけて守るべき暗黙の約束と儀礼と作法を知っているのは、クールな子どもたちだけです。武道や騎士道、そして運動場での決闘にも言えることですが、戦うことができるというだけで、エリートの証明になるのです。

　最近、僕はアタリの復刻版で、父のなつかしのゲームを子どもたちに体験させようとしました。新しい家族の時間を想像し、わくわくしながら『コンバット』の電源を入れました。しかし、ふたりは古いゲームのカクカクした動きに耐えきれず、数分で飽きてしまいました。弟があまりにも早く決着をつけ、年齢序列に逆らって兄に圧勝してしまったのです。

　彼が本当のダメージを与えたのはゲームを終えてからのことです。

「このナブ！」とゲームに勝った弟が兄をなじったのでした。

「ナブ」にはもともと「新参者」「初心者」「ルーキー」といった意味があり、中世の騎士が腰にぶらさげた首《しゅ》級《きゅう》の少ない戦士をあざ笑うようなものです。僕がこの言葉を面白いと思うのは、競技スポーツが古くから持つ本質的な要素を伝えているにもかかわらず、現在の技術的な文脈の中で独自の方法で使われているからです。

　もとの形は〝ｎｅｗｂｉｅ《ニュービー》〟で、インターネットフォーラムの古参が新メンバーを見下すときに使った言葉でした。それが、オンラインゲームが生まれた頃のチャットで〝ｎｏｏｂ《ヌーブ》〟と略され、さらに子どもたちが

『マインクラフト』で遊ぶ時代になって〃nub《ナブ》〃と簡略化されたのです。

同様に、〃LOL（Laugh Out Loudの略、爆笑）〃や〃YOLO（You Only Live Onceの略、人生は一度きり）〃も今ではティーンエイジャーの間でよく使われる感嘆詞になっています。

いずれもネット上でテキストとして生まれ、息子世代に独特の話し言葉となりました。時代の道具によってつくられた特別な言葉で、彼らが自分で生み出した言葉でもあります。世代が違う大人に、それを教えられるはずがありません。

つながりあう世界では、私たち大人はにぶい《ナブ》のです。

ゼア・ジェネレーション

ベビーブーマー、ジェネレーションX、ミレニアルなど、人はよく世代でくくられます。今の大人は修道院型の教育を受け、時間で区切られた世界観で物事を分類するように訓練されています。ですから、文化史で分類を行うのは、驚くべきことではありません。ただどういうわけか、僕の子どもたちの世代には、まだしっくり来る名称がありません。いろいろなアイデアがあり、メディアで一番よく見かけるのは「Z世代」という名称ですが、これが定着するとは思えません。子ども世代の特徴を何も表現していないからです。「ベビーブーマー」は第二次世界大戦後、出生率が上がった時期に生まれた世代であることから名づけられました。続く「ジェネレーションX」（団塊の世代）は定義されることに対する世代全体の抵抗を意味していました。「ミレニアル世代」（当初はジェネレーションY）は21世紀に入ってから成人になった世代という意味です。これに対して、「ジェネレーションZ」は文字の順番を表してはいますが、ジェネレーションXの二世代あとであることを示すだけで、世代の特徴を何も表現できていません。それに、これで最後であるようにも聞こえます。彼らがZなら、その次の世代は？　おそらくその頃には、世代順に整理する考え方自体がすたれているでしょう。

発達心理学者のハワード・ガードナーとデジタルテクノロジーを研究するケイティ・デービスは２０１３年、*The App Generation*（ザ・アプリ世代）という本を出版し、こう書いています。「スマートフォンやタブレットに並ぶアプリは、その人の指紋のようなものだ。一つひとつに独自の紋様はないが、全体としてみると、本人の興味や慣習、人的交流を示している」。現代の子どもはモバイル端末のオペレーティングシステム（ＯＳ）のワークフローに従って自分を見るようになりつつあると、ふたりは指摘しています。たとえば最近の子どもの一週間の放課後のスケジュールを見てみましょう。サッカー練習、ピアノ練習、ダンス教室、学習塾、プログラミングクラブなど、目まぐるしく予定が組まれています。課外活動や仲間との集まりはアプリのように組み込まれ、人生はばらばらの目標を追う各種活動の寄せ集めになっています。その結果、子どもはただ楽しむためだけに、誰かと一緒に目的もなく過ごすことを好まなくなり、単なる足し算以上の自己を感じることが難しくなっています。

この主張にはややテクノロジー恐怖症の気があるものの、テクノロジーと意識の関係性の説明は納得のいくものです。ガードナーは教育理論家として有名で、知能の多様性を訴えたマルチプル・インテリジェンス（多重知性）理論の考案者ですが、彼が考えた「アプリ世代」という名称はピンときません。僕の子どもたちが「アプリ世代」であるとは思えないのです。

心理学者のジーン・Ｍ・トウェンギは、「ｉ世代」という名称を同名の著書で提案しています。彼女は、ガードナーとデービスとはまた違った見方をしていて、この世代は「携帯電話とともに育ち、高校に入る前からインスタグラムのアカウントを持っていて、インターネットが生まれる前の時代を知らない」と述べています。

また、"i"は「個人主義」と「所得の不平等」を表していると説明します。しかし、僕の考えでは、個人主義は少なくとも工業化時代の初めから、あらゆる世代の砂場的自己感の一部となっています。また、所得の不平等が新しい形で現れているのは事実ですが、この現象は現代に限ったことではありません。

２００５年以降に生まれた世代に名前をつける試みで目新しく感じたのは、デジタルネットワーク技術と一見何の関係もない名称です。*Generations : The History of America's Future, 1548 to 2069*（世代――アメリカの未来の歴史1548-2069）を１９９１年に著したウィリアム・シュトラウスとニール・ハウは、この世代を「ミレニアル世代」と名づけ、「ホームランド・ジェネレーション（母国または故郷の世代）」と位置付けています。これは２００１年９月11日の世界同時多発テロ以降に生まれた世代ということで、テロを受けて設置された国土安全保障省（デパートメント・オブ・ホームランド・セキュリティ）にちなんでいます。「フォーブス」誌に寄稿した記事で、ハウは「世界の文化はナショナリズム、ローカリズム、ルーツの探求へ向かっている」と書いています。

同時に「ホームランド」という言葉を、現在の育児スタイルは前の世代に比べて自由度が低く、文字通り家で過ごす時間が長いという調査結果に結びつけています。この「ホーミング（帰巣）」の本能の根本にあるのは、実はハイパーリンクでつながりあうデジタルアゴラの中で、安定した拠り所を見いだそうとする反動的な欲求であることは、すでに説明したとおりです（Ｐａｒｔ２）。ですから、この「ホームランド・ジェネレーション」という名称も定着するとは思えません。というのも、この言葉は、常にインターネットにつながっている不安に対処しようとする大人たちの姿を正確に示しているものの、子どもたちが実際にどう暮らし、学んでいるかについてはほとんど触れていないからです。

今の子どもたちは今後、「関係の広さと深さのどちらを優先するべきか」という課題に直面することになるでしょう。これはつながりあう世界で生きるすべての人が現在直面しているジレンマです。このジレンマは、インターネットのプライバシーと透明性の間の緊張として表れていますが、パーソナライズ化の便利さと監視の恐怖との戦いとも言えます。私たちは、地域経済と世界経済の対立を感じ、移住が急増する中でも国境強化を目にしています。こうした関係の広さと深さのせめぎ合いは、かつて住居と職場を明確に分けていた境界線上でも繰り広げられています。そして、革新と正統性、急進と慎重、変革と伝統、現代性と伝統の間で振り子は揺れ動いています。それはアマゾンの大量販売とエッツィーの手作り品が出会う場所であり、ウーバーによる自由労働者の利用と個人による自由な起業家精神が出会う場所でもあります。

もちろん、こうした葛藤は今に始まったことではありません。有史以来、人は一神論と多神論、統一と分割、個人と全体の間で選択を繰り返してきました。しかし最近は、あらゆる線引きや境界がゆらぎ、自分がどちら側にいるのかわからなくなっています。

哲学者のエドワード・S・ケイシーによると「ヴェイグ（あいまい）」という言葉には「迷う」「さまよう」という意味があります。これはフランス語では「波」、つまり浜辺と海の間の不明瞭な境界線で砕ける水を意味します。確かに不変の海岸線などありません。潮の満ち引きで海岸は浸食され、ケイシーが書いているように「水はさまよい、最も抵抗が小さい場所から侵入していく」ものだからです。ケイシーの説明は詩的で抽象的ですが、複雑なことは言っていません。つまり、どんなものも微小な穴を抜けて侵入するため、はっきりした線引きを求めても無駄なのです。私たちが行ってきた厳格な分類と正確な測定は、規模の拡大に欠かせない標準化を可能にしましたが、同時に流動性をせき止めるダムでもあります。そして、私たちは親密さとつながりを求めて、自分たちが築いた防波堤に通路をつくり続けています。

「新しい子ども時代」が直面する基本的な課題の背景には、この矛盾があります。この矛盾に子どもたちは備えなければなりません。関係の広さと深さの間でうまくバランスをとるために必要な価値観やルール、作法を身につけなければなりません。

また、子どもたちの成長を妨げる最大の問題は、テクノロジーについての時代遅れの考え方にいつまでもとらわれていることだと認識する必要があります。私たち大人は、自分の縄張りを確保し、富を蓄え、砂の上に線を引いて自分の城を守ることに慣れています。その結果、子育てでも何かと線引きをしようとします。スクリーンタイムに対する二者択一的な姿勢、職住分離に基づく家庭観、修道院型の教育、カード目録型の情報と知識の分類。こうした思考法を子どもたちに伝えようとするのは、それが私たちの世代には役に立ったからです。

しかし、時代遅れのものへのノスタルジックな忠誠は、次世代にとっては負担でしかありません。作家のパラグ・カンナが著書『「接続性」の地政学』(尼丁千津子・木村高子訳、原書房)で書いているように、「つながることに勝る投資はない」のです。各国が経済をつなぐインフラ開発に注力すべきだとカンナは訴えています。これは地政学の話ですが、この考え方は子育てにも容易に当てはめることができます。子どもたちが「つながる」力を養うためにできることはなんでもすべきです。

ネットワークの中でデータを分析し解釈した上で、オンラインとオフラインの両方で情報を明示し、再分配することによって意味と価値をつくり出す。そんな能力を備えた「ノード(中継点)」としての自己イメージを、子どもたちは持つ必要があります。私たちの課題は実践的なスキルセットを開発することではありません。人間には粘り強く生きる力が備わっており、身のまわりの道具を操る方法を常に考え出してきました。しかし、適切なモデルと指導がなければ、そして社会的で創造的なデジタルな遊びの機会が十分になければ、子どもは感情の回路を開くことができず、思いやりを伝えられるようにもなりません。

グローバルな遊びの未来

2017年の夏、ギリシャの島々で毎年開催されるシンポジウムに子どもたちを連れて行きました。経済学者、政治学者、NGOのリーダー、思想家などが集まる国際会議で、僕たちは約一週間、一緒に働き、語り合い、飲食し、泳いで過ごしました。

日中、大人は会場のテーブルで議論しました。カジュアルで海辺の雰囲気が漂う国連会議といった感じで、僕たちは政治、移民、経済動向、テクノロジー、そして21世紀型スキルについて討論しました。

一方、子どもたちは外で走り回っていました。笑い合い、一緒に遊び、エーゲ海のビーチで水しぶきをあげていました。文化が入り乱れ、国籍を超えて子どもたちがやりとりをする光景に、どの大人も感銘を受けていました。僕の息子たちはボスニア、コソボ、イギリス、トルコ、シリア、ベルギー、フランス、チュニジア、南アフリカ、ドイツの子どもたちと仲良くなりました。まさにグローバルな砂場です！

毎晩のディナーでは大人が食事やお酒を楽しみながら議論を交わしている間、子どもたちは子どもだけのテーブルで集まっていました。彼らのテーブルが騒がしくなったり大きな笑い声が上がったりするので、振り返って様子をのぞいてみると、子どもたちは何やらコソコソしています。大学で僕の授業を受ける学生と同じように、皆自分のひざに視線を落としていました。大人たちがホテルの部屋に置いて来るようにとあれほど注意したのに、誰ひとりそれを守らず、スマホやタブレットを持ち込んでいたのです。

彼らは必死にテーブルクロスの下にデバイスを隠そうとし、絶対に気づかれまいとして親の動きを肩越しに確認しますが、もちろん、無駄な努力です。子どもはずっと声をひそめることなどできません。バレていないと思っているのは自分たちだけです。大人はすぐに気づきましたが、何も言わないことにしました。自分たちが間違っていたと、僕たちはすぐに理解したからです。

デジタルデバイスの存在が子どもたちを非社交的にしてしまうのではないかと、大人は心配しました。多様な子どもたちと関わり合えるまたとない機会なだけに、それを最大限に生かしてほしかったのです。子どもたちはスマホを見るのではなく話し合うべきで、ゲームとSNSのアプリが子どもたちを分断するのではないかと想像したのです。しかし、それは誤りでした。テクノロジーは、子どもたちが友情を育むための共通の基盤となったのです。彼らはスマホやタブレットを大人に見つからないように交換しながら、お気に入りのアプリやゲームをシェアして楽しそうに笑い合っていました。

それが1週間近く、毎晩のように続きました。数日後、僕たちはそれぞれの国へ帰り、大人は慌ただしい日常に戻りました。ところが子どもたちは、まだ一緒に遊び続けていたのです。おそらく子どもは、にぶい両親にはわからないことを直感的に理解したのでしょう。関係の広さと深さは、両立できる。確かにそのとおりです。テクノロジーを使う動物として、人間はまさにそうしてきました。経験を標準化する道具をつくり、時間と空間の制約を越えたつながりを生み出してきたのです。

あれから1年ほど経った今も、子どもたちはスカイプで話し、オンラインゲームを楽しみ、アイデアや写真を共有しています。

これが「新しい子ども時代」なのです。

謝辞

トレーシー・ベハーがいなければ、読者の皆さんは4章の途中（ありがたいことにカットされたフォークの話）で読むのをやめてしまい、ここまでたどり着かなかったはずです。彼女は限られた言葉で多くのことを教えてくれる偉大な教師のように、この本を編集してくれました。

超一流エージェントのボニー・ソローには感謝しきれません。ボニーは僕がＮＰＲでネット上のネコ動画を古代エジプトの女神バステトに結びつけた話を聞いて、突然電話をくれました。そして自分に書きたいことがあると僕自身が意識する前に、そのことに気づいてくれました。

よき議論相手になってくれたレベッカ・ウィンスロップに感謝します。この本の多くは彼女との会話から始まったものです。ロキセイン・パートリッジは時に僕を精神の底から引きずり出し、そうかと思えば奥底にたたき落としてくれました。彼女はいつも僕が求めていることをわかってくれているのです。僕はよくロバート・グラナトを想定読者にして、ユーモアを存分に発揮したい箇所では彼が笑っているところを思い浮かべて書いています。ゲオルギオス・パパンドレウほど誠実な人を僕は知りません。彼の主催するシミ・シンポジウムのコミュニティのおかげで、大局的な視野を持つことができました。ジェーン・ラティースに心から感謝を。ジェーンの授業はこの本で使える例をたくさん提供してくれただけでなく、息子たちに読むこと、数えること、時計を読むこと、測ることを教えてくれました。

マイケル・レビーン、キャセリン・ジーをはじめ、ジョーン・ガンツ・クーニー・センターとセサミワークショップの仲間に感謝します。ダグ・グリーンフィールド、ダン・バーマン、シェリル・サウィン、エミリー・カーリンそのほかテンプル大学の同僚にも。いつもデスクにくさび形文字入りの粘土板を置き、テンプル大学の知的遺産オンライン学習プログラムを一緒に苦労してつくってくれたアリシア・カニンガム＝ブライアントに感謝します。デジタル・リテラシーについて哲学的に考える道を開いてくれたウェンディー・アーバン、会うたびに刺激と勇気を与えてくれたバート・ケスラー、クリス・ウィリスそのほかエア大学eスクールのみんなにも。

ほかにもたくさんの人たちが最初の何章かの試読、真剣な議論、間接的なサポート、あるいは僕の思考を形づくった情報の提供という形で、貴重な支援を与えてくれました。以下の皆さんに感謝します。ルーシー・レイク、ビカス・ポタ、ズラトコ・ラグムジャ、フレデリケ・テマーゴート、ボー・スティアーヌ・トムセン、ミッチ・レズニック、キース・デブリン、ジャン＝バプティスト・フュン、ロバート・ジェホーサム、チャーリー・キャンベル、アンソニー・サルシート、カリ・シェロド、メーガン・ゲーブ、キャシー・ハーシュ＝パセク、ジャック・ションコフ、ジム・ジー、グレッグ・トッポ、ジェシカ・ラヒー、メーガン・マクダーモット、グレッグ・バー、サラ・ビーミュラー、ソフィー・シュレーダー、アリソン・カッツ、フランキー・タータグリア、ベン・リー、アビ・カプラン、トレサ・グラウアー、リサ・パック、ロニ・アントン、ドナ・アレンダー、ドリー・オベロイ、マイケル・スタイプ、ジェニファー・セリグ、エド・ケーシー、ベン・リー、ジャック・マクデービッド、ブルース・アプビン、リチャード・ロッソ。

そして、アーブ、シャロン、マシュー、ジェシカ、セス、コートニー、シェリー、デービッド、メリッサ、ピーター、ジェニファー、エリック、それからジェーン、パール、ジュリアン、デービッド。皆さんはいろいろな形で、僕の中の女神ウェスタの神殿で燃え続ける火を世話してくれました。

ディランとマヤ。本人は気づいていないでしょうが、この本の多くのアイデアをふたりから得ました。

セルゲイとニコ。いつも我慢してくれてありがとう。常に自分たちを新しい子育て理論の実験台にしようとする父親と暮らすのは、簡単なことではないはずです。

そして最後にアマンダに感謝します。この気持ちは言葉だけではとても表せません。君なしでこの冒険ができたとは、とても思えません。

訳者あとがき

「今週のスクリーンタイムは〇時間〇分減りました」という文字がスマホ上に映ると、私はほっとする。反対に「増えました」に落ち込んでしまう。私は仕事柄ほぼ一日中スクリーンの前にいるというのに、スクリーンタイムが増えると、なぜか人生損した気分になる。おそらく、スクリーンの前にいる時間は、「本当の人生」を生きていないような、何も生み出していないような、そんな感覚が刷り込まれているからだろう。

子どもがスクリーンに張り付いていると「外に出て体を動かしなさい」と言いたくなり、自分の親がその孫にゲームを買い与えるのを見て「余計なことを」と思ってしまうのも、半分は同じ気持ちからかもしれない。あとの半分は、子育てをサボっているような、忙しさにかまけて子どもと向き合う時間を削っているような後ろめたさだ。

本書『ニュー・チャイルドフッド――つながりあった世界で生きる知恵を育む教育』は、そんな私の焦りと後ろめたさを少しだけ柔らげてくれる本である。

いにしえの昔から、新しい道具やテクノロジーは「子どもたちの健やかな成長を妨げる」脅威とみなされてきた。書き言葉が生まれたとき、古代人は抵抗したし、印刷機が生まれたときも、電信や電話が生まれたときも、テレビやラジオが生まれたときもそうだった。

私が子どもだったころに批判の的になっていたのはテレビだ。テレビが子どもを健全な生活から引き離し、子どもたちを暴力的にすると言われていた。その批判の対象が、今やスマホとゲームに変わったわけだ。

文化批評家のマーク・テイラーは、「読書が孤独と孤立を強めると言って印刷物を批判していた昔の人たち。子どもがコンピュータや携帯デバイスでひとりでゲームをしたり、実際に会ったこともないような怪しげな友達とメッセージをやりとりしていると心配する今の親。どちらも同じではないか」と言っている。確かに、ツールが変わっただけで、批判の内容は変わらない。

子どもの将来を思って、というつもりでも、未来がどんな世界になるかをどこまで真剣に考え、想定しているかと言われると、かなり疑わしい。実は自分自身の子ども時代を懐かしがっているだけではないか、「昔はよかった」というノスタルジーで文句をつけているだけではないのかと言われると、そういう部分もある気がする。

著者のジョーダン・シャピロは、デジタルな遊びを通した学びの専門家で、2012年から17年まで「フォーブス」に寄稿したコラムは世界中の500万人以上の読者を引きつけた人気コラムニスト兼作家である。哲学と心理学と経済学を思いもよらない形で結びつけ、世の中に斬新な考え方を提起してきた。本書は、親なら誰もが悩む子育てとスクリーンタイムについての課題に深く切り込み、本国アメリカでは議論を巻き起こすことになった。

著者シャピロは本書を通じて、デジタルな遊びを脅威と考える必要はないと強く訴える。少なくとも子どもへの悪影響はないのだ、と。そして問題は大人がその事実を受け入れないために、子どもをどう導いていいのかわからなくなっていることだと指摘する。むしろ、デジタルな遊びは子どもたちに、双方向につながりあった世界との関わり方、物事の考え方、協力のしかた、生き方、学び方を教えてくれる貴重なチャンスなのだと訴える。

そうした新しい遊びを通した子育てを、家庭、学校、社会でどのように実践して行くべきかのヒントになるのが、本書である。『接続性の地政学』を著した作家のパラグ・カンナが言うように、「つながることに勝る投資はない」。子どもたちが「つながる」力を養うために、親はできる限りのことをすべきなのだと著者のシャピロは訴えている。また、子どもたちは、知識を溜め込む「容れ物」ではなく、情報をつなぐことで意味と価値を作り出す結び目、つまり「ノード」として自分を認識するべきだと彼は言う。だから、家庭と学校と社会が適切な指導と励ましを与え、創造的なデジタルな遊びの機会を与えることで、「つながりあうスキル」を身につけることが21世紀を生きる子どもたちに必要なのだと主張する。

子どもたちが新しい道具に使われるのではなく、道具を使ってこそ、つながりあった世界で人々と協力して働ける成熟した大人になれる。そう思うと、ゲームに明け暮れる我が子を見て少し気が楽になった。もちろん、放ったらかしがいいとは著者も言っていない。その利点を大人が理解し一緒にその世界を探索することで、子どもたちも主体性を持って遊び、学べるようになる。

「ジョイントメディアエンゲージメント」というと敷居が高いように感じ、特にSNSで率先して関わり合うというのは子どもの言動をオンラインでも監視するようで少し気が引けるが、できることから取り掛かればいいと思う。私も手始めに、まだ小さいころソファに並んで一緒にゲームをした息子と、今度はネットゲームで遊んでみたいと思い始めた。

この本を読んだ皆さんの気が楽になり、つながりあった世界で生きる知恵を子どもたちと一緒に学んで行けることを心から願っている。

2021年6月

関美和・村瀬隆宗

Play. Cambridge, Massachusetts: MIT Press.(『ライフロング・キンダーガーテン——創造的思考力を育む4つの原則』酒匂寛訳，日経ＢＰ, 2018)

Rideout, Victoria. 2017. *The Common Sense Census: Media Use by Kids Age Zero to Eight*. San Francisco, CA: Common Sense Media.

Rifkin, Jeremy. 2009. *The Empathic Civilization: The Race to Global Conciousness in a World in Crisis*. New York: Penguin.

Ross, Dorothy. 1972. *G. Stanley Hall: The Psychologist as Prophet*. Chicago: University of Chicago Press.

Rybczynski, Witold. 1986. *Home: A Short History of an Idea*. New York: Penguin.

Schmidt, J. Philipp. 2014. "From Courses to Communities." *dmlcentral: Digital Media+ Learning: The Power of Participation*. October 13. Accessed March 21, 2018. https://dmlcentral.net/from-courses-to-communities/.

Seidenberg, Mark. 2017. *Language at the Speed of Sight*. New York: Basic Books.

Shonkoff, Jack P. and Deborah A. Phillips. 2000. *From Neurons to Neighborhoods: the Science of Early Childhood Development*. Washington, DC: National Academies Press.

Snyder, Gary. 1990. *The Practice of the Wild*. New York: North Point Press.(『野性の実践』重松宗育・原成吉訳，東京書籍, 1994)

Sontag, Susan. 2011. *On Photography*. New York: Farrar, Straus and Giroux.(『写真論』近藤耕人，晶文社 1979)

Spock, Benjamin and Robert Needleman. 2012. *Dr. Spock's Baby and Child Care*. New York: Gallery Books.(『スポック博士の育児書』暮しの手帖翻訳グループ訳，暮しの手帖社, 1997)

Stueber, Karsten. 2017. "Empathy." In *The Stanford Encyclopedia of Philosophy*, by Edward N. Zalta (ed). https://plato.stanford.edu/archives/spr2017/entries/empathy/.

Sunstein, Cass R. 2017. *#Republic: Divided Democracy in the Age of Social Media*. Princeton, NJ: Princeton University Press.(『#リパブリック——インターネットは民主主義はなにをもたらすか』伊達尚美訳，勁草書房, 2018)

Taylor, Mark C. 2014. *Speed Limits: Where Time Went and Why We Have So Little Left*. New Haven: Yale University Press.

Thornton, Tamara Plakins. 1996. *Handwriting in America: A Cultural History*. New Haven, CT: Yale University Press.

Trubek, Anne. 2016. *The History and Uncertain Future of Handwriting*. New York: Bloomsbury.

Twenge, Jean M. 2017. *iGen: Why Today's Super-Connected Kids Are Growing Up Less Rebellious, More Tolerant, Less Happy——and Completely Unprepared for Adulthood*. New York: Atria.

Visser, Margaret. 1991. *The Rituals of Dinner*. New York: Grove Weidenfeld.

Vygotskii, Lev and Michael Cole. 1978. *Mind in Society: The Development of Higher Psychological Processes*. Cambridge, Massachusetts: Harvard University Press.

Vygotsky, Lev. 1986. *Thought and Language*. Cambridge, Massachusetts: The MIT Press.(『新訳版　思考と言語』柴田義松訳，新読書社, 2001)

Winnicott, D.W. 2016. *Through Paediatrics to Psycho-Analysis*. Routledge.(『小児医学から精神分析へ——ウィニコット臨床論文集』北山修監訳，岩崎学術出版社 2005)

Wolf, Maryanne. 2007. *Proust and the Squid: The Story and Science of the Reading Brain*. New York: Harper.(『プルーストとイカ——読書は脳をどのように変えるのか？』小松淳子訳，インターシフト, 2008)

Keltner, Dacher, Lisa Capps, Ann M. Kring, Randall C. Young, and Erin, A. Heerey. 2001. "Just Teasing: A Conceptual Analysis and Empirical Review." *Psychological Bulletin* 127 (2): 229-248.

Kocurek, Carly A. 2016. *Coin-Operated Americans: Rebooting Boyhood at the Video Game Arcade*. Minnesota: University of Minnesota Press.

Kucklich, Julian. 2002. "Precarious Playbour: Modders and the Digital Games Industry." *fiberculturejournal.org*, April 16.

Kurlansky, Mark. 2016. *Paper: Paging Through History*. New York: W.W. Norton & Company.（『紙の世界史――PAPER　歴史に突き動かされた技術』川副智子訳，徳間書店, 2016）

Manyika, James, Susan Lund, Jacques Bughin, Kelsey Robinson, Jan Mischke, and Deepa Mahajan. 2016. "Independent Work: Choice, Necessity, And The Gig Economy."

McKnight, Katherine. 2018. *Leveling the Playing Field with Microsoft Learning Tools*. RTI International. http://edudownloads.azureedge.net/msdownloads/Learning_Tools_research_study_BSD.pdf.

McLuhan, Marshall, and Quentin Fiore. 1996. *The Medium is the Massage: An Inventory of Effects*. Berkeley, CA: Gingko Press.（『メディアはマッサージである――影響の目録』門林岳史訳・加藤賢策デザイン監修，河出文庫, 2015）

Merleau-Ponty, Maurice. 1987. *Signs*. Evanston, IL: Northwestern University Press.（『シーニュ』廣瀬浩司訳，筑摩書房, 2020）

Mintz, Steven. 2004. *Huck's Raft : A History of American Childhood*. Cambridge, MA: Belknap Press of Harvard University Press.

Moore, Gordon E. 1965. "Cramming more components onto integrated circuits."*Electronics* 38 (8).

Mumford, Lewis. 2010. *Technics and Civilization*. Chicago: University of Chicago Press.（『技術と文明』生田勉訳，鎌倉書房, 1954）

OECD. 2017. *PISA 2015 Results (Volume III): Students' Well-Being*. Paris, France: OECD Publishing. doi:http://dx.doi.org/10.1787/9789264273856-en. OECD. 2017. *PISA 2015 Results (Volume V): Collaborative Problem Solving*. Paris,France: OECD Publishing.

Papert, Seymour. 1980. *Mindstorms; Children, Computers, and Powerful Ideas*. Basic Books.(『マインドストーム――子供，コンピューター，そして強力なアイデア』奥村貴世子訳，未来社, 1995)

Papert, Seymour and Cynthia Solomon. 1971. "Twenty Things To Do With A Computer." Cambridge: Massachusetts Institute of Technology, Artificial Intelligence Lab, June.

Paris, Ginette. 1986. *Pagan Meditations*. Woodstock, Connecticut: Spring Publications, Inc.

Paumgarten, Nick. 2007. *There and Back Again: The Soul of the Commuter*. April 16. http://www.newyorker.com/magazine/2007/04/16/there-and-back-again.

Plato. 2005. *Phaedrus*. Translated by C.J. Rowe. New York: Penguin Classics.（『パイドロス』藤沢令夫訳，岩波文庫, 1967）

Puchner, Martin. 2017. *The Written World: The Power of Stories to Shape People, History, and Civilization*. New York: Random House.（『物語創世――聖書から〈ハリー・ポッター〉まで，文学の偉大なる力』塩原通緒・田沢恭子訳，早川書房, 2019）

Putnam, Robert D. 2007. *Bowling Alone: The Collapse and Revival of American Community*. New York: Simon & Schuster.（『孤独なボウリング――米国コミュニティの崩壊と再生』柴内康文訳，柏書房, 2006）

Rainie, L. and K. Zickuhr. 2015. *Americans' Views on Mobile Etiquette*. Pew Research Center. http://www.pewinternet.org/2015/08/26/americans- views-on-mobile-etiquette/.

Resnick, Mitchel. 2017. *Lifelong Kindergarten: Cultivating Creativity Through Projects, Passion, Peers, and*

Intimacy, And Imagination In A Digital World. New Haven: Yale University Press.

Gee, James Paul. 2007. *What Video Games Have To Teach Us About Learning and Literacy*. New York City: Palgrave MacMillan.

Gillis, John. 1996. "Making Time For Family: The Invention of Family Time(s) and the Reinvention of Family History." *Journal of Family History* (Sage Publications) 21 (1): 4-11.

Gillis, John R. 1996. *A World of Their Own Making: Myth, Ritual, and the Quest for Family Values*. Cambridge, Massachusetts: Harvard University Press.

Gray, Peter. 2013. "The Educative Value of Teasing." *Psychology Today*, January 13.

Guernsey, Lisa. 2007. *Into the Minds of Babes: How Screen Time Affects Children From Birth to Age Five*. New York City: Basic Books.

Hall, G. Stanley. 1904. *Adolescence: Its Psychology and Its Relations to Physiology, Anthropology, Sociology, Sex, Crime, Religion, and Education, Volume 1*. New York: D. Appleton and Company.

——. 1897. *The Story of a Sand-Pile*. New York, Chicago: E.L. Kellogg & Co.

Harris, Malcolm. 2017. *Kids These Days: Human Capital and the Making of Millennials*. New York: Little, Brown and Company.

Harvard, Center on the Developing Child at. 2007. *The Science of Early Childhood Development: Closing the Gap Between What We Know and What We Do*. National Scientific Council on the Developing Child.

Heidegger, Martin. 1971. *On The Way To Language*. Translated by Peter D.Hertz. New York: HarperCollins.

——. 1992. *Parmenides*. Translated by Andre Schuwer and Richard Rojcewicz. Bloomington and Indianapolis, IN: Indiana University Press.(『パルメニデス』(ハイデッガー全集) 北嶋美雪・湯本和男・アルフレド・グッツオーニ訳, 創文社, 1999)

Hillman, James. 2007. *Mythic Figures*. New York: Spring Publications.

Hirsh-Pasek, Kathy, and Roberta Michnick Golinkoff. 2016. *Becoming Brilliant: What Science Tells Us About Raising Successful Children*. Washington DC: American Psychological Association.(『科学が教える、子育て成功への道』今井むつみ・市川力訳, 扶桑社, 2017)

——. 2003. *Einstein Never Used Flash Cards: How Our Children REALLY Learn——and Why They Need to Play More and Memorize Less*. Emmaus, PA: Rodale.(『子どもの「遊び」は魔法の授業』菅靖彦訳, アスペクト, 2006)

Hirsh-Pasek, Kathy, Roberta Michnik Golinkoff, Laura E. Berk, and Dorothy G. Singer. 2009. *A Mandate for Playful Learning in Preschool*. New York: Oxford University Press.

Holland, Dorothy, and William Lachicotte, Jr. 2007. "Vygotsky, Mead, and the New Sociocultural Studies of Identity." In *The Cambridge Companion to Vygotsky*, by Harry Daniels, 101-135. Cambridge: Cambridge University Press.

Homer. 2018. *The Odyssey*. Translated by Emily Wilson. New York: W.W. Norton & Company.(『ホメロス オデュッセイア』〈上〉〈下〉松平千秋訳, 岩波書店, 1994)

Horkheimer, Max and Theodor W. Adorno. 2002. *Dialectic of Enlightenment: Philosophical Fragments*. Edited by Gunzelin Schmid Noerr. Translated by Edmund Jephcott. Stanford, CA: Stanford University Press.(『啓蒙の弁証法——哲学的断想』徳永恂訳, 岩波書店, 2007)

Huizinga, Johan. 2014. *Homo Ludens : A Study of the Play-Element in Culture*. Mansfield Centre, CT: Martino Publishing.(『ホモ・ルーデンス——文化のもつ遊びの要素についてのある定義づけの試み』里見元一郎訳, 講談社, 2018)

参考文献

Batson, C. Daniel, et al. 1991. "Empathic joy and the empathy-altruism hypothesis."*Journal of Personality and Social Psychology* 61 (3): 413-426.

Bers, Marina Umaschi. 2018. *Coding as a Playground: Programming and Computational Thinking in the Early Childhood Classroom*. New York: Routledge.

Bettelheim, Bruno. 1989. *The Uses of Enchantment: The Meaning and Importance of Fairy Tales.* New York: Vintage.(『昔話の魔力』(波多野完治・乾侑美子訳, 評論社, 1978)

Bogost, Ian. 2010. *Persuasive Games: The Expressive Power of Videogames.* Cambridge, MA: MIT Press.

boyd, danah. 2015. *It's Complicated: The Social Lives of Networked Teens.* New Haven, Connecticut: Yale University Press.(『つながりっぱなしの日常を生きる――ソーシャルメディアが若者にもたらしたもの』野中モモ訳, 草思社, 2014)

Buber, Martin. 2002. *Between Man and Man.* New York: Routledge.

Bush, Vannevar. 1945. "As We May Think." *The Atlantic*, July. Accessed September 2, 2017. https://www.theatlantic.com/magazine/archive/1945/07/as-we-may-think/303881/.

Carlson, Stephanie M., and Rachel E. White. 2013. "Executive Function, Pretend Play, and Imagination." In *The Oxford Handbook of the Development of Imagination*, edited by Marjorie Taylor, 161-174. New York: Oxford Univeristy Press.

Carrol, Abigail. 2013. *Three Squares: The Invention of the American Meal*. NewYork: Basic Books.

Casey, Edward S. 2017. *The World on Edge*. Indiana: Indiana University Press.

Chui, Michael, James Manyika, and Mehdi Miremadi. 2015. "Four Fundamentals of Workplace Automation." *Digital McKinsey*. November. https://www.mckinsey.com/ business-functions/digital-mckinsey/our-insights/four-fundamentals-of-workplace-automation.

Collins, Randall. 2008. *Violence: A Micro-Sociological Theory*. Princeton: Princeton University Press.

Coontz, Stephanie. 1992. *The Way We Never Were: American Families and the Nostalgia Trap*. NYC: Basic Books.(『家族という神話――アメリカン・ファミリーの夢と現実』岡村ひとみ訳, 筑摩書房, 1998)

Crudden, Michael. 2001. *The Homeric Hymns*. New York: Oxford World's Classics.(『ホメーロスの諸神讃歌』沓掛良彦訳, 筑摩書房, 2004)

Cushman, Philip. 1995. *Constructing the Self, Constructing America: A Cultural History of Psychotherapy*. Cambridge, MA: Perseus Publishing.

Devlin, Keith. 2001. *InfoSense: Turning Information into Knowledge*. New York: W. H. Freeman and Company.

Eichenbaum, Adam, Daphne Bavelier, and C. Shawn Green. 2014. "Play That Can Do Serious Good." *American Journal of Play.* Volume 7 (Number 1): 50-72.

Engelhardt, Tom. 1991. "The Primal Screen." Mother Jones, May/June: 68-69.

Fass, Paula S. 2016. *The End of American Childhood: A History of Parenting from Life on the Frontier to the Managed Child*. Princeton, NJ: Princeton University Press.

Freire, Paulo and Donaldo Macedo. 2018. *Pedagogy of the Oppressed: 50th Anniversary Edition*. Bloomsbury USA Academic.(『被抑圧者の教育学――50周年記念版』三砂ちづる訳, 亜紀書房, 2018)

Freud, Sigmund. 1961. *Civilization and Its Discontents*. New York: W.W. Norton & Company.

Gardner, Howard, and Katie Davis. 2013. *The App Generation: How Today's Youth Navigate Identity,*

ジョーダン・シャピロ Jordan Shapiro

テンプル大学准教授（博士）。教育番組「セサミストリート」の制作団体「セサミワークショップ」シニアフェロー。デジタルな遊びを通した学びの専門家として、心理学、哲学、経済学を結びつけた斬新な提言が、親や教育者に支持されている。「フォーブス」誌に寄稿した「デジタル時代の子育て」に関する連載は、全世界で500万人以上の読者を獲得。子育てとスクリーンタイムについての課題に深く切り込んだ本書はアメリカ本国で話題となり、世界11カ国語で翻訳された。著書に*Father Figure*がある。

関美和 せき・みわ

翻訳家。杏林大学外国語学部特任准教授。慶應義塾大学文学部・法学部卒業。ハーバード・ビジネススクールでMBA取得。モルガン・スタンレー投資銀行を経てクレイ・フィンレイ投資顧問東京支店長を務める。アジア女子大学（バングラデシュ）支援財団理事。訳書に『FACTFULNESS』（日経BP）、『TRICK』（文藝春秋社）、『お父さんが教える13歳からの金融入門』（日本経済新聞出版社）、『仕事と家庭は両立できない？』（NTT出版）他多数。

村瀬隆宗 むらせ・たかむね

翻訳家・通訳ガイド。慶應義塾大学商学部卒業。産業翻訳者としてスポーツ、金融、経済関連の翻訳を手がけ、映像・出版翻訳にも従事。通訳者・翻訳者養成学校ISSインスティテュート講師を務める。訳書に『クレイジーフットボーラーズ』（イカロス出版）など。

ニュー・チャイルドフッド

つながりあった世界で生きる知恵を育む教育

2021年7月30日　初版第1刷発行

著　者　ジョーダン・シャピロ
訳　者　関美和・村瀬隆宗

発行者　東明彦
発行所　NTT出版株式会社
〒108-0023 東京都港区芝浦3-4-1 グランパークタワー
営業担当　TEL 03(5434)1010　FAX 03(5434)0909
編集担当　TEL 03(5434)1001
https://www.nttpub.co.jp

ブックデザイン　上坊菜々子
組　版　株式会社キャップス
印刷・製本　音羽印刷株式会社

ISBN978-4-7571-2376-2 C0037